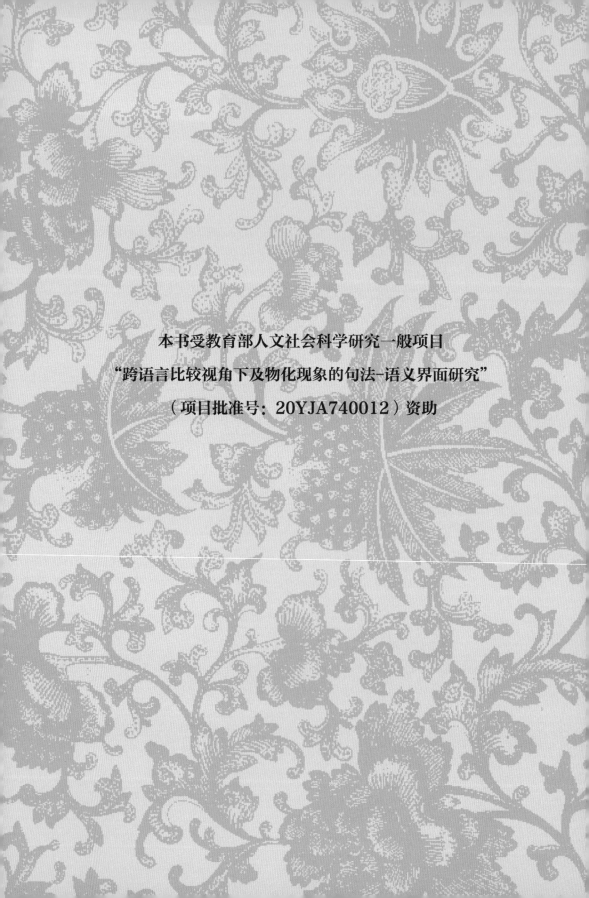

本书受教育部人文社会科学研究一般项目

"跨语言比较视角下及物化现象的句法–语义界面研究"

（项目批准号：20YJA740012）资助

及物化现象的
句法－语义界面研究

高秀雪　著

TRANSITIVIZATION AT
SYNTAX-SEMANTICS INTERFACE

社会科学文献出版社
SOCIAL SCIENCES ACADEMIC PRESS (CHINA)

目　录

| 导论 |
不及物动词带宾语

形式和意义关系问题是句法学的核心问题，20 世纪 80 年代中期以来语言学界普遍认可动词语义在很大程度上决定其句法表现，语义和句法表达之间存在联接规律。Chomsky 主张的生成语法的管辖与约束理论（Government and Binding theory，GB）坚持动词中心观，认为句子结构由谓词语义投射而成，其他生成语法，如词汇功能语法（Lexical Functional Grammar，LFG）、广义短语结构语法（Generalized Phrase Structure Grammar，GPSG）、中心语驱动的短语结构语法（Head-driven Phrase Structure Grammar，HPSG）以及词汇语义学（Lexical Semantics），也认为句法结构能从谓词语义预测，句法具有透明性。但是句法和语义之间并不总是一致的，而是存在许多错配现象，即形式和功能之间不同构（non-iso-morphic）现象，表现出语言的复杂性和论元实现的灵活性，给句法理论带来了挑战。句法–语义错配现象普遍存在，也称形义错配或形式和功能错配，及物化现象（transitivization）是其中的典型之一。

0.1 句法–语义错配现象

句法语义关系的核心是语义论元在句法结构中的投射问题，所谓论元（argument），在生成语法中是指带有题元角色（thematic role）的名词性句法成分，题元角色也称作语义角色，如施事（agent）、受事（pa-tient）、工具（instrument）、处所（location）、目标（goal）等，论元同时具备语义和句法特征。根据生成语法扩展标准理论的次范畴化（sub-categorization），为了限制动词的生成能力，词库中动词分为不同的范畴，不同范畴动词可以带不同的词类、短语或句子，不及物动词后面不带论元，不同的及物动词带宾语的能力表现各异。例 1 中 run 为不及物动词，不能带宾语，kick 为及物动词，带一个宾语，give 带直接宾语和介词宾语，think 带宾语从句。

(1) a. run：[+V，+_____] run

 b. kick：[+V，+_____ NP] kick the ball

 c. give：[+V，+_____ NP，+_____ NP] give a report to student

 d. think：[+V，+_____ S] think that he is a good man

次范畴化中动词不选择主语论元，管辖和约束理论的投射原则提出句子都有主语，因此谓词分为一元谓词（one-place predicate），即只带一个论元，二元谓词（two-place predicate），即带两个论元，三元谓词（three-place predicate），即带三个论元。论元相当于配价语法中的价，如 put<x，y，z>，题元角色分别为施事、客体（theme）和处所。

论元又划分为不同种类，如核心论元（core argument）和非核心或边缘论元（non-core/peripheral argument）。Williams（1981）把论元分为外论元（external argument）和内论元（internal argument），每类论元有其题元角色和句法位置。动词语义决定论元的数量和性质，也决定论元的句法位置和语法功能，一组已经标有题元角色的论元构成谓词的论元结构（argument structure）。黄正德（2007）提出论元结构由与动词密切相关的论元个数、论元的题元角色和论元的语法范畴共同组成。Grim-shaw（1990）提出论元结构是谓词语法信息的词汇表征。

词汇语义结构向论元结构投射，论元结构最后向句法结构投射，论元结构处于词汇概念结构和深层结构之间。深层结构的题元角色对应表层结构的句法位置，如施事一般投射到主语位置，受事一般投射到宾语位置，当论元结构异于谓词决定论元实现的预期时，就产生句法-语义错配现象，出现非常规投射，如中动结构 The car drives easily 中，drive 有施事和受事两个论元，却只实现一个，且受事论元本应该在宾语位置却提升到主语位置，再如不及物动词带非核心论元"睡**大床**""跑**长途**"

等也是研究焦点，句法理论要对错配现象做出解释。

句法-语义错配现象来自生成语法的句法语义统一性假设，生成语法从创立到形成最简方案都坚持句法语义统一的原则，认为动词的题元与其句法位置之间是严格对应关系，题元角色为句法-语义界面，语义论元通过题元角色向句法位置投射，句法和语义之间的投射是一对一的关系。根据 Culicover 和 Jackendoff（2005：47）的总结，生成语法坚持界面统一性（interface uniformity）：句法和语义界面最大化简洁，因为意义直接投射到句法结构；句法和语义界面最大化统一，同样的意义总是投射到同样的结构。Baker（1988）的题元角色指派统一性假设（Uniformity of Theta Assignment Hypothesis）也指出："同样的题元关系在深层结构中必须表达为同样的结构关系。"多重论元实现问题给投射理论带来挑战，一个动词可以出现在不同句法结构当中，呈现一词多义现象，存在论元的非选择性现象。这样一来，动词所带论元的数目和位置就难以预测，无法回答一个动词何时带一个论元，何时带两个论元，也无法解释一元谓词为什么带两个论元等，例如：

（2）a. 王冕的父亲死了。

　　b. 王冕死了**父亲**。（非选择论元）

（3）a. Pat ran.

　　b. Pat ran to the beach.

　　c. Pat ran **her shoes** to shreds.（非选择论元）

（4）a. 吃米饭。（受事）

　　b. 吃**火锅**。（工具）（非选择论元）

　　c. 吃**食堂**。（地点）（非选择论元）

句法-语义错配现象的存在使得句法-语义界面理论不断发展，促使研究者从不同方面探讨句法和语义之间的联接规律，文献中存在多种句法-语义界面，哪种界面最具有解释力是研究者探讨的热点问题。

0.2　不及物动词带宾语

Poutsma（1926）提出不用介词就可以带宾语的是及物动词，其他是不及物动词。传统语法把动词分为两个范畴，及物动词和不及物动词，及物动词表述两个或两个以上论元关系，不及物动词是一元谓词，在生成语法当中，及物动词带次范畴化的主语和宾语 NP，不及物动词只能带次范畴化的主语 NP。可见，能否带宾语是判断动词及物与否的标准。所谓及物化，是指不及物动词变成及物动词带宾语的过程，不及物动词只有一个外论元，然而一些不及物动词可以带宾语，在动词语义上为不及物动词，但在句法上为及物动词，构成不及物动词的非常规宾语（non-canonical object）结构，例如，They danced→They danced a happy dance。及物化是语言中的普遍现象，被认为是说话人利用及物结构的动词语义以及构式来讲述其心智体验，因此，探讨及物化的动因和机制具有重要的意义。

0.2.1 非宾格假设

及物化涉及动词的分类，传统语法根据动词能否带宾语把动词分为及物动词和不及物动词，Perlmutter（1978）在关系语法框架下提出"非宾格假设"（Unaccusative Hypothesis），Burzio（1981）在生成语法中进一步发展了非宾格假设，把传统的不及物动词分为两类，一类为非宾格动词（unaccusative verb），一类为非作格动词（unergative verb），它们都是一元动词，前者表层结构的主语在深层为宾语，处于动词之后，为逻辑宾语，构成深层无主语句，后者所带论元无论在表层还是深层都处于主语位置，构成深层无宾语句。根据 Williams（1981）的论元划分标准，非宾格动词的唯一论元属于内论元，为了获取格移到句首而获得主格，非作格动词的唯一论元属于外论元，两类动词形式化如下：

(5) a. Unaccusative Verb：_____ [$_{VP}$ V NP] He arrived/He died.
     b. Unergative Verb：NP [$_{VP}$ V] John smiles/He runs.

非宾格动词具有无意愿控制和非自主性，其类型比较丰富。第一类能够进行及物性交替（transitivity alternation），带语义受事，称作作格动词（ergative verb）（参见 Burzio, 1981），例如 Kim broke the vase →The vase broke，常见作格动词有 shatter、open、collapse、tighten、sink、float、 break、close、freeze、melt、increase、change、extend 等。第二类表示存在、发生、出现、消失，如 arrive、come、go、appear、occur、happen、die 等。第三类表示非自主地发出感官刺激（声、光、味等），如 shine、sparkle、smell 等。其他包括表时体概念，如 begin、start、stop 等；表持续，如 last、remain、stay 等。非作格动词具有意愿控制和自主性，主语激发动作或为动作负责，常见非作格动词如自主动词 work、walk、jump、swim、run、race、fly、gallop、canter、trot、dive 等，表示身体功能、部分意愿控制的动词 sleep、cough、sneeze、cry、smile、laugh、talk 等（参见杨素英，1999）。刘探宙（2009）把汉语非作格动词分为四类：动作动词，如哭、笑、睡、咳嗽等；行动方式动词，如跑、跳、走等；相互动词，如结婚、恋爱、和解等；经历动词，如病、感冒等。前三者主语论元倾向为施事，第四类主语论元倾向为当事。

施事性和有界性是判断非宾格动词和非作格动词的重要语义标准，施事性无界成分（agentive atelic）是非作格动词，非施事性有界成分（non-agentive telic）是非宾格动词（Dowty，1991），即非作格动词表示施事性的无界活动事件，以意愿性和控制性动词为代表，非宾格动词表示非施事有界事件，以状态变化动词和隐现动词为代表。Burzio（1986）、Levin 和 Rappaport Hovav（1995）、Alexiadou 等（2004）提出一些区分非宾格动词和非作格动词的句法诊断式：只有非宾格动词才能出现在致使转换结构（causative alternation constructions）、结果结构（resultative constructions）、中动结构（middle constructions），以及 There-be 存现句和处所倒置句（locative inversion），而非作格动词则不可以。例如：

（6）a. The door opened. （非宾格结构）

　　a'. John opened the door. （非宾格致使结构）

　　b. The baby cried. （非作格结构）

　　b'. *We cried the baby. （非作格致使结构）

（7）a. The river froze solid. （非宾格结果结构）

　　b. *She shouted hoarse. （非作格结果结构）

（8）a. The vase breaks easily. （非宾格中动结构）

      b. *He walks easily. （非作格中动结构）

(9) a. There came a car. （非宾格存现句）

      a'. *There cried a boy. （非作格存现句）

      b. In the cottage lives a family of six. （非宾格处所倒置句）

      b'. *In the room laughed the girl. （非作格处所倒置句）

非宾格动词和非作格动词之间的界限并不是清晰的，不同于不及物动词的二分法。Sorace（1995，2000）提出非宾格层级假说，根据"有界""动态""变化"等影响非宾格典型性的语义要素，建立了不及物动词层级分类（split intransitivity hierarchy）。不及物动词分为七个层级，越向上越接近非宾格核心，越向下越接近非作格核心，非宾格占据四层。由此可见，非宾格动词和非作格动词处于一个连续统中，Sorace（2000）的层级划分如表 0.1 所示。

表 0.1　不及物动词层级分类

语义特征	例子	类别
位置变化	come, arrive, rise	非宾格动词
状态变化	melt, freeze, grow	
状态延续	stay, remain, last	
状态存在	exist, appear, happen	
不可控过程	sleep, laugh, smile, cough	
可控过程（方位）	run, walk, swim	
可控过程（非方位）	sing, work, play	非作格动词

0.2.2　汉语不及物动词

传统语法、生成语法、格语法等认为"及物性"是动词的一种特性，是指动词是否具有带宾语（受事）的潜在能力，动作或行为从主语传递到宾语，宾语受到该动作或行为的影响。根据及物性特征，一般把动词分为及物动词和不及物动词。从语义角度看，带一个论元为不及物动词，带至少两个论元为及物动词。关于及物动词和不及物动词的分类标准，文献中主要分为三类：意义标准、形式标准、意义和形式标准相结合。

及物性的意义标准可追溯到《马氏文通》，马建忠（1898）提出："凡动字之行仍存乎发者之内者，曰内动字；凡动字之行发而止乎外者，曰外动字。"也就是说，如果动词的动作影响到自身，叫"内动词"，如果涉及其他事物，叫"外动词"，前者为不及物动词，后者为及物动词。黎锦熙（1924）持相同的观点，认为外动词是指"动作外射，及于他物"，内动词是指"动作内凝，止乎自身"。可见，及物性的意义标准依赖逻辑施受关系，与形式上带宾语无关，及物动词即使没有带宾语仍是及物动词，如"吃了吗？"，不及物动词后面跟上 NP 仍是不及物动词，如"飞上海"。

吕叔湘（1942）在内动词和外动词意义的基础上提出形式标准，认为动作的起点为起词，动作的止点为止词，外动词原则上要有止词，内动词原则上没有止词，如"猫捉老鼠"中"猫"是起词，"老鼠"是止词。吕叔湘（1946）提出及物和不及物划分实质上是动词与多种论元关系的问题，参照施受和语序来划分主宾语的标准，大多数句子里主语和宾语分别是施事和受事，"原则上以施事词为主语，以受事词为宾语，但在只有受事词的句子里，要是受事词位置在动词之前，也算是主语"。由此看来，当语序与语义关系不一致时，语义起决定作用。

形式标准观点的赞同者居多，孟琮等（1987）提出汉语的名词没有变格形式，因而位于动词之后的名词一般只笼统地称为宾语，但关于不及物动词后面所带名词是不是宾语的问题，汉语界存在许多分歧，出现形式和意义相结合的动词类型判断标准。一种是把能带宾语的不及物动词看作及物动词，李临定（1990）提出不能带宾语的动词是内动词，能带宾语的动词为外动词，陆俭明（1991）认为凡是能带直接宾语的就是及物动词，把一些常见不及物动词当作及物动词，因为这些动词后面可以跟处所、施事等论元宾语，如"飞上海"（处所宾语）、"王冕死了父亲"（施事宾语），可见宾语的范围比较广。另一种是不及物动词带特殊宾语，带特殊宾语的不及物动词仍然是不及物动词，赵元任（Chao，1968）认为及物动词可以带任何宾语，而不及物动词带自身宾语和倒装主语，倒装主语相当于施事宾语，包括自身宾语（如"哭了一天"）、目的宾语（如"飞上海"）、出发地宾语（如"下山"）、表示存在的倒装主语（如"墙上挂着一幅画"）、表示来到和出现的倒装主语（如"来了一位客人"）、表示消失的倒装主语（如"村里跑了两头牛"）等六类。

研究者对宾语有不同命名。朱德熙（1982）认为及物动词所带宾语是真宾语或准宾语，而不及物动词所带宾语为准宾语。邢福义（1991）把及物动词带非常规宾语称为"宾语带入"，宾语为代体宾语，如"吃一碗""吃馆子"。孙天琦（2009）把及物动词和不及物动词的非选择论元宾语统称为旁格宾语。文献中不同的命名说明该类宾语不同于及物动词的典型受事宾语，而是工具、材料、时间、原因、方式、目的等非受事宾语。Lin（2001）提出非常规宾语与动词之间存在非选择性关系（unselectiveness）。也有研究者质疑宾语的句法地位。如周晓康（1999）不能确定动词后面所带时间、地点、工具等名词是宾语还是状语，句子是及物还是不及物；Zhang（2018）否定非常规宾语的宾语地位，而是界定为补语（complement）。

徐杰（2001）认为传统语法中动词及物和不及物的二分法过于粗糙，他提出把动词分为四类：不及物动词、潜及物动词、单及物动词、双及物动词。不及物动词和潜及物动词的划分与非宾格假设的不及物动词的划分相一致，相当于非作格动词和非宾格动词，分别如"笑""工作""跳""咳嗽"和"死""沉"。非作格动词不能带宾语，如"男孩子哭了/*哭了男孩子"；非宾格动词可以带宾语，宾语也可以移到句首做主语，如"一只狗死了/死了一只狗"。徐杰（2001）对不及物动词的细分解释了动词类型判断的形式或意义标准存在的矛盾，不能因为非宾格动词后面跟名词短语就认为它是及物动词，它也不是真正的不及物动词，而是具有隐含及物性的潜及物动词。

随着非宾格假设理论的引入，不及物动词带宾语现象就成为非宾格或非作格现象。不及物动词的非宾格动词和非作格动词分类具有语言普遍性，大多数学者认为汉语具有非宾格表现，但不具备典型性（金立鑫、王红卫，2014；叶狂、潘海华，2017）。汉语中这两类动词后面都可以跟名词短语，而且与英语相比，分布非常广泛，主要分为三类：①显性非宾格动词结构，典型为领主属宾句，即不及物动词带施事宾语句，如"王冕死了父亲"；②非作格动词带宾语，典型为不及物动词带非受事宾语句，如"飞上海""跑项目"等；③词库中的非宾格动词和非作格动词都可以出现的存现结构，分别如"屋里亮着灯""天上飞着一队大雁"等。

0.2.3 及物性程度

汉语界不及物动词带宾语现象研究常常不加区别地把所有非常规宾语都划入不及物动词带宾语现象，表现为动词论元的非选择性，从形式上把位于 V_i 后的 NP 都称作宾语，从而把所有 $NP_1+V_i+NP_2$ 当作一类结构，甚至把及物动词带非常规宾语也归入这一结构当中，产生各种各样的宾语，对其研究常常不做区别。$NP_1+V_i+NP_2$ 并不同质，不加区别地研究并不能有助于语言本质的研究，非宾格动词和非作格动词带宾语具有很大不同。根据孙天琦（2011）的划分，前者是必要成分的配位调整，后者是非核心论元升为宾语。

非宾格动词和非作格动词带宾语在形式上具有一致性，二者还可以出现在同一类结构当中，这就使得单纯从深层结构上的差异不能很好地解释二者句法分布规律。汉语界学者提出了一些关于非宾格动词和非作格动词的鉴别句式，柏晓鹏（2018）总结了六种非宾格动词句法鉴别句式：①受程度副词修饰；②出现在动结结构的第二位置（V_2），如"打死"；③动词带主语（post-verbal subject），如"王冕死了父亲"；④漂浮数量词形式（floating numeral classifier），如"犯人跑了一半"；⑤动词修饰主语，如"死人"；⑥存在句式，如"门外倒着一个人"。

鲁雅乔、李行德（2020）还提出，如果不及物动词带体标记"了"进入动词-后置论元结构，其句首成分可以为零成分，该动词为非宾格动词，如"（从上海）来了两位客人"，非作格动词不能进入该结构，如"*走了两位客人"，如果该结构成立，必须句首出现名词短语，带体标记"着"，变为存现结构，如"路上走着几个行人"。进入带体标记"了"动词-后置论元结构的动词表示有界性事件。

汉语存现句中两类不及物动词和一些及物动词都可以出现，因此不能像英语处所倒装句那样发挥非宾格动词鉴别句式的作用，根据词库中动词的语义，"跑"是典型非作格动词，体标记"了"和"着"表示状态，消除了非作格动词所表达的动态意义，使得这些意义变成存在状态的方式，如"工厂里跑了一个人""工厂里跑着一辆车"，传统分析则认为进入存现结构的都是非宾格动词（隋娜、王广成，2009；黄正德，2007；孙天琦，2009；董成如，2011），施事被抑制，凸显移事，因此"跑"被认为非宾格化了。同理，"坐"可以解读为非宾格动词，非宾格结构如"台上坐着主席团"，但"坐第一排"中非宾格动词非作格化了，符合非作格动词的意愿性。

由此可见，对动词非宾格和非作格的分类不能单纯由词库中的动词词义决定，往往由其所在的结构和表达的事件决定。黄正德（2007）就认为动词非宾格、非作格的分类实际上代表了两种不同的事件类型，事件的分类不能只靠动词的词义来决定，而必须考虑到动词短语甚至整个结构。

存现句中"了"和"着"的状态化作用也表明有界性和无界性并非判断动词非宾格和非作格的可靠标准，"了"凸显事件发生变化的终止阶段和结果状态，其存现句是有界性的，而"着"凸显中间阶段和持续状态，其存现句是无界性的。王立永（2015）也发现非宾格动词和非作格动词区别的施事性和有界性语义标准有冲突，排放动词（emission verbs），如 ring、shine、stink，作为非作格动词，并不具有施事性，姿态类动词（posture verbs），如 stand、lie、sit，作为非宾格动词，并不具备有界性，相当于汉语"着"体标记存现句。王立永（2015）提出非宾格动词和非作格动词的语义分别归结为绝对概念观照（absolute construal）和能量概念观照（energetic construal）的观察事件的视角，前者表示客体性过程（thematic process）事件，凸显状态客体的状态及变化，后者表示施事性过程（agentive process）事件，凸显力的传递。非宾格动词的非作格化或非作格动词的非宾格化的活用就在于事件概念观照方式的调整，非作格动词"跑"的施事过程由于存现结构中"了"和"着"的压制，凸显了客体作用，施事背景化，"跑"活用为非宾格动词。非宾格动词带宾语如例 10 所示，非作格动词带宾语如例 11 所示。

（10）a. 台上坐着主席团。

b. 屋里跑进来一只狗。

c. 王冕七岁时死了父亲。

d. 那个工厂塌了一堵墙。

e. 她家来了客人。

f. 沉了一条船。

（11）a. 他们擅长飞特技。

b. 她经常逛商场。

c. 今天我睡沙发。

d. 跑资金。

根据及物性要求（transitivity requirement）（Roberge，2002；Cummins & Roberge，2004，2005），宾语位置在句法上总是存在的，VP 包含一个宾语位置，宾语可以为空宾语或隐含宾语。由此我们可以推论，任何动词都有实现显性宾语的可能，非宾格动词和非作格动词在满足一定条件时都可以带宾语，但非宾格带宾语和非作格带宾语具有显著差异。哪一类更具有及物性特征呢？

及物化现象涉及及物性概念（transitivity），Hopper 和 Thompson（1980：251）将及物性定义为"行动从一个参与者传递到另一个参与者的有效性或强度"，及物性上升为小句的特征，及物性变为及物性小句带宾语。在认知语法当中，及物性和非及物性没有清晰的界限。以 Hopper 和 Thompson（1980）为代表的学者提出了及物性的原型理论，Hopper 和 Thompson（1980：252）概括了 10 个及物性参数：参与者（participants）、动作性（kinesis）、体（aspect）、瞬时性（punctuality）、意愿性（volitionality）、肯定性（affirmation）、语气（mode）、施动性（agency）、受影响性（affectedness）和个体性（individuation）。句子的及物性特征越多、越强，及物性就越高，句子的及物性特征越少、越弱，及物性就越低，如表 0.2 所示。概括来说，典型及物性的意义实际上就是两个事体之间能量传递的典型事件模型，及物性是整个小句的特征。

表 0.2 及物性构成（Hopper & Thompson，1980：252）

及物性参数	及物性高	及物性低
A. 参与者	两个或多个，施事和宾语	一个
B. 动作性	动作	非动作
C. 体	有界	无界
D. 瞬时性	瞬时	非瞬时
E. 意愿性	有意愿	无意愿
F. 肯定性	肯定	否定
G. 语气	真实	非真实
H. 施动性	可能性高	可能性低
I. 宾语的受影响性	完全受影响	不受影响
J. 宾语的个体性	高度个体性	不具个体性

Givón（2001：93）也指出，在典型及物事件中，施事为显著的致事，具有意愿性、控制性、主动性、启动性、为整个事件负责等特征，受事改变状态，为显著效果，动词具有紧凑、完整、真实、认知凸显性等特征。根据 Dowty（1991），原型施事（proto-agent）具有自主性（volitional involvement in the event and state）、感知性（sentience and/or perception）、使动性（causing an event or change of state in another participant）、位移性（movement）、自立性（exists independently the event named by the verb）等特征，原型受事（proto-patient）具有变化性（change of state）、渐成性（incremental）、受动性（causally affected）、静态性（stationary）、附庸性（existence not independently of event）等特征（参见陈平，1994）。及物性的参数繁多，每个参数又具有连续统特征，所以界定及物性程度比较困难，但这些特征中共性的地方表明判断及物性的显著特征包括施事的意愿性和受事的受影响性，这些特征越明显，及物性程度越高。

Taylor（1995：206-207）对于常规及物结构的原型语义特征总结得更为具体。

a. 事件包括两个参与者——主语和宾语。

b. 两个参与者具有高度个体性。

c. 施事（主语）发起事件。

d. 施事有意识和有意愿行为，控制事件。施事是人。

e. 受事受到施事行为的影响。

f. 受事经历作为事件后果的可感知状态变化。

g. 事件识解为瞬时事件。

h. 施事和受事之间有直接的物理接触。

i. 事件具有致使性。

j. 施事和受事为对照性实体。

k. 事件是真实的。

非作格动词具有施事性、自主性和意愿性，被称为主动不及物动词（active intransitive），拥有主动参与者，而非宾格动词则具有非施事性、非自主性和非意愿性，拥有被动参与者（Hale & Keyser, 1986）。非作格动词的主语向原型施事靠拢，其宾语为非受事论元，包括工具、方式、方位、目的、原因等，但具有一定受动性，为活动事件，具有动作性，而非宾格动词的宾语为施事论元，凸显施事论元的状态变化，具有非动作性，处于力传递链条的终点，缺少受动性。从以上原型及物性特征来判断，非作格动词具备更多的及物性特征。

在各语义成分的配位中起决定性作用的是施事性或受事性的强弱，陈平（1994）指出了充任主语和宾语的语义角色优先序列为施事>感事>工具>系事>地点>对象>受事，左边的语义角色优先实现为主语，宾语正好相反。从及物性连续统看，非作格动词带宾语具有较高及物性，而非宾格动词带宾语即使有及物性，也处于及物性系统中的末端，具有较低及物性。徐盛桓（2003）按照宾语受动性梯度变化标准，认为非作格动词带宾语，如例11中的句子，具有一定程度的及物性，而非宾格动词带宾语，如例10中的句子，具有零受动性，及物性也接近零，"王冕七岁时死了父亲"中，"父亲"已获得了当事主格的地位，才很难说是"死"的对象。王志军（2007）也认为"王冕死了父亲"这类句子不含任何及物性。可见宾语并不保证及物性的存在。因此，非作格动词和非宾格动词带宾语现象必须分类研究，其生成限制必定具有差异性。

从以上的讨论可以看出，非作格动词具有较高的及物性，Radford（1997）也提出"非作格动词内在本质上具有及物性"，因此，本研究把及物化现象界定为非作格动词带非受事宾语结构，当然，非作格动词表现不同，及物性高低有一定差异性，非受事宾语的具体类型划分及与相关句式的关系在第一章进行及物化现象界定时进一步研究。刘晓林、王文斌（2010）指出，单音节动词总体上动性强于双音节动词，单音节动词词义不能自足，需要借助宾语构成完整的动宾结构，而双音节动词自身能表达完整意义，不需要借助宾语，含方式、凭借和工具义位的单音节动词具有强动性。刘丹青（1996）提出，动词的典型词长为单音节，特别是在口语中，单音节动词整体的词频要高于双音节动词。张云秋（2004）认为单音节动词的带宾能力强于双音节动词，所以单音节非作格动词带宾语的可能性较大，更能体现不及物动词的及物化。孙天琦和李亚非（2020）也指出，旁格宾语受单音节动词限制，只有单音节动词可以进入旁格宾语结构。

0.3　研究思路

及物化结构的界定。以及物性原型理论为指导，澄清汉语及物化结构的范围，基于语料库收集的真实语料及文献中常见例子，对汉语和英语及物化结构进行分类，并对各种及物化结构的特征进行描写。

综合句法-语义界面理论框架的建立。在综述各种句法-语义界面理论存在问题的基础上，探讨将以概念语义为基础的事件结构作为句法-语义界面的可行性，确定事件结构的构成因素及各个因素之间的关系，复杂事件向句法的选择性映射规律，同时探讨世界知识、信息结构、语用原则等语义和语用因素发挥的作用，建立综合概念结构模式，确定概念结构与句法结构之间的映射关系。

新建理论框架下的及物化机制研究。基于及物化结构的类型划分，主要解决的问题如下：第一，确定概念结构融合类型。及物化结构中复杂的概念结构对应简单线性句法结构，及物化是概念合成的过程，及物化结构中两个简单事件融合为一个复杂事件，即用一个认知图式容纳复杂事件，次事件融合类型决定了句法实现的难易程度，只有两个事件之间逻辑关系清晰紧密，才可以简化句法，融合程度越高，语法简化程度越高。事件重构的条件是什么？第二，确定语义允准条件。及物化结构的创新性和临时性决定了语义限制的复杂性，及物化主语、不及物动词、旁格宾语的语义特征及它们之间的语义融合影响及物化结构的接受程度。如何才能语义融合，施事性、有界性、主观性等语义范畴发挥何种作用？第三，语用限制条件。语用限制也处于认知范围之内，包括世界知识、信息结构、语用原则等，是及物化结构生成的外在动因。

英汉及物化结构的个案对比研究。基于语料库的真实语料，选择最典型的运动方式动词，探讨及物化结构的类型及语义拓展规律。通过对及物化结构更加精细化的描写，找出英汉语言内不同动词及物化的语义拓展规律，同时找出语言之间相同动词的不同表现，探讨语义拓展不同的认知及文化原因。

及物化结构的类型学研究。汉语和英语的及物化结构具有共性，但差异性也很大，及物化结构具有语言特定性，汉语的及物化结构比较丰富，表现出汉语论元实现的灵活性，而英语则表现出及物化结构的多样性。及物化应该受到语言语法体系的制约，不同的语言对及物化现象具有包容性和一致性，及物化与语法系统的整体性相吻合，语言类型学差异与及物化生成机制相互作用决定及物化的最终实现。

及物性系统整体考察。及物化和去及物化是及物性转换的两个方向，本研究尝试对及物性转换做统一分析，探讨及物性系统规律，找出及物性转换的动因以及动词论元增容和减容满足的条件，从而对论元实现的制约条件做统一分析。

0.4 研究意义

有助于探讨句法和语义的互动关系。形式和意义关系问题是句法学的核心问题，形义错配现象一直是研究热点。本研究跳出以动词为核心的研究框架，基于概念语义的句法-语义界面路径为不及物动词带非主事宾语的及物化现象研究提供了一个新思路，有助于建立更加有说服力的句法语义关系理论，进一步发展界面理论。

有助于探讨论元句法实现的认知动因。通过对及物化现象的细颗粒性描写，本研究不仅有助于探讨及物化结构生成机制，了解及物化的句法语义限制条件，解读复杂概念结构和相对简单的线性句子结构之间的对应关系，也有助于了解句子生成的普遍认知规律。

有助于了解语言的整个及物性系统。通过探讨及物化现象的本质，本研究不仅有助于及物化结构范围和类型的界定，有助于 V_i+NP 结构与动词类型的重新划分，而且有助于揭示普遍语法规律，尤其是复杂的动宾关系。

具有语言类型学意义。不同语言中及物化结构类型不同，及物化的句法、语义、语用限制不同，及物化的句法实现是普遍认知与各自语法系统共同作用的结果，及物化结构的跨语言比较研究为语言类型学研究提供了一个新的视角，能更好地揭示语言的共性和个性。

有助于了解语言的发展。本研究有助于语言的创新使用，掌握及物化的规律，了解语言的动态性，就能更好地理解不断涌现的新语言现象，并能够进行语言创新，使语言更经济、更丰富。

0.5　本章小结

及物化现象为典型句法-语义错配现象，其生成机制对现有句法理论提出了挑战。文献中不及物动词带宾语现象并不具备同质性，分为非宾格动词带宾语和非作格动词带宾语，研究者或者不加区分进行研究，或者更多地研究非宾格动词带宾语。根据及物性的典型特征和两类不及物动词带宾语的特征，本研究认为非作格动词（或非作格化动词，不包括非宾格化的非作格动词）带非受事宾语为及物化现象，非受事论元不包括施事论元和主事论元。

第一章

英汉及物化现象界定

及物化结构 $NP_1+V_i+NP_2$ 作为研究对象具有复杂性，V_i 不仅为非作格动词，还是非作格化动词，并非所有非作格动词带 NP 都是及物化结构，NP_1 不是施事，但具有施事性，NP_2 不是受事，但具有一定受事性，其中 NP_2 语义模糊，可以实现为多种题元角色。文献中对何种非受事 NP 可以进入及物化结构当中探讨较少，往往不加区别地界定为不及物动词带宾语，探讨非作格动词"跑""走"后所有 NP 的语义特征（尹铂淳，2016；杨辉，2019）。及物化结构应该具有同质性，本章尝试厘清及物化结构的类型，探讨及物化结构与相关结构的区别，找出及物化结构的句法、语义特征。

1.1 汉语及物化结构

根据非作格动词的特征及文献中的分类，可以带宾语的一元非作格动词都可以称作运动动词（motion verb）。运动是人类最基本的活动，因此相应有描写动作的词汇，Levin（1993）把英语运动动词划分为 7 类：定向类运动动词（verbs of inherently directed motion），如 advance、arrive、ascend、cross、depart、descend、enter；离开类动词（leave verbs），如 abandon、desert、leave；方式类运动动词（manner of motion verbs），该类动词又分为以 roll 为典型的运动动词和以 run 为典型的运动动词；使用工具类运动动词（verbs of motion using a vehicle），如 boat、fly；华尔兹类动词（waltz verbs），如 waltz、tango；追赶类动词（chase verbs），如

chase、follow；陪伴类动词（accompany verbs），如 accompany、conduct、escort。

Dixon（2005：102）把运动动词分为 7 类，与 Levin（1993）的划分有一定的重叠：行走类（run subtype），如 run、walk、crawl、slide、spin、roll、turn、wriggle、swing、wave、rock、shake、climb；到达类（arrive subtype），如 arrive、enter、reach、approach；拿取类（take subtype），如 take、send、raise；跟随类（follow subtype），如 follow、track、meet；携带类（carry subtype），如 carry、bear、transport、cart；投掷类（throw subtype），如 throw、chuck、fling；落下类（drop subtype），如 fall、drop、spill。

Talmy（2000b：25-26）把运动事件定义为运动或静止状态的持续，运动有丰富的内涵：外在连续的，或静止的，或瞬间和内在的。基于此，Talmy 把运动事件划分为位移运动（translational motion）和自足运动（self-contained motion），前者是一个物品相对于另一个物品发生位置的变化，如 run、walk、swim，后者展现主体本身动态运动，但整体不发生位置变化，如 shake、twist、rotate。可见，Talmy 所说的运动范围更广，相当于"动作"（action）。

以上运动动词的划分标准不同，但有许多重合之处。按照 Talmy 的运动事件划分，我们认为非作格运动动词分为位移运动动词和其他边缘性运动动词。位移运动动词也就是以 run 为典型的运动方式动词或行走类运动动词，边缘性运动动词或为静止的身体姿势动词（如 sit、sleep），或为身体内部运动动词（如 smile、laugh）。运动方式可以多样，Levin 的使用工具类运动动词和华尔兹类动词归入运动方式动词之中。

运动动词的类别划分具有普遍性，汉语能够及物化的非作格动词也分为运动方式动词，如"跑""走""飞"，身体活动动词，如"坐""躺""站""蹲""趴""睡"，自发动词，如"哭""笑"。并不是所有运动动词都是非作格动词，一元非作格动词把词库中带处所宾语的运动动词排除出去，如"去上海""回学校""过马路"等，这些动词为二元及物动词，也就是定向类或到达类运动动词，表现出句法语义的一致性，处所论元是动词的核心论元，而"跑基层""飞上海"中处所论元是动词的非核心外围成分，是本书要研究的句法-语义错配现象，即非核心论元的允准问题。

袁毓林（2002）把论元分为 16 个语义角色，核心论元包括施事、感事、致事、主事、受事、与事、结果、对象、系事，非核心论元包括工具、材料、方式、场所、源点、终点、范围。实际上语义角色的划分具有多样性，文献中有不同的分类，尤其是与动词没有选择关系的非核心论元，其分类更多样。如孟琮等人编纂的《汉语动词用法词典》中，将宾语分为 14 类，除了受事、结果、对象、工具、方式、处所、目的、原因、致使、时间、施事等宾语外，还包括同源宾语（如"唱歌"）和等同宾语（如"我踢中卫"），不容易归类的宾语属于杂类宾语（如"闯红灯"）；范晓（2006）把工具宾语、方式宾语、处所宾语、时间宾语、施事宾语归入非典型宾语当中。我们尝试从语义角色类型的角度对及物化现象进行分类和界定。

1.1.1 运动方式动词及物化

罗鹏蓉（2023）基于《现代汉语词典》穷尽化列举了汉语运动方式动词，共 56 种，其中还包括 16 种多音节复合词，单音节运动方式非作格动词中能够及物化的数量并不多，文献中涉及的主要包括行走类动词，如"跑""走""奔""逛""蹚""遛""闯"，表示在陆地上以不同运动方式水平位移，还包括其他介质中的运动方式动词，如"飞""游"，分别表示在空中和水中位移，除此之外，还有表示垂直运动的动词，如"跳"。

运动方式非作格动词及物化结构是最为普遍的及物化现象，及物化结构的宾语作为非核心论元表现为多种语义角色，其中处所语义角色最为显著，表示在特定处所发生的运动事件。Fillmore（1968）在格语法框架下提出了"源点（Source）-路径（Path）-目标（Goal）"运动程式；Fillmore（1982）把运动事件框架描述为一个实体（客体）从一个地点（源点）开始经过一定空间（路径）到达另一个地点（目标）。Lakoff（1987）把位移事件理解为"来源-路径-目标"意象图式（image schema）。以上运动事件的构成因素可以进一步细致划分，处所语义角色可细分为场所、源点、路径、途点（经过点）、终点（目标）。

首先，运动动词具有移动义，表现为在一定范围中移动和沿着特定路线移动，其处所语义角色分别实现为场所和路径，前者的移动路径不固定，而后者的移动路径具有条状性。举例如下：

(1) 场所：走四方、走世界、走三江、跑江湖、跑码头、跑山、逛商场、逛书店、游长城、闯武汉、闯关东、闯五湖、闯世界、跑基层、走四川、走基层、走迷宫、闯江湖、飞太空、跑工地、跳悬崖、游长城

(2) 路径：走斑马线、走小路、走水路、走阳关道、走独木桥、走共赢的路、走社会主义道路、跑高速、跑山路、飞北线、飞国际航线、游长江、走胡同、走群众路线、走精品路线、走科技之路、走强军路线、走老路、走邪路、走人行道、走楼梯、跑直线、走弯路

其次，运动动词具有趋向义，首先表现为具体空间趋向义，表示物理空间移动事件，语义角色实现为终点，当动词趋向义表达抽象的趋向义时，终点即目标。举例如下：

(3) 终点：跑张家口、跑山东、跑医院、跑图书馆、飞上海、飞北京、跑书店、跑银行、跑厕所、跳龙门、跑洗衣店

(4) 目标：跑物资、跑项目、跑买卖、跑签证、跑设备、奔小康、奔前途、跑体能、跑新闻、跑税务、跑货、奔亲友

运动事件中还包括源点和途点（经过点），虽然汉语是注重结果的语言，但源点也出现在及物化结构当中，源点宾语主要存在于古汉语当中，如"走麦城""走邮棠"，表示"逃离"，现代汉语中很少有源点宾语，途点也不常见，终点为常规解读，在一定语境下或习语中表达途点。举例如下：

(5) 途点：走西口、走后门、闯红灯

以上各类运动事件中包括不同的必要参与成分，及物化结构中主事具有一定的施事性，其他参与成分具有一定的受事性。文献中对非作格动词带处所宾语的受动性具有比较一致的观点，认为该类处所宾语句具有被征服、被占有、被战胜、被控制、目的性等句式意义，处所性减弱，事物性增强，这种不及物动词对处所的支配是指心理上无形的征服或占有，处所为征服或占有的对象（任鹰，2000；张云秋，2004；仇伟，2006；吕建军，2009）。其中，目标宾语的获得或实现需要更多施事的努力，凸显施事的意图性和目标宾语的受动性。因此，处所宾语句具有较强的及物性特征，非作格动词提供意愿性和自主性，处所宾语具有受影响性，这种受影响性不是处所宾语真正发生了变化，而是在我们心理认知上处所宾语发生了变化。

Talmy（2000b）把运动事件分为框架事件（framing event）和伴随事件或副事件（co-event），框架事件即"移动主体（Figure）-移动（Motion）-路径（Path）-参照物（Ground）"位移事件，参照物是移动主体参照的实体，核心图式为"［路径］+（［参照物］)"，副事件表示主体移动的方式（manner）和原因（cause）等。由此可见，除了处所内在参与者，运动事件中还涉及其他非必要构成因素，即运动事件的外在成分，主要包括方式论元、原因论元，其中方式论元比较常见。举例如下：

(6) 方式：飞特技、走财务、走信访、跑第一棒、跑接力、跑龙套、跑单帮、走正步、踱方步、走民政、跑长跑、跑长途、飞人字形、走八卦掌、走模特步、走法律程序、走形式、走猫步、跳芭蕾、跳大绳、跳独舞、跑外勤、跳大神

(7) 原因：跑警报、跑战乱、逃饥荒、跑兵匪

运动事件的方式和原因宾语不是征服或占有的对象，受动性相对较弱。张云秋（2004）指出，变化性和受动性是最重要的两条受事特征，方式和原因宾语的弱受事性也应该体现一定的变化性和受动性。方式论元的宾语化抑制了其方式性，凸显了变化性，动作和方式并存，动作结束，方式也就结束，方式成分经历了"从无到有，再到无"的变化（张

云秋，2004）。原因论元是运动动词动作的起因，二者之间具有及物性，原因论元宾语化，原因影响运动，运动也就反作用于原因，原因论元具有了弱受动性，受动性来自认知心理感知。

以上宾语属于常见的非核心宾语或非常规宾语，非作格动词后面还可以带其他非常规宾语，如役事宾语/致使对象和结果宾语。运动事件中的非作格动词经历致使化或及物化，主事成为致使者，但同时又具有施事的特征，具有意愿性。韩景泉、徐晓琼（2016）就指出该类动词要求一个集施事与致事于一体的外论元，允许出现 deliberately、on purpose 之类的施事倾向（agent-oriented）修饰语，对其宾语同样具有控制作用，致使化的非作格动词所带宾语为致使对象，为生命体或隐喻为生命体，但又具有受事的特征，发生位移，具有受动性和变化性，因此也属于及物化现象。非作格动词后面可以带少量结果宾语。举例如下：

(8) a. 致使对象：跑出租、跑马、飞波音 747 客机、遛狗、跑大货、跑空车、走棋、跑旱船、跑人力车、跑船

b. 结果：跑第一名、跑 12 秒、跑两圈

1.1.2 身体姿势动词及物化

身体姿势动词相对于运动方式动词数量比较少，常见可及物化的非作格身体姿势动词有"睡""站""坐""躺""蹲""趴""跪"，其意愿性相对于运动方式动词要低，因为该类动词可以出现在非宾格结构当中，如"台上坐着主席团"，有些研究把这些动词当作非宾格动词。身体姿势动词表征无位移的运动事件，其事件框架中的必要参与成分包括主体和处所，处所比较简单，相当于位移事件的场所及抽象目标，也可以理解为对象宾语。举例如下：

(9) 场所：睡书房、睡候车室、睡天桥、坐板凳、站讲台、躺沙发、坐办公室、蹲墙角、蹲监狱、跪搓衣板、站柜台、坐前排、睡冷炕、坐冷板凳、睡摇篮、坐汽车、趴冰卧雪、睡窑洞

(10) 目标：趴活儿、跪父母、跪圣人、蹲黄牛票

如同位移事件，身体姿势动词及物化结构的场所和目标宾语具有受动性，该类结构具有占有、占据、目的性等句式意义，对场所可以利用，因此发生了作用，产生了影响，其宾语的受动意义在心理上具有实现性。身体姿势动词后面还可以带方式论元，方式论元进一步说明身体姿势的具体表现形式，如果方式论元为交通工具，则该类运动事件具有一定位移性，凸显方式论元的变化性。举例如下：

（11）方式：站军姿、坐火车、站 C 位、坐地铁、坐滑梯、坐轮椅、坐飞机、睡仰脚

1.1.3　自发动词及物化

表示身体内部运动的自发动词及物化现象非常稀少，意愿性更低，属于部分意愿动词，文献中讨论较多的就是"哭"和"笑"。"哭"和"笑"能够带的原因宾语非常有限，"哭长城""哭周瑜"都有历史典故，我们不能随便套用该句式，如"*哭马路""*哭高山"。"哭"和"笑"的非核心论元应具备某些明确的让人哭和笑的特征，是激发哭和笑的原因，或者处于特定语境中，能推理出合理原因。举例如下：

（12）原因：哭长城、哭周瑜、哭命运的不公、哭她的不幸、哭她的苦命、哭他奶奶、哭穷、哭丧、笑可笑之人、笑她的幼稚行为、笑贫不笑娼、笑贫不笑贪、笑她的痴、白发人哭黑发人、哭爹喊娘、哭挚友、哭嫁

"哭"和"笑"是情感态度动词，具有心理活动的特征，心理动词的感事在刺激物的作用下自然或情不自禁发出心理活动，心理活动动词对刺激物（原因宾语）起反作用，从而原因宾语受动词的影响，具有弱受动性，此时的情感非作格动词具有意愿性和主动性，原因宾语向对象宾语过渡，有了对象宾语的特征。"哭长城"典故中孟姜女哭得长城坍塌，"长城"是哭泣的原因，"哭泣"又是长城倒塌的原因，这也表明"长城"受影响之大，"哭"从一个情感动词变成了一个施事动词，"长城"受动性和变化性比较强，动词对宾语发挥支配作用，"哭长城"有

了征服的句式义，而"*哭马路""*哭学校"等没有征服义，所以不可接受。

汉语俗语中有一种说法叫"哭鼻子"，此处的"鼻子"肯定不是原因，有些学者（如吕建军，2009）把"鼻子"作为工具论元，用"哭鼻子"代替"哭"，我们认为人们哭时会鼻子发酸、流鼻涕，是"哭"这个动作的方式，因此"鼻子"为方式论元。"哭"的方式论元具有唯一性，可以"哭鼻子"，但不可以"哭眼睛""哭嘴巴""哭嗓子"，因为流鼻涕为哭泣的最明显特征，哭泣对鼻子的影响最大，如流鼻涕、鼻子发红发酸、鼻子堵塞等，"鼻子"具有一定受事性，"哭鼻子"与"哭长城"一样，已经具有成语的特征，很难进行类推表达。

除了"哭"和"笑"两个自发非作格动词，其他类似动词带宾语也不是完全不存在。如"喊"作不及物动词时，可以带方式宾语，如"喊嗓子"，带对象宾语，如"喊山""喊家长"。再如"鸣"，诗歌中有"两个黄鹂鸣翠柳"，"翠柳"作处所宾语。

概括起来，以上三类及物化结构具有明显的及物性特征，NP$_1$具有意愿性、有生性、致使性、支配性、位移性等施事性特征，NP$_2$具有被征服、被占有、目的性、变化性、受动性等受事性特征，属于承受类宾语，具有一定的处置义。三类及物化结构在及物性程度上有一定差异，运动方式动词及物化结构的及物性相对较强，身体姿势动词及物化结构的及物性次之，自发动词及物化结构的及物性最低，基于运动方式动词及物化结构的多产性可以得出结论，及物性较强的非作格动词带宾语现象相对丰富。Sorace 和 Shomura（2001）提出非宾格动词和非作格动词处于一个连续统之中，按照非作格性强弱的划分，过程可控性是典型非作格动词的特征，过程不可控性是非典型非作格动词的特征。从过程控制性角度看，运动方式动词最为典型，其次是身体姿势动词，最后是自发动词，所以典型非作格动词的及物化最为多产，过程可控性是及物性的典型特征。

从论元的语义类型看，受事强弱不同，但根据原型受事特征及数量做到准确排序也不容易，很难对受事性进行量化。吕建军（2009）按照受动性强弱的排列顺序为凭事（工具、方式）>对象>处所>目的>原因，该排序把变化性作为受事最重要的特征，但我们认为征服义、支配义的受动性更强，所以处所论元应该比方式论元的受事性要强。总之，及物化结构受"主谓宾"句式吸纳，具有及物句式的"施受动"语义结构，非核心论元要有足够的受事特征才可以如核心论元一样进入宾语结构位置。

1.2　汉语及物化结构的特征

作为非常规结构，因其边缘性，及物化结构具有独特的句法、语义特征，及物化结构与典型及物结构具有显著区别，对及物化结构特征进行概括总结不仅能够更清楚认识该结构，而且能够将其区别于其他容易混淆的结构，进一步明晰及物化结构的界定。

1.2.1　句法特征

$NP_1 + V_i + NP_2$ 句法结构并不是表面上看上去那么简单，只有与其他相关结构做出区别，才能进一步界定及物化结构的范围，尤其是 NP_2 的句法地位。如何判断其是宾语还是补语？NP_2 除了 1.1 部分探讨的宾语类型，其他类型宾语，如时量宾语，能不能进入及物化结构？NP_2 的指称要求是什么？

首先，及物化结构与及物动词带宾语结构有很大区别。一方面表现在话题化，及物动词带宾语结构的动宾关系是深层逻辑关系，关系密切，具有明确的支配关系，即使宾语出现在句首作话题，及物动词与宾语之间的逻辑关系也是清晰的，因此，符合话题信息要求的宾语都可以话题化，如"衣服洗完了"，而及物化结构的旁格宾语则不能话题化，如"*江湖我们跑""*财务我们走"，不能话题化就说明动词和旁格宾语之间必须紧密相连才可确认二者之间的关系，旁格宾语从非核心论元处临时进入核心论元处，不像常规动宾关系，V_i 和 NP 之间没有明确的支配关系。从话题的指称看，根据 Li 和 Thompson（1976）、Tsao（1977）、徐烈炯和刘丹青（1998）等，话题必须具有定指性（definiteness），不能是无定（indefinite）或类指（generic）成分，而及物化结构中 NP_2 为无定或类指成分，因此不可以作话题。

另一方面表现在被动化，及物动词带受事宾语结构可以被动化转换，被动化语义上要求是施受关系，只有典型受事才可以被动化，被动句具有处置义，动词与宾语之间必然是支配与被支配的关系，而及物化结构中动词和宾语之间是临时关系，旁格宾语作为非核心论元在 $NP_1+V_i+NP_2$ 中只具有一定的受事性，弱支配关系就排除了被动化，如"*上海被我们飞""*书店被逛"。同理，及物化结构也不能向"把"结构转换，"把"字句表示处置，也需要典型受事论元，如"*我们把高速走了""*我们把长江游了"。

其次，从体标记和名词修饰语也可以看出，V_i 后面一般不能跟"了"这种表示结束的体标记，非作格动词带宾语表示无界的活动事件，体标记"了"则用在有界的完结或达成事件当中，如"*跑了江湖"，修饰语一般也不出现，NP_2 只能以光杆名词的形式出现，如"*跑了纷乱的江湖"，因为 $NP_1+V_i+NP_2$ 并不表示具体事件，而是表示一类事件，非真实行为（irrealis），宾语不具备独立指称性，V_i+NP 有词汇化的倾向或已经词汇化了，如"跑龙套""走心"。及物化结构的非现实性排除完成体标记"了"，同理，也排除对动词动性要求较高、表示动作持续的体标记"着"，但对经历体标记"过"却没有限制，经历体具有可重复性，可重复性的事件就不是个体事件，而是类别事件和非现实事件，因此及物化结构与"过"之间语义融合，及物化结构基本上都可以添加经历体标记"过"，如"跑过江湖""飞过特技"。

完成体标记"了"也不是完全不可能出现在及物化结构当中，当 NP_2 有数量词修饰从无定或类指光杆 NP 变成有定 NP 时，具有独立指称，无界个体变成有界个体，及物化结构就表达事件的有界性和现实性，体标记和数量词为强制成分，如例 13、14，数量换成时量或动量也可以接受，因为时量或动量也可以使事件有界化，如例 15、16：

（13）a. 我今天跑了三个图书馆。

　　　b. *我今天跑了图书馆。

　　　c. *我今天跑三个图书馆。

　　　　d. 我天天跑图书馆。

（14）a. 他一开口笑了两个。

　　　　b. *他一开口笑两个。

（15）a. 他走了一趟八卦掌。

　　　　b. *他走一趟八卦掌。

　　　　c. *他走了八卦掌。

　　　　d. 他会走八卦掌。

（16）a. 他跑了三个月出租。

　　　　b. *他跑三个月出租。

　　　　c. *他跑了出租。

　　　　d. 他跑出租。

　　古川裕（2001：265）提出"显著性原则"（saliency principle）的假说：在人的认知结构上"凸出来"的事物因为很显眼（salient），所以很容易被人们看作"有界的个体事物"。在语法结构上这种有界事物需要数量词定语来加以修饰，要以显眼的形式（即有标记的形式："数量名"词组）来表达。不及物动词带宾语在"显著性原则"的作用下采用数量式宾语来表达有界个体事物，可以更加凸显宾语。刘探宙（2009）和朴珍玉（2020）指出无论是非宾格动词还是非作格动词强制带数量宾语，宾语都得到凸显而达到焦点化的目的。显著性是受事的特征，事件的有界性、事件的真实性、宾语的显著性、数量宾语的渐变性，再加上非作格动词的意愿性等特征，表明"非作格动词+了+数量宾语"具有及物性，"数量词+NP"表示结果义，是非作格动词支配的结果。规约性较强的非作格动词带宾语才有可能从非现实句变为现实句，可以说"跑了几家医院""逛了几家商场""跑了几个城市"，很少说"*飞了三个特技""*跑了一个项目""*站了一个讲台"，及物化结构中大多数 NP_2 因其抽象性无法量化，时量或动量修饰语就限制少，如"站了三小时讲台""睡了一个月沙发"。

　　并非所有"数量词+NP"都为结果宾语，有的发挥补语的作用，表示对动作的补充说明，如例17，NP 并没有受动性。孙天琦（2019）认为该类 NP 不是非作格动词的非核心论元，而是"产生""黏附"义隐性补语的常规核心论元。动量、时量自身的宾语也没有受动性，也发挥补语作用，补语不是动词支配的对象，如例 18。所以这两类结构都不属于及物化结构。

（17）a. 在场的人哭了一大片

b. 跑了一身汗

c. 走个精气神

d. 跑个心情舒畅

e. 跑了一脚泥

（18）a. 跑了几趟

b. 笑了一下

c. 躺一会儿

d. 哭了一天

最后，及物化结构与带有状语的不及物结构有重要区别。郭继懋（1999）提出不及物动词带宾语构成的句子不是基本句，带状语不及物结构更加基本，如"睡沙发"不如"在沙发上睡"基本，与基本句不同，及物化结构具有歧义性，"飞+NP"可以是"飞往……"，如"飞广州"，也可以是"飞过……"，如"飞黄河"，不及物动词和宾语之间具有事理关系。带有状语的不及物结构报告一个事件的发生，反映的是事例，回答"发生了什么"这样的问题，及物化结构不能报告一个事件，而是反映事类，表达一种意愿和想法，"跑项目"更多地体现主观意愿，凸显"项目"，而"为了项目奔走"是客观报道，该"项目"是背景。史有为（1997）最早提出处所宾语表示事类，对应的介词宾语表示事例，分别如"跪地板"和"跪在地板"，前者表示一类事物的概括，信息倾向于整体，所以可以整体提问动宾，用"他干吗?"来提问，后者信息焦点在句子后部，用"他跪在哪里?"来提问。徐靖（2009）也指出，状语限制移动的场所，而处所宾语具有移动目的和移动方式特征，如"逛商场"的目标不是场所，而是场所中的内容，即商品，"走高速"不仅表示移动场所，还表示移动方式。及物化结构的意义大于带有状语的不及物结构，凸显动词的动作性和主语的意愿性，如"睡沙发"除了表示在沙发上睡以外，还与"在床上睡"形成对照，暗含非常规睡觉方式，另外，旁格宾语还包括隐喻或转喻论元，如"走桃花运""逛车展"等，前者比喻男子在爱情上碰上好运气，后者转喻看车展中的汽车。

1.2.2 语义特征

及物化结构并不存在于动词的典型心理框架之中，具有临时性，达到一定程度就变成规约性，如"走心""走胃""跑市场"的接受程度就较高，而"走肾""跑单""跑量"的接受程度相对低。这些动词往往先在一个领域流行，成为行业术语，慢慢渗透到生活的其他领域，最后其中的一些就广为接受。Li（2014：304 fn）指出非常规宾语的接受程度判断在母语说话人中并不总是一致，动词与非常规宾语之间的关系影响判断，二者之间规约性/惯例性越高，接受程度越高，较高的规约性/惯例性能使非常规宾语出现在正式话语当中。郭继懋（1999）指出"不及物动词+宾语"通常在一定范围内使用，如采购业务（如跑材料、跑水泥等）、运输行业（如跑长途、跑北线、跑滴滴等）、田径界（如跑百米、跑马拉松等）、机关政府部门（如走师资、走人事等）、航空行业（如飞编队、飞上海等）、舞蹈行业（如站宫位、站开位等）。其他常见行业还有新闻记者行业（如跑新闻、跑文艺等）、商业（如跑银行、跑业务等）、医学领域（如走心、走肾、走脑、走肺、走肝等）等。由此可见，及物化结构具有类推性，旁格宾语形成不同的集合，与生活密切相关，具有多产性。非作格动词与宾语之间的搭配关系有松紧之分，有些及物化结构从开始的临时创新用法变成了熟语，已经词汇化，如"哭鼻子""跑江湖""走后门""跑龙套"，不及物动词带单音节名词词汇化程度更高，如"走神""跑马""走心""走眼"。

及物化结构主要在口语中使用，且非作格动词是高频动词，如"跑""走"后面带宾语最多，"跑""走"是最基本的运动方式，其他移动动词如"逛""闯""奔"相对低频，因此可以带的宾语也比较少。陶红印（2000）提出动态浮现语法，认为动词能带的论元类型及范围不是固定不变或因先验性而确定了的，而是具有开放性和流动性，频率越高的动词，其论元结构越不稳定。张伯江（2002）指出，高频动词容易受语境因素的影响，低频自主动词往往凝聚了语用规定内容，高频自主动词少有语用规定内容。越是高频的动词，其联系的论元的身份就越不易确定。

及物化结构通过隐喻或转喻进行语义拓展。非作格动词带宾语表征运动事件，具有空间性、位移性，运动事件的核心因素包括运动客体、源点、路径、终点，还有运动事件的支撑因素，如原因和方式。及物化结构往往从运动事件转向行为抽象事件，终点转喻为目标，如"跑资金""跑项目"，路径也从物理空间路径隐喻为抽象路径，如"走社会主义道路""走群众路线""走捷径""走民政"，同理，"跑江湖""走天涯""跑基层""走脑""走心""走胃"等中的场所也是隐喻意义。及物化结构必须具有创新性，即使是表示空间概念，也往往是 1+1>2，具有构式化意义，如"站在讲台上"和"站讲台"不同，后者并不仅仅像前者一样表示动作的处所，更重要的是具有专属用法，具备隐喻或转喻意义，再如"走后门""跑医院""坐办公室""走下坡路""走弯路"都具备引申意义。

1.3　英语及物化结构

文献中对英语及物化结构的探讨比较少，原因有二：一是英语中只有少量运动方式动词及物化结构，不具有多产性；二是及物化现象界定模糊，形式上的 V_i+NP 包含多种结构，如同源宾语句、反应宾语句和致使句等，这些结构在文献中独立讨论的较多，但这些结构是否为及物化结构还存在争议。从形式和意义上，我们主要探讨以下几种英语非作格动词的及物化现象。

1.3.1　运动方式动词及物化结构

及物化现象具有语言普遍性，英语及物化结构也同样表现为非作格动词带非受事宾语，英语运动方式动词数量非常丰富，例如 walk、run、fly、crawl、hobble、march、pace、tiptoe、strut、stamp、limp、stride、 stagger、plod、tramp、jump、leap、hop、spring、bounce 等。Levin（1993）列举出运动方式动词 136 个，其中 run 类运动方式动词有 59 个之多，罗鹏蓉（2023）列举出运动方式动词 192 个，但其中能够带宾语的并不多，常见的如 walk、run、jump、fly、wander、roam。英语、汉语中能带宾语的运动方式非作格动词数量具有一致性。举例如下：

（19）a. John swam the river.

　　　b. The horse jumped the fence.

　　　c. Mary flew the Atlantic Ocean.

　　　d. Some pedestrians always run red lights.

　　　e. He walks the stairs every day.

　　　f. We are encouraged to walk the route.

　　　g. He roams the city.

　　　h. He wandered the street.

英汉运动方式非作格动词及物化现象有很大的差异性，汉语运动事件的必要处所语义角色可细分为场所、源点、路径、途点、终点，运动事件的非必要外在成分包括方式、原因论元等，英语不及物动词后面的宾语通常解读为途点（例 19a-d），具有一定的"征服"义，但相对于汉语运动方式非作格动词及物化现象，英语运动事件的空间性较强，路径仍然相对凸显，较多表达事件的经过部分，相当于汉语的"越过""经过"，如 to fly the Atlantic Ocean 翻译成"飞**越**大西洋""飞**过**大西洋"，运动事件没有抽象化为泛指事件，其所带宾语具有定指性，也可以表示发生过的事件，英语致使类及物化结构也同样表示特定事件。英语运动方式不及物动词后面也不是完全不可以带其他宾语，也可实现为路径论元（例 19e、f），如 to walk the route 表示 to walk along the route，还有场所论元（例 19g、h），如 to roam the city 表示 to roam in the city。

除了处所论元以外，英语运动方式动词后面也可以带方式论元，这与汉语运动方式动词的及物化现象具有一致性，汉语中方式论元的及物化现象比较常见，而英语中非常少，主要出现在体育竞技中，如 run a race、run a marathon。同汉语运动方式动词一样，英语运动方式动词后面也可以带致使对象或者役事宾语, 如 run the dog, jump the horse, march the soldiers, 英语非作格动词带役事宾语的及物化结构更加丰富, 我们把该类结构放在致使及物化结构部分进行讨论。

1.3.2　同源宾语及物化结构

"同源宾语指这样一种宾语, 即它和支配它的动词在词源上和词义上有联系。"(哈特曼、斯托克, 1981) 根据 Sweet (1891) 关于同源宾语 (cognation object) 的定义, Kitahara (2010) 概括了同源宾语的三个显著特征: 第一, 不及物动词带同源宾语; 第二, 动词与同源宾语之间语义关系密切, 同源宾语是动词的语义重复; 第三, 同源宾语具有抽象性。

同源宾语句类型丰富, 其中 "非作格动词+NP" 是典型同源宾语句, 其非作格动词类型主要包括运动方式动词(如 walk、run)、自发动词(如 laugh、smile、grin、sigh、groan、frown、sneeze、scream)、身体姿势动词(如 stand、sleep、sit), 还有一类可以看作及物动词的非作格动词(如 dance、sing、dream、live)。各类同源宾语分别举例如下:

(20) a. He ran a straight run.

b. John ran a sudden run.

c. He walks the walk.

d. We walk long walks.

(21) a. She smiled a filial smile.

b. He laughed a hearty laugh.

c. John screamed a sudden scream.

d. Bill sighed a weary sigh.

(22) a. He stood a long stand.

b. I sat a straight sit.

c. The baby slept a sound sleep.

d. The baby slept a deep sleep.

(23) a. Mary danced a dance.

b. He danced waltz.

c. He lived a good life.

d. He dreamed a strange dream.

根据 Kuno 和 Takami（2004：107）指出的同源宾语结构的非作格限制，只有非作格动词才可以出现在同源宾语结构当中，非宾格动词不可以出现在同源宾语结构当中。Kuno 和 Takami（2004）的部分例证（例 24a-d）支持了非作格限制，但例 24e-f 是反例，非宾格动词也可以有同源宾语。

(24) a. *The glass broke a crooked break.

b. *The apple fell a smooth fall.

c. *The ship sank a strange sinking.

d. *The snow melted a slow melt.

e. The tree grew a century's growth within only ten years.

f. The stock market dropped its largest drop in three years today.

对于同源宾语句是不是及物化结构，或者同源 NP 是宾语还是状语句法地位存在不同的观点，一种观点是同源 NP 是附加语（如 Jones，1988；Mittwoch，1998；梁锦祥，1999；高华、金苏扬，2000），另一种观点是同源 NP 是宾语论元（如 Massam，1990；Kuno & Takami，2004；Sailer，2010；Langacker，1991）。Nakajima（2006）还提出第三种观点，即一些英语同源宾语是宾语论元，一些是附加语。判断句法地位的标准表现在许多方面，如是否能被动化、是否能表示方式、是否具有指称性等，无论哪种观点都有反例出现，还没有形成一致意见，其中 NP 能否被动化是最常用的判断标准，如果能被动化就是宾语论元，不能被动化就是附加语，而实际上同源宾语句这两种情况都存在。举例如下：

(25) a. *A painful death was died.

b. *A short fall was fallen to the lower deck.

(26) a. A happy dream was dreamed by Mary.

b. A merry dance was danced by Shirley.

  c. A song was sung by Bob.

  d. A happy life is lived.

（27）a. ? A weary sigh was sighed.

  b. ? The high jump is jumped.

  c. The laugh is laughed.

  d. The warm smile was smiled.

  例 25 中非宾格动词带同源 NP 的被动化不可接受，据此得出结论——同源 NP 不是宾语而是状语，而例 26 和例 27 中非作格动词带同源 NP 被动化可以接受，据此得出结论——同源 NP 是宾语，可以看出两个结论的冲突就在于没有区分不同类型的不及物动词带同源 NP，能进入同源 NP 构式的动词包括非宾格动词（如 die a gruesome death）、相当于及物动词的非作格动词（如 dance a merry dance，sing a song，live a happy life），还包括其他非作格动词（如 run a run，smile a warm smile），因此"不及物动词+同源 NP"构式不具有同质性。Massam（1990）等学者得出结论，只有非作格动词才可以带同源 NP，非宾格动词不能带同源 NP，非作格动词所带同源 NP 是附加语。

  我们认为"不及物动词+同源 NP"是不是及物化结构不能只依赖同源 NP 能否被动化，因为及物化现象作为标记语言现象，其及物化程度并不如及物结构高，能否为及物化现象在于是否具备高及物性的特征。从赋格的角度看，根据 Burzio（1986）定律，没有外论元的动词不能赋格，即不能给主语指派外题元角色的动词不能给宾语指派结构宾格，反之，不能赋宾格的动词没有外论元，因此，深层结构中非宾格动词后面的 NP 无法得到结构宾格，往往移到主语位置获得主格。

  从语义的角度看，Levin 和 Rappaport Hovav（1989）把非宾格动词称作"自足的不及物动词"（self-sufficient intransitive verb），其主语为动作的承受者（undergoer）而不是动作的发动者（instigator），因此从力的传递看，非宾格动词所带 NP 就不会受到影响，不会实现为受事。Chomsky（1981，1986）和 Burzio（1986）认为非作格动词具有内在的赋格能力，能够带宾语。韩景泉（2020）把非作格动词句归纳为 do-型动词结构，把非宾格动词句归纳为 become-型动词结构。因此，非宾格动词后面一般无法带同源 NP，如 *She arrived a glamorous arrival，如果能跟同源 NP，则该 NP 与非作格动词所带同源 NP 不同。举例如下：

(28) a. Mark Twain died a gruesome death. （Kuno & Takami, 2004: 111）

b. No one wants to die a horrible death. （Kuno & Takami, 2004: 111）

c. Bob slept a sound sleep. （Iwasaki, 2007）

d. John smiled a happy smile. （Iwasaki, 2007）

例 28a、b 是非宾格动词后面带同源 NP，例 28c、d 是非作格动词后面带同源 NP，前者不表示动作的结果，而是表示方式，相当于方式状语，如 Mark Twain died gruesomely，die 等非宾格动词后面的同源 NP 应该称作同源状语（cognate adverbial）（韩景泉，2020：825）。非宾格同源 NP 不能成立往往是因为不能表示动作方式，如 *The bird fell a happy fell，如果把面向主语的修饰语 happy 替换成方式修饰语 lower，句子就成立，后者表示动作带来的结果，为结果宾语（resultative object），许多语言学家持此观点，如 Poutsma（1926）、Visser（1963）、Quirk 等（1985），因此同源宾语句称作实现宾语结构（effected object construction）。实现宾语不同于受影响宾语（affected object），前者存在于动作之后，更确切的表述是谓词与其宾语具有时间上的同步性，后者存在于动作之前，且在动作影响下发生状态或位置的变化。实现宾语符合 Dowty（1991）提出的原型客体（proto-themes）特征，发挥体角色（aspectual role）的作用，即量度事件的增量客体（incremental themes）。非宾格动词本身固有有界性特征，因此不需要同源宾语再一次来限定。

受影响宾语的影响性具有不同的程度，影响性越高，及物性越高，及物性高的受影响宾语作受事论元，实现宾语结构也具有及物性。Waltke 和 O'Connor（1990）提出实现宾格是及物动词动作的结果或实现。影响动词和实现动词在一些结构中区别比较明显，例如中动结构中逻辑宾语受非实现条件（anti-effectedness condition）（Zwart, 1998）的限制，实现宾语不能参与中动构成。Fellbaum（1986：17）指出，创造动词（creation verb）不能出现在中动结构中，因为创造动词不蕴含状态变化，创造的事物已经存在，所以 *This sonata plays easily/ *The novel writes easily/?The house builds easily 等不可接受或接受程度不高。

非作格动词的同源宾语不是典型结果宾语，而是典型实现动词，如 build、design、construct、create，有两个独立的参与者，结果宾语为具体物质，而非作格动词的结果宾语为动作，有些非作格动词的主语论元和宾语论元可以独立，相当于及物动词，如 dance、sing、dream，而 smile、laugh、jump、run 等非作格动词的主语和宾语两个论元无法分开，主语把力传递到自己身上，其同源宾语既有动作的结果，也有动作的方式。文献中前者被称为指称性同源宾语（referential Co），其修饰语只能修饰宾语，如 He sang a happy song，后者被称为事件性同源宾语（eventive Co）（Kim & Lim，2012），其修饰语修饰动词，相当于状语，如 He smiled a lovely smile⇒He smile lovely。

指称性同源宾语相当于事件独立型同源宾语（event-independent Co），先于动词而存在，能够被动化（passivization）、话题化（topicalization）、代名化（pronominalization），具有定指性（definiteness）等常规宾语特征，表示类型，如 sing a song, dance a ballet, Aue-Apaikul（2006）把这类宾语称为创作宾语（creation object）。事件性同源宾语相当于事件依赖型同源宾语（event-dependent Co），该类宾语伴随动作而产生，常常不能被动化、话题化、代名化，具有抽象性特征，如 smile a silly smile，表现为方式论元，也具有结果性，同源宾语同时具备宾语性和状语性，因此同源宾语句就有两种解读。后者是文献中经常探讨的非作格动词同源宾语结构，前者则被认为是及物动词同源宾语结构。非作格动词同源宾语具有复杂性，像 laugh、smile 等典型非作格动词，其同源宾语有时也可以为事件独立型宾语，因此可以被动化，如 Laughs were laughed，非作格动词同源宾语句法地位和生成机制亟须进一步探索。

同源宾语具有普遍性，潘海华、叶狂（2015：308）指出，法语、日语、越南语、瑞典语、德语、冰岛语、现代希伯来语和《圣经》西伯来语、西班牙语等语言当中都有英语同源宾语结构。汉语也有同源宾语结构，但不同于英语同源宾语结构，一般及物动词进入该结构当中，如阎立羽（1981）所举例子都是及物动词带同源宾语，分为对象同源宾语［如"锁锁""扣扣（儿）"］、工具同源宾语［如"碾碾（子）""筛筛（子）"］、结果同源宾语［如"团团（儿）""包包（儿）"］。根据 Zhou（1999）和 Chao（1968），同源宾语也分为三种：第一种是复制动词，如"看一看"；第二种与动词相关，是身体的一部分、工具或动作的结果，分别如"咬一口""抽一鞭子""说一声"；第三种是动作的次数，如"来一次""拍了一下"。汉语同源宾语具有动量宾语、时量宾语或数量宾语的特征，尽管动词是及物动词，但从语义上不具有及物性。潘海华、叶狂（2015）认为汉语中有些复合词（如"帮忙""吃亏""生气""睡觉"）为离合词，可以拆开造句，如"帮他的忙""帮三天忙""睡一觉"，离合词是同源宾语结构，离合词本身是不及物动词。从他们的例证看，离合词的组合分类包括及物动词带宾语，或不及物动词带时量宾语、动量宾语或数量宾语，这不是我们关注的内容，因此，我们把汉语同源宾语排除在及物化现象之外。

1.3.3 反应宾语及物化结构

还有一类句子与同源宾语句相似，虽然动词和宾语之间不是同源关系，但具有某种逻辑关系，Levin（1993）最早称之为反应宾语结构（reaction object construction），其特点是描写情感或态度，在多数情况下，这些情感或态度与动词表达的行为具有常规联系，如 smile 与欢迎、赞同、感谢等积极态度或情感联系，groan 与疼痛、失望等消极态度或情感联系。常见的不及物动词有动作示意动词、说话方式动词，可以统称为动作方式动词，如 smile、nod、sigh、frown、wave、mutter、murmur、whisper、roar、shout，反应宾语也表示结果。举例如下：

(29) a. She smiled a welcome.

　　 b. He frowned a defiance.

　　 c. He shouted his disapproval.

    d. He smiled his thanks.

    e. The doctor nodded agreement.

反应宾语的句法地位如同同源宾语一样，也有关于附加语和论元的争论。Huddleston 和 Pullum（2002）坚持反应宾语的非论元地位，认为反应宾语很难是非作格动词的论元，而是隐含动词的宾语，如 She smiled her consent 表达的是 She signaled her consent by smiling，smiling 表达的是方式，her consent 不是主动词语义选择的，而是隐含动词 signal 的宾语。

坚持非论元句法地位的理由是反应宾语不能被动化，也不能代名化，被动化和代名化这些特征都是论元的基本特征，否则就是附加语的特征。举例如下：

（30）a. *Her assent was smiled.

      b. *Pauline smiled thanks and Mary smiled them, too.

Mirto（2017）也否认反应宾语就是普通直接宾语，并提出反应宾语不同于普通直接宾语的五个理由：不会以代词的形式出现（*He nodded it.）；不会作定语从句的中心语；不会出现在否定句或一般疑问句中；不会是 wh-疑问句提问的目标（*What did he smile/nod?）；不能话题化（*Agreement, he nodded.）。

Felser 和 Wanner（2001）则持论元地位的观点，并提出三条支撑理由，即能够被动化、邻近条件（动词和反应宾语之间不能插入方式状语）和形容性被动构成，这些都是及物动词所带直接论元的特征。举例如下：

（31）a. Warm thanks were smiled at the audience.

      b. * She nodded gracefully her approval.

      c. a half-smiled goodbye

Jespersen（1924，1928）、Poutsma（1926）、Martínez-Vázquez（1998）等提出反应宾语在语义上为实现宾语（effected objects），是动词活动带来的抽象实体，如 The doctor nodded agreement 中 agreement 通过点头动作

行为而存在。Kogusuri（2009）论证了反应宾语的实现义（effectiveness）特征，以及主语和宾语的所属格同指性（co-referential）特征，他提出了 to do 测试标准，反应宾语作为抽象的实现宾语，正如典型实现宾语一样，不允许 to do 进行提问，如例 32b 所示，实现宾语是动作之后的产物。

（32）a. A：What did John do to the table?

　　　 B：* John built the table.

　　 b. A：What did Mary do to her thanks?

　　　 B：* She smiled her thanks.

除了 to do 测试，Kogusuri（2009）还提出三条反应宾语是动作带来的结果的理由：为实现宾语，不能出现在中动结构当中，也不能出现在动结式当中。因为这些结构需要受影响（affected）论元，在动作之前就存在，实现宾语在动作之后产生，能够发挥界定事件的作用，与 in-状语相一致。举例如下：

（33）a. * Agreement nods easily.

　　 b. ?? He nodded approval open.

　　 c. She sang her thanks in an hour/* for an hour.

Kogusuri（2009）证明了反应宾语语义上的实现性论元地位，又提出反应宾语句法上论元地位的证据，通过对比典型实现宾语，证明反应宾语也是句法论元。Kogusuri（2009）与 Felser 和 Wanner（2001）提出的理由相同。首先，反应宾语遵守邻近条件，如同典型实现宾语一样，动词和宾语不能插入方式状语。举例如下：

（34）a. * She nodded gracefully her approval.

　　 b. * John built yesterday a house.

其次，与典型实现宾语一样，反应宾语能够作为形容词被动修饰语的中心，从而证明了其底层句法宾语的地位。举例如下：

（35） a. a half-smiled goodbye

　　　 b. a recently built house

Kogusuri（2009）也不否认反应宾语可以被动化，他提出反应结构中主语和宾语所属格的同指性解释了有些反应宾语不能被动化的原因。因为同指限制，即使是及物动词其宾语也不能被动化，如 John$_i$ played his$_i$ role，其被动化 *His$_i$ role was played by John$_i$ 不可接受，当反应结构没有施事背景时，被动化可以接受，如 Warm thanks were smiled at the audience。

此外，Kogusuri（2009）还提出反应宾语之所以不能代名化是因为实现宾语一般都不能代名化，如 *John built a house in Boston and Sam built it in Philadelphia，实现宾语作为个体由主语产出，不能被其他参与者再次产出，因此，不能代名化不能否定反应宾语的句法论元地位。

我们认为，作为非作格动词的非范畴化的宾语，实现宾语是及物性的表现之一，如同同源宾语句一样，及物化程度不高。我们把反应宾语结构界定为英语及物化结构，但同时我们不否认反应宾语作为标记性宾语也具有附加语的特征。

英语反应宾语构式意义为通过动作表达某种情感或态度，即 "express a reaction by V-ing"（Levin，1993），汉语中没有英语式反应宾语结构，只能采用英语释义的形式，如 smile her thanks 相应的表达为 "微笑着表示感谢"。汉语中也存在少量 "V+反应宾语"，如 "点头同意" "吻别" "鼓掌欢迎"，但不存在单音节动词带反应宾语。英语与汉语的差异需要进一步探讨。

1.3.4　致使及物化结构

同汉语及物化现象一样，文献中英语及物化结构还包括非作格动词带宾语的致使及物化结构，也就是致使位移及物化结构，运动方式动词、身体姿势动词可以参与及物化过程，致使位移及物化结构要求主语具有较强的意愿性，对其致使宾语具有控制性，宾语具有位移性，该结构中路径介词短语 PP 有两种表现形式，一是可选择性，二是强制性。举例如下：

（36） a. John jumped his horse （over the fence）.

　　　b. John swam his horse （across the river）.

　　　c. John flew his plane （under the power line）.

　　　d. John bucked his horse （out of the chute）.

（37） a. She ran her hand across the scar.

　　　b. The company flew her to Chicago for an interview.

　　　c. They sat the guests around the table.

　　　d. She stood the vase on the table.

除了以上致使位移结构以外，非作格动词也可以出现在以下致使结构当中，非作格动词不是结果次谓语。如 The dog barked the baby awake 中，the baby 不是 bark 的施事，而是 the baby awake 结果次谓语的施事。结果次谓语呈现多样性，举例如下：

（38） a. The dog barked the baby awake.

　　　b. The joggers run the pavement thin.

　　　c. Bill cried himself to sleep.

　　　d. Frank sneezed the tissue off the table.

　　　e. The audience laughed the poor guy off the stage.

以上两种结构可以归纳为不及物动词的致使结构，即致使及物化现象，第一类及物化结构被认为非作格动词词汇中具有致使性，如韩景泉、徐晓琼（2016）就提出非作格动词的致使词汇化，即存在致使轻动词，吸引动词移位。如果非作格动词能够致使词汇化，带役事宾语是没有问题的，但致使词汇化的轻动词句法操作可行性仍需要论证，不同于非宾格动词的及物转换，非作格动词的宾语很少能够被动化，如 *The horse was jumped by John over the fence，可见非作格动词的致使及物化结构中的宾语与典型宾语还有一定差距。

在第二类不及物动词致使结构中，非作格动词所带宾语经常被称为假宾语（fake object），因为与动词之间没有选择关系，无法满足赋格的需要，在及物动词的致使结构中，如 Bill wiped the counter dry，施事把力传递到受事，受事承受力并且在力的作用下发生变化，可以理解为复杂事件，包括致使事件和结果事件，X 致使 Y 变成 Z，X 实现为"致使者"，Z 实现为"结果"，Y 既可以是致使事件的"受事"，又可以是结果事件的"主事"，由此可见，其宾语为真正宾语，扮演两个题元角色。对于假宾语的句法地位，研究者也有不同观点。Carrier 和 Randall（1992）不认为 NP 是动词的直接论元，只有及物动词后的 NP 是论元，他们提出三条理由论证及物动词结果结构不同于不及物动词结果结构：只有及物动词的结果结构才允许中动构成（middle formation）、名物构成（nominal formation）和形容词被动构成（adjectival passive formation），而不及物动词的结果结构都不允许，只有直接论元才可以参与这三种构成。举例如下：

(39) a. New seedlings$_i$ water t$_i$ flat easily.

b. *This type of pavement$_i$ run t$_i$ thin easily.

(40) a. The surgeon general warns against the cooking of food black.

b. *The talking of one's confidant silly is a bad idea.

(41) a. the spun-dry clothes

b. *the laughed-sick teenagers

Lee（1995）认为动词后 NP 是动词的直接论元，并提出两条理由。第一条理由是不及物动词的结果结构与及物动词的结果结构一样，在长距离 wh-提取时，因为违反了毗邻原则（subjacency principle），而不是因为违反了空语类原则（empty category principle）而变得具有边缘性，从而说明动词后的 NP 是内论元。及物动词结果结构和不及物动词结果结构分别举例如下：

(42) a. ? Which metal$_i$ do you wonder who hammered t$_i$ flat?

b. ? Which sneakers$_i$ do you wonder who ran t$_i$ threadbare?

　　第二条理由是不及物动词结果结构和及物动词结果结构中的 NP 一样能够被动化，能够进行动词被动构成（verbal passive formation）。及物动词结果结构和不及物动词结果结构分别举例如下：

　　（43）　a. The seedlings$_i$ were watered t$_i$ flat.
　　　　　　b. Ralph$_i$ was laughed t$_i$ out of the room.

　　Lee（1995）针对 Carrier 和 Randall（1992）非直接论元的三条理由一一进行了驳斥，提出直接论元是中动构成、名物构成和形容词被动构成的必要条件，而不是必要充分条件，Carrier 和 Randall（1992）的例子不成立是其他原因造成的，分别为：之所以动词后 NP 不能出现在中动结构当中是因为中动结构要求受影响论元，如 This glass breaks too easily；有些形容词被动构成是边缘性的，有些完全不可接受，如 *washed-clean clothes；及物动词结果结构也不总是允许名物构成，如 *The hammering of metal flat is exceedingly difficult。名物构成是个复杂现象，还要满足其他条件，如 Jackendoff（1990）就提出结果是 NP 相对能够接受。

　　从以上的争论可以看出，致使及物化结构中动词后 NP 具有标记性特征，动词后 NP 是动词论元，被动化表明动词具有及物性，但动词后 NP 不是典型受事论元，必定有限制条件。我们需要论证不及物动词后面为什么带论元，文献中有多种解决方案，如构式语法理论研究路径认为该类论元由构式赋予，去掉次事件句子就不成立，如 *The audience laughed the poor guy/*The dog barked the baby。

　　对应英语中致使结果结构的非作格动词带宾语现象，汉语中有 VV 动结式复合词带宾语，其中 V 为非作格动词，例如"哭湿了手帕""哭倒长城""跑断腿"。动结式复合词是汉语独特的语法现象，类型复杂，非作格动词构成的复合词是其中一个次类，动结式复合词词汇化程度较高，发挥着及物动词的作用。沈阳、Sybesma（2012）还认为动结式复合词为作格动词。非作格动词与宾语没有选择关系，对宾语没有影响作用，是整个复合词决定了结果宾语。可见不同语言采用不同的手段达到及物化的目的，因为我们研究的是非作格动词 V$_i$+NP，所以 VVO 结构并不属于我们讨论的及物化范围，尽管非作格动词动结式复合词的及物化也是及物化现象的一种。

1.4 本章小结

及物化现象的界定基于 V_i+NP 形式，同时要满足语义条件，即非作格动词带非施事宾语，及物化现象满足一定的及物性特征，主要表现为非核心论元提升为宾语。英语与汉语及物化现象具有较大的差异性，虽然英语与汉语及物化都处于运动事件的框架之中，但汉语及物化结构的宾语大多表示运动事件的处所，而英语及物化结构的宾语少部分表示运动事件的处所，大部分表示运动事件的方式，实现为同源宾语和反应宾语。另外，致使类及物化结构中，英语实现为致使位移构式，部分位移路径的实现具有强制性，英汉及物化实现的共性和差异是我们要解决的主要问题。概括来说，英汉及物化现象有一致性，更多的是差异性，汉语及物化可以说是一种构式，而英语及物化包括多种构式。英汉及物化现象对比如表 1.1 所示。

表 1.1　英汉及物化现象对比

及物化类型		汉语及物化现象	英语及物化现象	例子
运动方式动词及物化	场所宾语	√	√	走四方；to roam the city
	路径宾语	√	√	走小路；to walk the stairs
	终点宾语	√		飞上海
	目标宾语	√		跑项目
	途点宾语	√	√	走后门；to fly Atlantic Ocean
	原因宾语	√		跑警报
	方式宾语	√	√	飞特技；to run the race
	致使对象宾语	√	√	跑滴滴；to walk the dog
	结果宾语	√		跑第一名
	同源宾语		√	to walk a long walk

续表

及物化类型		汉语及物化现象	英语及物化现象	例子
身体姿势动词及物化	场所宾语	√		睡沙发
	目标宾语	√		跪圣人
	方式宾语	√		站军姿
	同源宾语		√	I sat a straight sit.
	致使对象宾语		√	They sat the guests around the table.
自发动词及物化	原因宾语	√		哭长城
	方式宾语	√	√	哭鼻子；run a race
	同源宾语		√	He laughed a hearty laugh.
	反应宾语		√	to smile a welcome
	致使对象宾语		√	Frank sneezed the tissue off the table.

第二章

及物化现象研究综述

　　及物化现象一直是句法-语义界面研究的一个热点，汉语及物化研究更是经久不息，动作性不及物动词自由地带非受事宾语是汉语界广为人知的现象，其生成机制，即非施事旁格论元出现在直接宾语位置的原因，是及物化研究的焦点问题，不同语言学流派提出不同的解决方案，研究路径主要表现为句法研究、认知研究和语用研究。本章综述以上各个流派的主要观点，评价其研究的优点和缺点，为本研究提供思路，找出更好的解决办法。但需要注意的是，文献中的不及物动词带宾语往往不加区分，包括非宾格动词带宾语、非作格动词带宾语和及物动词带非常规宾语（如吃食堂/写毛笔/刷油漆）等类型结构，而我们把及物化现象界定为非作格动词带宾语，因此，我们的综述内容覆盖所有及物化文献，但焦点集中在本书界定的及物化现象。

2.1　句法研究

　　句法研究主要在生成语法领域内探讨，是基于词汇映射理论的纯句法操作，句法自主观点认为句法结构与论元结构是一致对应关系，也就是说句法和语义之间是一一对应关系。Chomsky（1981）的题元理论认为，动词深层的词汇特征决定句子的论元结构、论元数目和题元角色。因此，根据投射理论，所谓的错配现象都是表面现象，为了解释不及物动词带宾语之类的错配现象，句法研究提出一些解决方案，包括设立一些功能性范畴和隐含成分，最终达到解释论元增容的目的。该类研究比较丰富，其形式化研究具有较强的概括性。

2.1.1　轻动词方案

为了使得形式和功能之间具有一致性，轻动词（light verb）假设是使用最多的解决方案。轻动词源于 Larson（1988）提出的空动词，Huang（1997）最早把轻动词引入汉语研究，认为轻动词是事态谓语，根据语义内容，轻动词分为四类：do，occur/become，be/hold，cause。所有动词都是轻动词的补足语，轻动词能够促发动词移位。冯胜利进一步把轻动词应用到汉语研究当中，冯胜利（2000）采用空动词解决带体宾语问题，即旁格宾语问题，指出空动词是主要动词，后面跟补语，如"写毛笔"补语中的动词"写"并入空动词，"毛笔"是"∅-写"复杂动词的宾语，空动词相当于"用、拿"。冯胜利（2005：3）指出"轻动词是词汇意义虚，但句法功能强的一批动词，其中包括'do'（做、弄）、'be'（是、为）、'become'（成为）、'cause'（使）等虚动词"，进一步把轻动词分为没有语音的轻动词或空动词（如"美化"中的致使义）和有语音的轻动词（如"搞不好""打瞌睡"里的动词），没有语音的轻动词促发其控制的动词移位。

Lin（2001）第一个系统研究了不及物动词带宾语结构，提出了轻动词 use、at、for 分别表示工具、地点/时间、理由，非常规宾语不是由动词选择，而是由轻动词选择，深层结构中非常规宾语处于动词标志语位置，动词上移与轻动词合并，非常规宾语在表层结构就处于动词后面，如"v（为了）业务跑"，轻动词 v 促使其所控制的 V_i 上移至其位置，二者合并，最后为"跑业务"，"业务"既获得结构格，也从空介词处获得题元格。朱行帆（2005）、Tsai（2007）等也采纳和发展了轻动词研究路径，轻动词后带 VP 作其补语，轻动词促发移位，从轻动词投射的 vP 壳深层结构生成表层结构。蔡维天（2016）称该类轻动词为内轻动词（inner light verb），与之相对的是表示致使关系的外轻动词（out light verb）。"他跑业务"树形结构如图 2.1 所示，在轻动词的吸引下，"跑"向上移位，处于"业务"之上，形成不及物动词带宾语。

轻动词方案具有较强的解释力和统一性，能够较好处理汉语的复杂

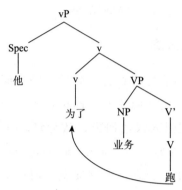

图 2.1 "他跑业务"树形结构

动宾关系，轻动词把非常规宾语引进来，避免了题元结构向论元结构投射时的不匹配问题，表明论元是句法结构的论元，而不是动词的论元。但该方案也存在一些问题。首先，无法确定汉语轻动词类型和数量，轻动词能对所有不及物动词带宾语现象进行解释，如存现句中有轻动词"有"，领主属宾句中存在轻动词"experience"（经历），非常规宾语类型多样，相应的轻动词就会多样。研究者对同一个结构中的轻动词类型也存在分歧，如"王冕死了父亲"，朱行帆（2005）认为此类结构含有轻动词"经历"，而胡建华（2008）则认为含有抽象动词"有"。有些非常规宾语所需轻动词难以确定，找不出隐含的动词或介词，技术操作就有困难，如"哭长城""走桃花运""跑龙套"，轻动词就不能仅仅包括 use、at、for。

其次，轻动词是否具有语言普遍性？运动非作格动词带宾语现象 V_i+NP 在汉语中具有多产性和创新性，为什么英语中就相对较少呢？轻动词范畴的存在令人质疑，具有特设性，轻动词吸引动词移位的动因也不清楚。如果及物动词隐含一个轻动词作为核心动词还容易理解，Chomsky（1995）的最简方案中就把轻动词视为及物性谓语的中心语，是核心功能性范畴，触发核心动词移位，而不及物动词的介词谓语作为核心动词吸引动词合并缺少经验性，生成语法界讨论的轻动词大都是及物动词中的轻动词。如果所有动词都是轻动词的补足语，及物动词与不及物动词就没有区别，不及物动词也没有必要区分非宾格动词和非作格动词。

最后，我们认为最大的问题是核心动词移位生成的表层结构与深层结构具有较大的区别，及物化结构与带状语的不及物动词结构具有重大区别，特别是及物化现象往往具有比喻/转喻性，如"走钢丝"与"（在）钢丝上走"意义差别很大，前者除了表示一种杂技外，还比喻做非常危险的事情等，同理，"站讲台"与"在讲台上站"也不同，前者转喻为一种职业，很难说从深层结构通过动词移位获得表层结构。

2.1.2 施用范畴方案

施用范畴是为旁格宾语设立的另一个功能性范畴，所谓施用范畴，根据 Pylkkanen（2002），句法范畴施用短语（applicative phrase）负责非核心成分的允准。从语言类型角度看，有些语言存在的功能范畴具有施用标记，用于引入新论元，包括非核心论元，因此施用范畴是引入新论元的功能范畴。孙天琦（2009）提出汉语属于施用范畴的语言，其旁格宾语结构与班图语（Bantu Language）等语言的施用结构（applicative construction）等同，非核心论元由施用功能范畴允准，汉语不是屈折语言，没有显性施用标记，为零施用范畴。在汉语施用结构中，施用中心语具有给动词增元的功能，可以把与动词没有论旨选择关系的非核心成分提升为核心论元，被提升的非核心成分称作施用论元（applied argument），施用结构表达外围成分与一个事件的关系，施用核心吸引动词并入其中，施用论元处于施用短语的标志语位置。

施用范畴方案具有解释统一性和简单性，但研究者对于该增加论元数目的技术操作手段存在质疑，汉语旁格宾语结构等同于施用结构的判断存在许多问题。邓昊熙（2014）指出非核心论元结构与施用结构有重要区别，例如，班图语等施用范畴语言当中动词一般后面跟两个论元，一个是动词原来的论元，一个是新增的论元，两个论元可以共现，而汉语出现了新增的论元后，原来的论元就不能实现了，如"*吃饭食堂"，另外，原来的论元也不能像施用范畴语言那样被动化，如"*饭被我吃食堂"，再者，汉语旁格结构可以自由地转换为介词结构，如"吃食堂/在食堂吃饭"，施用范畴语言的施用结构不能自由转换为介词结构，因此，用施用结构来分析汉语相关现象还需进一步探讨。孙天琦（2019）

也证明汉语旁格宾语与施用结构只是表面相似，汉语"零形素"施用标记的设立缺少依据和论证。胡建华（2010）指出目前研究没有给出汉语施用范畴涉及的条件和限制。

施用范畴和轻动词都是增加论元数目的技术操作手段，句法操作差别不大，施用范畴相当于轻动词，Marantz（1993）把施用功能范畴称作施用轻动词（light applicative verb），蔡维天（2017）主张汉语中施用词和内轻动词具有相同的语法功能和结构特质。孙天琦（2009）认为施用范畴方案优于轻动词方案，也只是基于施用范畴为抽象的范畴，不一定有对应的介词结构，如"哭周瑜"对应为"为了周瑜哭"和"因为周瑜哭"都不合适。施用范畴在汉语研究中具有特设性，以往研究往往重视新方法的提出，但忽略了新方法解决问题的能力。

施用范畴研究路径在及物化研究中影响力并不大，孙天琦（2019）就抛弃了施用范畴方案，提出"裸词根"理论，认为英语动词既包括词根（lexical root），又包括事件类型标记（event typer），词根编码所有事件参与者信息，事件类型标记只筛选与事件类型直接相关的参与者信息，汉语单音节动词具有"裸词根"特性，即只有词根，没有类型标记，缺乏选择论元的限制功能，非核心论元就可以进入句法操作，而英语动词的事件类型标记只能筛选与事件类型相关的直接参与者，只有核心论元进入句法操作，例如，eat 和"吃"的词根都会编码施事、受事、处所、时间、工具等事件参与者信息，但 eat 事件类型只筛选施事和受事，而"吃"则没有发挥筛选功能的事件类型，所以不仅施事和受事可以在句法上实现，非核心论元也可以在句法上实现。"裸词根"理论假设说服力也不强，支持该语言类型差异的理由不充分，汉语旁格宾语受限比较严格，英语也存在旁格宾语。

2.1.3 语义谓词隐含方案

除了用功能性范畴来解释论元增容，还有隐含成分方案。隐含成分观点首先由郭继懋（1999）提出，该观点认为 V_i+NP 暗含着一个语义谓词，即"动+（谓+名）"，表示动名之间的事理关系，宾语由隐含的成分允准，隐含的成分主要为介词、动词或连词，如"走八卦掌"为"走+

（练+八卦掌）"，"跑第一棒"为"跑+（拿着+第一棒）"，V_i+NP 是由 PP+VP 派生而来。杨永忠（2007）继承和发展了隐含成分允准观点，明确省略的成分为介词，V_i+Prep+NP 是一种自然关联，V_i+NP 就是一种句法异位，由 V_i+Prep+NP 或 Prep+NP+V_i 转换生成，是句法挤压的结果，V_i+Prep+NP 中的 NP 与介词一道充当 V_i 的补语，介词脱落后提升为 V_i 的宾语，形成 V_i+NP，如"睡沙发"由"睡在沙发上"转换而来，"逛公园"由"在公园逛"转换而来。程杰（2009：25）提出虚介词假设：IVO 结构（不及物动词带名词短语结构）中的非宾论元通过一个虚介词 P 与动词相联系；P 选择非宾论元作补语，投射 PP；动词选择 PP 作补语，投射 VP。虚介词假设与隐含成分方案基本一致，区别在于仍把非核心论元界定为补语，与动词之间为弱选择关系。

功能范畴的设立遵守生成语法复杂的句法操作，目的是核查相关特征，允准非核心论元，而隐含成分方案不具有理论内部要求，只是从语义上认为存在一个隐含成分，缺少严谨性。如果隐含成分真实存在，其脱落动机是什么？V_i+NP 和 V_i+Prep+NP 或 Prep+NP+V_i 之间的派生关系受到质疑，尤其是介词吸引动词移位缺少理论根据，及物化结构与带状语不及物结构有重要区别，很难说仅仅为了经济性而删除了介词，更何况有些 V_i+NP 根本无法补充隐含介词，如"走八卦"。程杰（2009）也不赞同郭继懋（1999）和杨永忠（2007）的派生观点，认为 IVO 结构也是基本结构，把虚介词的存在归结为施用范畴。

句法研究路径坚持了传统的词汇投射理论，动词题元决定句法结构，具有较强的解释力和统一性，为了解释论元增容现象，细化句法结构，提出不同的技术方案解释非核心选择的原因，满足论元赋格的需要，但这些技术手段都存在问题，过分强调结构一致性问题，移位和轻动词等技术操作手段具有很大程度的特设性，增加了句法复杂度，缺少经验基础，轻动词方案、施用范畴方案和语义谓词隐含方案都处于假设阶段，证明假设还存在很多问题，旁格宾语是否必须满足题元格要求也存在质疑。胡建华（2007）不赞同轻动词假设，提出汉语是非格标语言（non-case-marking），英语是格标语言（case-marking），在格标语言中，NP 只有被赋格才可以得到允准，而在非格标语言中，NP 则可以不通过赋格来得到允准，NP 所占据的句位可以不是题元位置。既然不需要满足格要求，汉语中旁格宾语就不是语言异常现象。"格标效应"方案提出了一种有效的语言类型学的解释，简单明了，避免了轻动词、移位等理论问题，轻松解决了赋格问题，但这只是一种假设，汉语是不是非格标语言需要进一步证明。单纯句法解决方案存在许多缺陷，非常规宾语的允准和解读单靠句法说服力不足，句法-语义界面是句法研究的发展趋势。

2.2　认知研究

及物化机制的认知研究比较丰富，尤其是汉语不及物动词带宾语的认知研究，认知研究的研究范式多种多样，如认知语法、构式、认知语义、概念整合、框架语义等，涵盖在认知语言学研究路径之下，认知语言学是生成语言学的反动，二者形成对立，认知语言学坚持体验哲学观，认为语言是人类认知活动的产物和工具，语言研究应以身体经验和认知为出发点，以概念结构和意义研究为中心，着力寻求语言事实背后的认知方式，并通过认知方式和知识结构等对语言做出统一解释。生成语言学坚持句法独立，而认知语言学认为语言知识来源于语言应用，语言形式受认知、语义、语用等外部因素制约。我们谈几个在及物化研究中影响力较大的研究范式。

2.2.1　原型范畴理论研究

范畴是认知语法的重要概念，范畴化是一种基本认知方式，是对世界的事物进行分类的过程。根据范畴化的原型理论（Rosch，1978），原型是范畴内的典型成员或最佳代表，具有该范畴最典型和最多的共享特征。范畴之间和范畴内典型成员和非典型成员之间界限模糊，会形成一个连续统。在认知语法当中，范畴化就是以典型概念为核心，将处于语义连续统的不同的语义结构纳入同一概念范畴，就及物性而言，及物与不及物之间不是截然对立的，及物和不及物内部成员也有典型和非典型之分，从典型宾语到非典型宾语也处于一个非离散的连续统之中。

刘正光、刘润清（2003）在原型理论框架下提出 V_i+NP 结构是非范畴化的结果。所谓非范畴化是指在一定语境下，范畴失去其典型特征的过程，及物句式是原型，及物句式非范畴化后形成 V_i+NP 结构，V_i+NP 结构处于及物句式和不及物句式之间，及物句式侵蚀到不及物句式，或者不及物句式向及物句式靠拢，V_i+NP 结构弱化了及物和不及物句式的区别。至于为什么不及物句式向及物句式靠拢，刘正光、刘润清（2003）认为，及物句式的原型特征和认知显性度所具有的认知经济性是 V_i+NP 结构产生的动机，也就是说，V_i+NP 具备了及物句式的认知凸显性，达到了认知经济性目的。

及物化结构的原型范畴理论研究比较多，袁毓林（1998）把非核心格占据宾语位置称为述题化过程（rhemization），诱发述题化的原因是向语义原型的及物结构靠拢，介词宾语向处所宾语转换，及物化结构达到语篇显性度及心理显性度的目的。概括来说，V_i+NP 具有原型及物句式的特征，其及物化具有经济性认知动因，当然，不及物动词尽管获得及物动词带宾语的句法地位，但其动宾结构没有获得及物句式的典型特征，V_i+NP 具有双重范畴的特征，享有自由的同时也受到更多的限制。

2.2.2　构式研究

构式语法是认知语言学的一个重要分支，有狭义和广义之分，Goldberg 的构式语法属于狭义构式语法，Langacker（1987，1991）的认知语法和 Croft（2001）的激进构式语法等属于广义构式语法。构式语法的共性表现在：不同于自下而上的动词决定论元的投射观，构式语法采用自上而下的构式观，认为构式整体决定论元实现，构式是语言分析的单位。关于构式，Goldberg（1995：4）给出的定义为：C 是一个构式，当且仅当 C 是一个形式-意义的配对<F_i，S_i>，且 C 的形式<F_i>或意义<S_i>的某些方面不能从 C 的构成成分或其他先前已有的构式中得到完全预测。

基于语言符号的使用观，构式是高频使用后固化的语言结构，已经是语言知识的一部分，论元结构的形式和意义不能归结为动词的意义，也不能归结为动词意义和句子其他部分意义的组合，而是应该归结为论元结构的整体，形式和意义之间存在系统对应关系，句子意义由构式意义和词汇意义共同决定，当构式意义与词汇意义发生冲突，构式意义会压制（coercion）进入构式的动词的配价，使之与构式整体配价相一致，也就是说，动词论元结构的变化是构式整体意义赋予的，构式强调在构式中确定成分的句法性质。

构式语法专注于非核心结构的研究，对句法-语义错配现象具有较强的解释力，因此，采用构式框架对不及物动词带宾语进行研究的比较多，提出了构式解读中语义和语用制约因素，认为及物化构式对其内部成分有压制作用，不及物动词变为及物动词，构式中被抑制的施动义凸显。

徐盛桓（2003）认同构式语法的句法结构观，认为句法结构是一个完型，各个成分意义相加不一定是构式的意义，句式结构中不但有显性表述，还有隐性表述，所以一个构式的意义必定大于各成分意义之和。不及物动词带宾语句式结构表示为 SVN，构式整体意义为 S 通过动作 V 作用于 N，其中 N 具有受动性，且为一个梯度变量，V 也是具有不同程度及物性的动词，处于及物性强弱的连续统中。不及物动词带宾语的 SVN 句式之所以产生构式意义，是因为"语句中所涉及的事物之间的关系是常规关系"（2003：8），"句式结构所表达的关系同被表达的对象事物之间的常规关系有同构性"（2003：11）。

徐盛桓（2003）提出"名动互含"假说来说明常规关系如何建立，V 和 N 之间为共轭关系，相互进行语义选择，N 凸显某个语义角色与 V 匹配，如"睡客厅"中"睡"的空间语义内容与"客厅"的处所语义内容匹配，"在客厅睡"为常规关系，因此，"睡"对"客厅"的利用成为可能，从而对"客厅"产生作用，造成影响。V 对 N 做出语义选择之后，动作和事物之间相互作用，动作对事物的影响就表现为动词的"及物"，因此产生了"V 作用于 N"的构式意义。概括来说，徐盛桓（2003）把不及物动词带宾语的 SVN 句式作为一种构式，成分之间的常规关系是构式的生成理据，常规关系是事物自身的关系，是把握语言应用的认知工具，常规关系和隐含表达共同解读 SVN 句式。

构式思想融合在许多及物化结构研究当中，如仇伟（2006）、李青（2019）、魏在江（2013）、吕建军（2009）、孙超（2016）。构式压制动词词项使之与构式兼容，最后不及物动词及物化，从构式思想那里找到了及物化结构的生成机制。构式语法在英语致使及物化结构生成中具有较强的解释力，例如，The audience laughed the poor guy off the stage。Goldberg（1995）提出 sneeze、laugh、cough 等不及物动词的及物用法是构式整体消解了动词的参与者角色与构式的论元角色的冲突，构式压制对错配现象提供了较好的解释。

杨坤、文旭（2021）发现构式压制无法解释 ?? They laughed the poor guy into the car，其他非构式因素也发挥作用，他们提出动词与构式实现论元融合的模式，非常规论元配置的经验基础是规约化事件，"嘲笑某人，致使他离开舞台"为规约化事件，而"嘲笑某人，致使他进入汽车"为非规约化事件，因此，不容易接受。"动词-构式"论元融合的认知机制为"语义牵引效应"（semantic attraction effect），因词汇语义或语义类型的相似性而产生句法框架的吸引，如及物动词 blow 对 sneeze 进行语义牵引，sneeze 是 blow 的类比拓展，所以 blow 和 sneeze 出现在同样的"施力+受力+方位移动"构式当中。

2.2.3　概念整合研究

概念整合理论是解读及物化现象的另一个常用的认知理论工具，基于概念隐喻理论（Conceptual Metaphor Theory）和心理空间理论（Mental Space Theory）发展而来，概念整合是普遍认知过程，从不同的认知域选择性提取整合为复杂概念结构（Fauconnier & Turner，1998，2002）。概念整合有两种方法，一是糅合，二是截搭，前者整合相似的概念，与隐喻相关，后者整合相关的概念，与转喻相关。语法整合是概念整合中的一个类型，Fauconnier 和 Turner（1996）提出概念整合可以作为语法研究的核心来探讨语义和句法之间的生成关系，概念结构和句法结构之间存在映射关系。通过概念整合，形成创新结构（emergent structure），复杂的事件用简明句法结构表达出来，进行选择性投射，从而能够解释复杂概念结构与线性简单句法结构之间的不匹配问题。

概念整合理论较多用于词汇研究，较少用于句法研究，沈家煊（2006）用概念整合理论研究非受事宾语句具有开创性。沈家煊（2006）

对"王冕死了父亲"的生成方式做了探讨，他认为该类句子的生成方式不是"移位"而是"糅合"，该句式整体意义有"丧失"的成分，"王冕"遭受"死了父亲"的损失。至于该类句式为什么具有构式意义，沈家煊提出类推糅合生成机制，"王冕死了父亲"是"王冕的父亲死了"和"王冕丢了某物"两个小句糅合而成，二者之间具有因果关系。

王珍（2006）从概念整合和语法整合两方面考察了不及物动词带宾语结构存在的理据，领主属宾句和存现句是代表性不及物动词带宾语结构，"他死了父亲"不是领属名词移位造成的，是"他失去了父亲"和"父亲死了"的概念和语法整合而成，"父亲死了"是"他失去了父亲"的原因，二者具有因果关系，"他死了父亲"既表示失去父亲的事实，又表示失去父亲的原因，把"死"的具体意义填充到"失去"这一抽象概念当中。同理，"台上坐着主席团"是"台上有主席团"和"主席团坐着"的概念和语法整合而成，二者之间具有时空共现关系，"坐着"的具体意义填充到"有"这一抽象概念当中。

沈家煊（2006）和王珍（2006）讨论的不及物动词带宾语现象涉及句式有限，也不是我们界定的及物化现象，但可以推理，概念整合理论研究方法可以适用于其他不及物动词带宾语结构。朱怀（2011）提出的汉语非受事宾语范围就比较广，包括供用句、存现句、工具宾句、处所宾句和材料宾句，其中的部分处所宾句是我们界定的及物化结构，如"睡客厅""坐沙发""走大路""飞上海"，还包括不是我们研究对象的及物化处所宾语句，如"吃食堂""吃饭馆"。朱怀（2011）认为处所宾语句由动作事件和处所事件构成，二者之间为惯常关系，以动作事件为整合框架，将动作和处所压缩为动作关系，概念整合带来语法整合，去掉不必要的成分，形成创新结构来表现浮现意义，如"我吃饭"和"我在食堂"整合为"我吃食堂"，"他走"和"他在大路上"整合为"他走大路"，两个事件相关，属于"截搭"型整合。

除了以上不同的认知研究视角，认知语言学中很多其他理论也被用来解释不及物动词带宾语，如图形-背景理论视角（谢晓明，2004）、隐喻转喻视角（邱迪，2019）、隐喻视角（郭继懋、陈爱锋，2021）等，所有认知研究具有很大的相似性，研究的概括力非常强，对所有不及物动词带非施事宾语现象进行统一解释，各种研究视角都有道理，因为这些研究视角具有普遍性，适用于所有语言现象，但缺点是解释力太强就过于笼统，什么都能解释就什么也解释不了，不能很好地区分不及物动词带旁格宾语现象中不同的句式，有必要对认知生成机制进行限制。总的来说，认知研究解释力强，往往各种认知研究方法混合在一起使用，哪种有说服力，就使用哪种方法，如构式研究中有原范畴理论，整合理论中有构式思想，理论融合没有问题，理论框架的不固定则导致可操作性差，也导致理论预测力弱。

认知研究还是要依赖词汇语义来解释生成限制，词汇语义限制排除掉不合语法的句子，但对语义的精细描写不足，对动词丰富的语义关注不足，如及物化构式中满足常规关系的要求就比较笼统，如果把常规关系又作为认知机制，就落入循环论证当中。另外，把介宾概念整合为直接宾语过于简单，不及物动词后面可以跟多种语义角色的旁格宾语，关于何种关系的事件能够整合缺少实证研究，否则所有结构都可以被认为是整合而成，事件的编码以动词为基础，再加上与事件相关的时间、地点、状态等特征，所以动作和处所只是一个单一事件，谈不上事件整合，最关键的问题是两个事件整合的动因不明。

构式语法在解释论元实现方面在认知语言学研究中最为显著，构式语法在多个方面做到了创新，如区分了构式义和词汇义，指出了构式义和动词语义的双向互动。但构式语法也存在许多问题。首先，如果任何形义结合都构成构式，语言中就有无数构式，若构式都是学习得来的，那么必然增加了大脑的负担。其次，构式语法否认句法组合规则的作用，认为词库和句法之间没有严格的界限。陆俭明（2008：148）就指出，否定语言的组合性对语言教学、自然语言处理及解释语言本身的种种现象都是不利的。最后，构式语法过分强调了构式的作用而忽视了动词的作用，动词的参与者角色压制和添加的规律有待探讨。如何才能做到词汇义和构式义相融合？为什么动词要受到构式压制？构式语法关于动词作用的观点从词汇语义决定句法的一个极端走向另一个极端。所有构式都具有语言特定性和构式特定性，论元实现方面就缺少跨语言的概括性，这也是理论预测性弱的表现。

2.3 语用研究

比较而言，及物化现象的语用研究并不多，大都散落在句法和认知研究当中，作为一个创新句式，其语用动因也不能忽视，及物化现象是基于使用的语法化的结果。及物化现象属于句法异位，张国宪（2005）指出，句法异位有两个诱因，一是语言演变，二是语用动因，及物化现象都满足这两个诱因。及物化现象的语用研究路径是把该结构看作言语交际，言语建构的语用动因涉及多个方面，我们主要综述几个重要的语用因素，这些因素属于广义认知领域，是人类基本认知机制，也就是说我们从认知的角度研究语言使用。

2.3.1 语用预设

魏在江（2013）提出语用预设是不及物动词带宾语结构得以产生的机制之一，句法的搭配关系是一种预设关系，语用预设是该结构产生的根本动因。魏在江（2013）认为构式的整体预设意义、动词本身的预设意义和旁格宾语的受事预设意义对句法结构的产生和形成发挥制约作用。具体来说，句法结构是语言预设机制的反映，SVN 的预设意义是：任何成分只要进入这个构式，就能用来表达一种与预期形成强烈反差、出乎人们预料的构式意义；动词的预设意义与旁格宾语的意义高度关联，二者是同一认知域中的概念语义，动词和旁格宾语变得抽象，它们之间的非常规搭配变成常规搭配；旁格宾语的受事预设意义导致角色凸显度的变化，旁格宾语从背景变成前景，成为最为凸显的表达成分。

概括来讲，不及物动词和旁格宾语之间的关系是预设关系，预设关系是交际双方都已知的背景知识，也就相当于郭继懋（1999）所说的事理关系、徐盛桓（2003）所说的常规关系，预设关系不需要明示，满足交际需求即可，所以就形成了句法异位现象。

2.3.2 关联理论

杨永忠（2007）提出句法异位是语用动机促动的结果，是为表达信息意图而采用的句法手段，句法异位现象遵循最佳关联原则（Sperber & Wilson，1986），是一种带有明显语用动机的明示行为，是说话人表白交际意图的心智过程，V_i+NP 生成要满足语义抽象化、言语表达主观化、意图化、语言经济性原则和信息凸显等需要，听话人在理解话语时需要的语用范畴知识有"具体与抽象""主观与客观""有意与无意""简洁与冗余""焦点与背景"等，以达到有效推理的目的。

语言经济性是探讨最多的语用原则，杨永忠（2007）认为介词的省略顺应了人们运用语言进行交际要言简意赅、简洁明快的要求，Haiman（1985）认为语言表达方式的压缩就是为了获得表达的经济性，持相同观点有郭继懋（1999），刘正光、刘润清（2003）和陈妮妮、杨廷君（2014）等。概括起来，V_i+NP 浓缩结构的选择是说话人明明白白说话，付出最小代价，能够表达意图，越简单越好，听话人按照最佳关联准则进行推理，能够准确理解说话人的真实意图，达到最佳关联。

2.3.3 模因论

模因论（Memetics）是语用学领域的一个研究热点分支，是基于达尔文进化论解释文化传播规律的理论，模因是"寄寓在人类大脑中的信息单位"（Distin，2005：11），是文化领域内人与人之间相互模仿、散播开来的思想或主意，如同基因一样，模因一代一代地相传下来，是文化进化的机制，是文化基因。所谓语言模因，何自然、陈新仁（2014：9）定义为"携带模因宿主意图、借助语言结构以重复或类推的方式反复不断传播的信息表征"，语言模因往往表达精练，容易被模仿套用，同时拥有较高的社会关注度，因此，具有较高的生命力和影响力，被大众模仿、复制和传播。

语言模因论主要用于网络新词产生机制研究当中，陈新仁（2017）把该理论应用于非作格致使结构当中，探讨了英语非作格动词致使化的外部动因和形成机制，为研究英语不及物动词带宾语提供了一个全新的思路。非作格动词的致使用法，如 The man *walked* his dog every day/Pat *sneezed* the napkin off the table/The rider *jumped* the horse over the fence。先有了新的语义，再有及物用法，新的语义来源于社会文化新环境，新的语言表达方式是为了表达物质或精神世界产生的新内容,为了表达遛狗、赛马越过障碍等活动,就产生了 walk、jump 的致使用法,这些非作格动词旧词新用,成为宿主,再通过类推衍生其他不及物动词的及物性用法。但是,把非作格动词的产生归结为偶然也缺少说服力,其产生必然符合认知规律。

2.3.4 顺应论

顺应论(Adaptability)是由比利时语用学家 Verschueren(1999)提出的语用学理论。该理论认为,语言使用的过程是不断进行语言选择的动态过程,顺应体现在语言的使用环境和语言结构之间的相互适应。语言的变异性、协商性和顺应性等三个特征是动态选择的基础。

语言顺应论主要应用到翻译研究当中,李冬香(2018)把顺应论引入不及物动词带宾语研究当中,探讨了"跑+NP"产生和流行的动因。李冬香(2018)认为"跑+NP"作为非常规句法语义搭配,充分体现了变异性、协商性和顺应性,其产生和发展充分体现了历时顺应,其流行体现了共时顺应,"跑+NP"是动态顺应的产物。

就历时顺应而言,"跑+NP"经历了固化到泛化的过程,从唐代奔走义的致使用法,到明代带处所宾语,再到现代新兴"跑"不仅可以带处所宾语,如"跑上海",还可以带各类名词,从表示[目的]+[对象],如"跑材料""跑官""跑车票",泛化为[目的]+[对象所处的空间],如"跑办公室""跑部门"。就共时顺应而言,"跑+NP"是交际者表达移动行动所选结构之一,之所以选择该结构是因为"跑"对 NP 的选择具有较大的包容性,"跑+NP"具有较大的变异性,符合经济性原则,具备时代特征。NP 的选择具有协商性,根据语境和时代背景做出灵活选择,"跑+NP"的顺应性是变异性和协商性的前提,主要体现在语境因素的顺应、语言结构选择的顺应、顺应的动态过程、顺应的意识凸显程度等四个方面。

不及物动词带宾语现象的语用研究是其句法和认知研究的必要补充,各种路径相互补充才能使对该结构本质的了解更清楚。从这个意义上来说,及物化的语用研究具有重要意义,语用规律是语言普遍规律,对解释及物化这种特殊的语言现象更有说服力，语言普遍规律有很多，文献中讨论的语用规律对及物化现象的产生发挥的作用较为显著。语用学属于大的认知范畴，同及物化的认知研究一样，对及物化的生成机制研究比较笼统，缺少关于该结构生成的较为精细的语义限制，仍然无法解释及物化现象在不同语言中的表现，语用虽发挥作用，但不是唯一因素。

2.4　本章小结

从以上综述可以看出，及物化现象研究文献非常丰富，涉及的内容非常广，研究成果也比较显著，本章从三个研究路径综述了及物化现象的生成机制，每种研究路径都取得了丰硕的成果，对全方面认识该现象发挥了重要作用，但每种研究路径都存在一定问题，句法和语义之间的映射规律还需进一步探讨，需要建构新的句法-语义界面理论框架，探讨及物化结构中动词和构式如何相互作用，以及各成分在及物化结构生成中所起的限制作用，揭示概念结构向句法结构进行选择性映射的规律。本研究总的思路为语言形式是语法化的结果，已经固化，反映了人类认知规律，语义和形式的关系研究应该从语言内部着手，但也不能忽略语用的作用。

需要注意的是，文献中英语及物化研究较少，且比较分散，主要集中在同源宾语句中不及物动词后的 NP 句法地位和致使及物化结构的构式或词汇分解研究，并没有在及物化整体框架下研究。因此，英语及物化现象研究缺少系统性，本研究将从跨语言视角对及物化现象进行统一分析，以期发现语言的共性和个性。

第三章

句法-语义界面：事件结构

界面理论以语法的模块性（modularity）为理论假设，句法-语义界面的中心问题就是词汇语义和句法之间的联接问题，句法-语义界面已有很长的研究历史，20 世纪 70 年代 Fillmore（1970）和 Carter（1976）等语言学家就开始关注词汇语义和句法之间的规律，他们发现动词语义对句法形式有决定作用。关于论元实现规律，20 世纪 80 年代语言学界已认可动词语义很大程度上决定句法结构的观点，他们发展了联接理论（Linking Theory）和投射理论（Projectionist Theory）。20 世纪 90 年代以来，句法-词汇语义界面理论得到了更大的发展，出现了构式语法、事件结构等界面理论，界面理论已成为当前句法研究的新趋势。文献综述中基于动词范畴化的投射理论和基于构式的认知语法理论的及物化研究都存在问题，尤其是投射理论的句法复杂性和构式语法的语言特定性方面。本章另辟研究路径，基于事件结构，建构新的及物化现象研究的综合句法-语义界面理论框架。

3.1　事件和事件结构

"事件"在语言研究中广泛使用，却是一个比较模糊的概念，学界对事件的认识还存在较大分歧，缺少严格和统一的定义，不同学者笔下的"事件"具有不同的内涵，但许多学者使用这个概念时往往不加说明，造成一定的混乱，因此对"事件"概念本质的探讨非常有必要。

Rosen（2003：323）把事件分为两种：现实世界的事件和语言事件。

前者是现实中发生的事情，后者是对现实事件的语言表征。事件是人类生活的基本要素，人们以事件为单位切分、理解客观世界，但事件的界定不容易，现实事件是客观的，但其界定是主观的。Davidson（1967）在自然语言的逻辑结构研究中最早把事件引入语法研究，认为事件是具有时空性和感知性的实体。Truswell（2019：1）指出正如很难确定事物的数量一样，很难确定事件的数量，辨认事件是感知组织的一部分，在认知科学领域，事件被认为是可以感知的单位。

把动态的经验感知组织成离散单位是人类基本认知能力。感知的事件是客观事件凸显的一部分，反映了人们对客观世界的识解方式，其复杂度取决于人们的认知能力和交际目的。事件具有内部结构，Van Lambalgen 和 Hamm（2005：4）把事件定义为具有某特定空间与时间特征，被观察者感知为具有起点与终点的动作、活动或变化，包括参与者角色、时间过程、力转移方向及产生的结果等组成部分。

语言不直接反映客观世界，而是反映人类对客观事件的识解方式，即对客观世界的认知方式，认知方式不同，事件的概念化不同，Jackendoff（1990）、Talmy（1985，2000a）等最先把"概念结构"引入语言学研究中，概念结构是一种心智表征，人们对真实事件的抽象致使和时间、空间信息等进行概念表征，建构起事件概念结构，事件概念结构的信息包括事件的参与者、参与者的特征、参与者之间的关系等。根据参与者类型及其关系，事件划分为不同类型，如致使事件、运动事件等。Gisborne（2020：4）持相同观点，认为事件是概念结构中动词的意义，或动词意义的心智表征，事件可以是简单事件，也可以是复杂事件，具备结构、参与者、致使、时间等特征。

概念结构是说话人将他们对世界的诠释进行编码的形式（Jackendoff，1992：27），概念结构即语义结构，概念结构与语言结构之间具有同构性。Langacker（1987，2008）认为语言结构是对概念内容的编码。概念化的事件通过句子、利用语法表达出来，即对概念事件进行词汇化，语言表达式是现实世界事件的概念结构向语言结构投射的结果，形成语言事件。概念结构是语言理论和认知理论之间的桥梁（周长银，2016：434），事件结构是概念结构表现形式之一，同理，"事件结构在人类的认知结构和语言的句法表现之间起着一种中介作用"（林艳，2016：1229）。

曾国才（2015）把语言事件称作言语事件，概括了客观事件、认知事件和言语事件之间的关系，"人类基于事件框架认识世界。认知事件是对客观事件的概念化，言语事件是认知事件的语码化"（2015：41）。总之，语言事件是客观事件的认知反映，是客观事件的符号化，其认知机制为事件的概念化，事件结构属于概念结构，作为语义结构在很大程度上能够预测句法表现。因此，事件结构被广泛认为是句法和语义之间的界面。事件结构的构成是什么？事件的内部构成对句法表现有何影响？事件结构如何与句法结构进行匹配？事件结构在多大程度上与句法结构具有同构性？对此语言学家们提出许多模式。

3.2　事件结构模式

句法-语义界面研究的基本假设是动词语义影响句法表达，在表征与句法相关的语义时产生了不同的句法-语义界面理论。例如，关于生成语法中的题元角色和题元层级，学者一贯坚持投射观，为了达到句法和语义之间一一对应，或者细化题元角色，或者泛化题元角色，或者细化句法结构，或者进行题元角色联接优先权排序等。但这些解决方案都存在问题，对多重论元实现现象解释力不足，投射观只重视了动词的论元结构，认为论元结构由核心动词的语义特征决定，忽略了句中其他成分在论元实现中发挥的作用，题元角色不是合适的句法-语义界面，前面的及物化文献综述已经指出句法研究的问题。事件结构理论是一种新兴的句法-语义界面理论，该理论摒弃了生成语法的动词中心论，认为动词子语类所反映的论元结构并不是决定动词句法表现的唯一因素，动词本身的词汇特性以及其他相关成分的词汇特性都发挥作用，动词是对外部世界发生的事件特点的词汇化和概念化，动词的句法表现在很大程度上是由对动词进行编码的事件结构决定的，谓词的词汇语义事件结构影响句法结构表达。事件结构和句法结构之间的映射关系是语法研究的一个重要领域，为形式和功能之间的匹配问题提供了一个新的研究思路。文献中基于概念语义的词汇事件结构表现为多种模式，我们探讨几个代表性事件结构模式。

3.2.1 事件结构的体模式

事件结构就是事件的体特征，体为词汇体（lexical aspect）或行为类型（aktionsart），即事件内部的时间特征，如终结性（telic）、持续性和动态性，与语法体（grammatical aspect）形成对应。Smith（1991）所说的情景体（situation aspect）也是词汇体，即观察事件的视角，与之相对的是完成、进行等的视点体（viewpoint aspect）或语法体。Vendler（1967）最早根据动词的词汇体把动词分为四类，即状态（state）、活动（activity）、达成（achievement）和完结（accomplishment）。以 Vendler 的研究为基础，动词又有不同分类，如 Smith（1991）在事件类型中增加了一次体（semelfactive aspect），表示瞬间的无界的事件（instantaneous atelic events）或无界达成事件（atelic achievement）。各类动词特征和例子分别如下：

(1) a. 状态：［-终结性，+持续性，-动态性］know, have, believe

b. 活动：［-终结性，+持续性，+动态性］run, walk, push

c. 达成：［+终结性，-持续性，+动态性］recognize, find, win

d. 完结：［+终结性，+持续性，+动态性］build, write, sell

e. 一次体：［-终结性，-持续性，+动态性］blink, hiccup

体是决定论元向句法位置投射的机制。持续性和动态性决定动词的句法表现，状态和达成动词缺少动态过程，所以不能表示进行，如*The house is being clean/*He is finding the problem，而活动和完结动词具有动态性和持续性，可以表示进行，如 He is running/He is building the house。终结性和非终结性是关于论元实现的一组重要概念，即有界性（telicity）是词汇体研究的核心问题，该特征与句法结构有密切关系，如 He walked along the road for ten minutes/*in ten minutes，walk 表示无界活动事件，只能与 for 引导的时间状语相融合，in 引导的时间状语与有界事件融合。论元结构转换也可以用终结性来解释，如 Taylor ate the apricot/Taylor ate at the apricot，前者反映动词的终结性，后者反映动词的非终结性。终结性不能只依赖动词，更多的研究表明终结性是由整个谓语中的成分来决定的，其他体特征，如参与者的内部结构，在论元句法实现中发挥作用，宾语的单复数、谓语中状语等都可能影响到终结性，如例 2 所示：

(2) a. Bill wrote letters. 非终结性

   b. Bill wrote the letter. 终结性

   c. John ran. 非终结性

   d. John ran to the store. 终结性

Tenny (1994) 对于体特征影响论元实现的研究最为系统，她认为体是最佳句法-语义接口，在语义向句法投射过程中体特征是唯一起作用的因素，即动词的体特征决定论元的句法映射模式，体特征涉及对事件的量度和界定。Tenny 提出了体界面假设 (Aspectual Interface Hypothesis) 来表明语法中的体限制。"题元结构与句法论元结构之间的投射受体特征制约。与外部论元、直接内论元和间接内论元关联的普遍体结构制约着能够占据这些位置的事件参与者的种类。只有题元结构中的体特征才是普遍联接原则的可见部分。"（1994：2）体角色决定句法的映射规则具体表现为：量标必须是直接内论元；终点必须是间接内论元；外论元没有体角色。

Tenny (1994：113-117) 认为只有量度 (measure out) 事件的论元才可作直接宾语，所谓量度指的是论元对事件时间终点的标记，量度事件的内论元/直接论元的体角色为量标 (measurer)、终点 (terminus) 和路径 (path) 三种体角色，它们都与"界定" (delimitedness) 这一概念相关，分别与渐生题旨 (incremental theme) 动词、状态变化动词和路线动词有关。渐生题旨变化与事件进展成正比，如 John wrote the composition, the composition 经历了一个不断变化的过程，当它写了一半时，事件进行了一半，当它写完时，整个事件就终结了，事件具有有界性。概括来说，渐生题旨的动词通过直接论元的渐生来量度，如 write the composition，状态变化动词通过动词表示状态变化来量度，如 ripen the fruit，路线动词通过路径宾语的内在终点来量度，如 climb the ladder。

　　间接宾语也可以通过为事件提供终点的方式参与事件界定，直接论元既是量标又是终点，间接宾语只能是终点，如 climb the ladder to the top 中，目标短语 to the top 表示终点。路径为事件提供时间上的轨道，路径经常作为宾语以显性形式表达出来，也可以是隐含的，不像量标，路径没有内在终点，它和终点共同起量度事件的作用。如：

（3）a. Carmen walked the path to school. 显性路径

　　　b. Carmen walked to school. 隐性路径

　　　c. John drove the car the distance to NY. 显性路径

　　　b. John drove the car to NY. 隐性路径

　　量度概念能解决许多关于论元实现的争论。事件参与角色在论元句法实现中起着重要作用，以处所题元的句法实现位置的多样性为例。处所一般处于间接宾语位置，如 The farmer loads the hay to the truck，也可处于直接宾语位置，如 The farmer loaded the truck with hay，Tenny（1992）认为二者的区别是体的不同，前句中 the hay 量度动词所指的事件，表示所有的干草都装上了，但车并不一定装满，后句中 the truck 量度动词所指的事件，表示车装满了，但并不是所有干草都装上了。

　　再如心理动词 frighten 和 fear 论元实现的差异，二者具有相同的题元角色经验者和客体，但是 frighten 的主语是客体，而 fear 的主语是经验者，具有不同题元栅，前者为<客体，经验者>，如 Snakes frighten Bill，后者为<经验者，客体>，如 Bill fears snakes。Tenny（1994）认为其区别仍是体的不同，经验者能量度事件就作宾语，不能量度事件就作主语。Arad（1996）也指出，宾语经验者事件是有界的，而主语经验者事件是无界的。

　　参与者之间的关系也是影响论元实现的重要方面，因此事件的体角色又表现为多样性。Grimshaw（1990）提出了致使体角色概念，论元的句法实现受两个维度制约，分别是题元维度和体维度，即论元实现不仅要遵循题元层级，还要遵循致使层级，致使层级上的致使体角色在规范语义向句法位置投射时享有优先权，它总会投射为句法主语。心理动词 frighten 和 fear 存在差异的原因在于二者在致使层级上的差异，frighten 的客体在致使层级上为致使者，而 fear 的客体不能作致使者。

总之，事件类型与动词的体特征有关，同时动词外因素如宾语、状语、介词短语等也发挥作用，事件具有组合性特征，扩大了事件参与者范围，对事件结构到句法结构的映射具有较强的解释力，表明决定论元实现的不仅仅是动词。体貌界面也存在问题，如与格转换结构，John gave a book to Mary/John gave Marry a book，其直接论元实现与事件量度无关，因此，论元实现不一定受体特征驱动。事件结构的体模式需要进一步探讨体特征对论元实现的影响。

3.2.2　事件结构的词汇分解模式

事件结构的词汇分解模式是 Vendler（1967）动词体事件结构理论的发展，该模式采用谓词分解方法（decomposition）来表征事件结构，论元句法实现的语义决定因素来自能够语义分解的动词的意义，论元实现依赖论元在事件结构中的位置。词汇分解模式假设是动词的意义是复杂的，能够分解为更为基本的成分，特别是分解为普遍性的一套初始动词（primitive predicate）。动词分解的方法最早来源于 McCawley（1968），他将 KILL 的语义分析为 CAUSE TO BECOME NOT ALIVE。Dowty（1979）把 Vendler 划分的本体事件类型（ontological type of event）用初始动词 DO、CAUSE、BECOME 来分解，如 He sweeps the floor clean 表征为［［He sweeps the floor］CAUSE［BECOME［*the floor is clean*］］］。Jackendoff（1990）、Rappaport Hovav 和 Levin（1998）、Van Valin 和 LaPolla（1997）进一步发展了词汇分解理论，其中 Rappaport Hovav 和 Levin 的事件模板（event template）理论具有较大影响力。

根据 Grimshaw（2005）等关于动词语义信息的二分法，动词意义分为语义结构（semantic structure）和语义内容（semantic content）。语义结构指与句法相关的内容，是核心意义，语义结构是定义事件的各种本体类型部分，分解为初始谓词表达式，语义内容在句法上不起作用，是动词意义独特的地方，Rappaport Hovav 和 Levin（1998）把前者称为动词的结构意义，称后者为动词的词根意义，词根意义以常量（constant）形式出现，如方式、工具、地点和状态等。Rappaport Hovav 和 Levin（1998）

在此基础上提出了事件结构模板（event structure template）理论，事件结构模板由基本谓词和论元构成，对应动词的论元实现结构，可以用来定义 Vendler 提出的事件类型，语义内容为初始谓语的修饰语或提供参与者论元槽位（大写斜体，放置在尖括号内），例 4a 中词根作为初始谓语的修饰语，例 4b 为词根初始谓语的论元。

(4) a. $[x\ ACT <_{MANNER}>]$ （活动）

b. $[x\ <STATE>]$ （状态）

c. $[BECOME\ [x<STATE>]]$ （达成）

d. $[x\ CAUSE\ [BECOME\ [y<STATE>]]]$ （完结）

e. $[[x\ ACT<_{MANNER}>]\ CAUSE[BECOME[y<STATE>]]]$ （完结）

（Rappaport Hovav & Levin 1998：109）

根据事件的复杂程度不同，例 4a - c 是简单事件，如 The window opened 表示起始事件，具有内部致使性，例 4d、e 表示复杂事件，前者表示参与者作用于结果事件，如 John opened the door，后者包含致使事件和结果事件，完结动词事件分为两个次事件，次事件之间具有外部致使性，如 John kicked the door open。Pustejovsky（1991，1995）也认为谓词表达的事件具有内部结构，完结动词事件（如 build）为复杂事件，由过程和状态两个次事件构成，过程是动作本身，而状态则是动作结果（见图 3.1）。

图 3.1　Build 事件结构

Rappaport Hovav 和 Levin（1998）提出模板增容（template argumentation）过程，基本事件模板可以自由增容到其他事件模板之上，例 5 表示 sweeping 活动事件，例 6 表示 sweeping 活动事件通过添加另外一个达成次事件 the floor becoming clean 增容为完结事件，致使事件分为致使和结果两个次事件。

(5) Phil swept the floor.

    [Phil ACT$_{SWEEP}$> floor]

(6) Phil swept the floor clean.

    [[Phil ACT $_{SWEEP}$> floor] CAUSE[BECOME[floor <*CLEAN*>]]]

    动词多重论元词的实现为投射理论带来挑战，投射理论假设动词论元的实现是动词语义投射的结果，这样一来词库中就存在大量一词多义的动词，就会增加大脑负担，不符合认知的经济性原则，而词汇分解模式对动词多重论元的实现具有较好的解释力，多重论元并不代表多种词汇语义表征，论元实现不是由动词的次范畴决定，而是由动词所在事件结构决定，事件结构把动词的多义进行统一概括。例7a、b 描写活动事件，例7c-f 描写不同的完结事件，其中例7c、d 表示方位改变，例7e 表示状态变化，例7f 表示人工制品的创造。

(7) a. Terry swept.

    b. Terry swept the floor.

    c. Terry swept the crumbs into the corner.

    d. Terry swept the leaves off the sidewalk.

    e. Terry swept the floor clean.

    f. Terry swept the leaves into the pile.

                               （Rappaport Hovav & Levin，1998：99）

    Rappaport Hovav 和 Levin（1998）的模板增容理论能够较好地解释方式动词与结果动词的区别，活动动词如 sweep、run、whistle 等为方式动词，在活动事件模板上添加结果，其结果是不固定的，如例7所示，形成各种各样的完结事件，方式动词论元的实现具有多重性，可以是动词的非次范畴化论元。完结动词如 break、dry、darken 等为结果动词，其活动事件的方式不明确，但结果是明确的，所以动词的宾语为动词的次范畴化论元，完结事件不能再继续增容。举例如下：

(8) a. John wiped the crumbs off the table.

b. *John broke the dishes off the table.

动词分解表征为事件结构的词汇分解模式避免了题元角色作为句法-语义界面的缺点，论元实现依赖其在事件结构中的位置，复杂事件具有内部结构也为论元增容和多重论元实现提供了良好的解决方案，但动词事件表征的词汇化模式具有多样性，复杂事件内部不只是致使关系，动词的事件表征需要进一步探讨，事件结构的建构要考虑多种因素，如体特征、其他成分等。

3.2.3 事件结构的处所模式

Gruber（1965）首先提出事件结构的处所分析方法（the localist approach），Jackendoff（1972，1976，1983，1990）进一步发展了该方法。Jackendoff 发展了建立在概念结构和空间结构之上的概念语义学，Jackendoff（1983）的"主题关系假设"（Thematic Relations Hypothesis）提出概念结构中所有事件和状态都是根据空间概念化组织起来的。概念结构由概念元（semantic primitives）构成，即词汇语义具有内部结构，通过语义分解（semantic decomposition）进行事件表征，从而解决语义和句法的匹配（mapping）关系问题。处所模式的基本思想为：包含空间移动和处所的事件是构建所有事件的中心，所有动词都是关于运动（motion）或者处所（location）的动词，谓词分解的事件表征分为两类，即运动事件和处所事件，处所事件又分为描述状态的处所事件和具有动态性的处所事件。举例如下：

(9) a. The truck went from warehouse to store. 运动事件

b. The book is on the shelf. 描述状态的处所事件

c. He remains sitting there. 具有动态性的处所事件

Jackendoff（1976）提出由初始谓词 GO、BE、STAY 表示运动动词和处所动词，事件之间也可存在致使关系，以上两类事件内嵌于致使事件之内。在此基础上，Jackendoff（1990）提出词汇语义概念结构的描写层（命题结构或功能项-论元结构）分为两个层级：主题层（thematic tier）和行为层（action tier）。主题层表示事件参与者的空间移动，表达事件运动和处所方面的语义信息，行为层代表事件结构更为抽象的维度，表示事件参与者之间力的传递，表达行为者（Actor）和受事之间的施受影响关系。

在主题层，运动事件的参与者角色为客体（Thing）和路径（Path），处所事件的参与者角色为客体（Thing）和场所（Place）。Jackendoff（1990）采用功能项（functions）BE、STAY、GO、EXTEND和ORIENT组织状态和事件并且编码处所、运动和方位，这些功能项都可以带两个论元：BE（客体，场所），GO（客体，路径），STAY（客体，场所），ORIENT（客体，路径），EXTEND（客体，路径）。另外，还有功能项编码相对于参照物体的处所和路径，如 IN（X）、ON（X）、TO（X）、FROM（X）、TOWARD（X）、NEAR（X）等。运动事件路径又实现为源点（Source）和目标（Goal），分别表示运动的源点和终点。复杂致使事件还有致使功能项（如 CAUSE、HELP、ENABLE、LET）和体联接项（如 INCHAOTIVE），简单事件 Bill went into the house 和复杂事件 Bill emptied the poor 的事件表征分别如下：

（10） a. $[_{Event}\ GO([_{Thing}\ BILL], [_{Path}\ TO([_{Place}\ IN([_{Thing}\ HOUSE])])])]$
    b. $[_{Event}\ CAUSE([_{Thing}\ BILL], [_{Event}\ INCH\ ([_{State}\ BE_{Ident}\ ([_{Thing}\ POOL], [_{Place}\ AT([_{Property}\ EMPTY])])])])]$

在行为层，Jackendoff（1990）对致使概念结构的研究以 Talmy（1988）的成果"施力-动态"（force-dynamic）为基础，是"施力-动态"的形式化。参与者之间力的传递方向决定语法关系中论元联接的顺序，在句法、语义联接中，行为层优先于主题层。Jackendoff 在行为层引入影响功能项（affectedness，AFF）和反作用（react），该类功能项的第一个论元为行为者，优先实现为主语，如 Linda lowered the rock from the roof to the ground，运动事件嵌套在致使事件当中形成复杂事件。

处所分析法认为所有动词都可以看作关于运动或者处所的动词，分属不同的语义场：具体物理运动和处所动词属于位置义场（positional field），其他抽象运动和处所动词属于领属义场（possessional field）、状态义场（identificational field）或时间义场（temporal field）（Jackendoff，1983）。例如：

（11）a. The rock fell from the roof to the ground.　　位置义场

　　　 b. Beth owns a doll.　　　　　　　　　　　　　领属义场

　　　 c. The light is red.　　　　　　　　　　　　　状态义场

　　　 d. The meeting is at 6：00.　　　　　　　　　时间义场

事件结构的处所模式能够解释论元实现，在物理运动和处所事件中，客体优先实现为主语，处所为宾语，抽象的运动和处所概念结构类推为具体的运动和处所概念结构，领属关系"x 被 y 占有"相当于具体处所"x 在 y 处"，被占有物为客体，占有者为处所；状态义场表示事物所处的状态，相当于事物处于具体的处所，事物为客体，状态为处所；时间义场中时间相当于处所，在该时间发生的事件或存在的状态就成为客体。

事件结构的处所模式也能较好地解释动词的多义现象，同一个动词可以出现在不同的处所语义场，就形成不同的事件，如例 12 所示。同理，联接方位的介词在不同类型事件中具有不同的解读，如例 13 所示。

（12）a. John kept the car in the garage.　　位置义场

　　　 b. John kept the book.　　　　　　　　领属义场

　　　 c. John kept Andy happy.　　　　　　　状态义场

（13）a. The reward went to Bill.　　　　　　　领属义场

　　　 b. The assassin shot him to death.　　　状态义场

Jackendoff 的空间事件结构具有高度概括性，把所有句式放在统一框架下分析，同时结合了谓词分解法和致使关系分析法，有界性（boundedness）、维度（dimensionality）和方向（directionality）等概念的提出又进一步发展了体貌事件，因此，Jackendoff 的事件结构综合了不同研究路径的特点，具有较强的解释力，但需对动词的语义结构进行细化描写，才能更好地解释句法结构。

3.2.4 事件结构的致使分析模式

复杂事件中的致使语义除了两个事件之间的致使关系和参与者与事件之间的致使关系外（Rappaport Hovav & Levin，1998），还包括两个参与者之间由于力量传递产生的致使关系，以 Talmy（1988）的"施力-动态"模型、Langacker（1991）的行为链（action chain）理论和 Croft（1991）的致使链（causal chain）理论为代表。

Croft（1991）认为致使链参与者的排列应该是论元联接的最终指导，决定句子主宾语的是各个参与者在致使链上的相对位置。Croft（1991：173）的致使链路径基于以下主要假设：

a. 简单事件是致使链网络中的一个环节；
b. 简单事件是单一方向发展的致使链；
c. 简单事件涉及力的传递；
d. 力的传递是不对称的，不同的参与者分别担任启动者（initiator）和终点（endpoint）。

根据 Croft（1991），典型致使链事件具有意愿性，不通过中介物引起，是发生变化的致使事件。Croft（1994：37）提出了简单事件的理想化认知模型，典型及物事件即典型致使事件，作用在客体之上并致使其发生变化，表现为力的传递，其他类型的事件必须压制成简单事件结构的理想化认知模型。

$$
\begin{array}{cccc}
\text{启动者} & \text{终点} & \text{（终点）} & \text{（终点）} \\
\bullet \longrightarrow & \bullet \longrightarrow & (\bullet) \quad\text{———} & (\bullet) \\
\text{致使} & \text{变化} & \text{状态} &
\end{array}
$$

致使链通过力的传递将事件中的参与者串联起来，致使者就是力的传递的起点，致使对象就是力的传递的终点。根据 Croft 的模型标记法，圆点表示参与者，带括号的圆点表示前面出现过的参与者，箭头表示力的传递，没有箭头的线表示的是非致使状态。以 John opened the door 为例，该句为典型致使事件，由三部分组成，第一部分 John 为启动者，作用于 the door 之上，第二部分 the door 发生了变化，第三部分 the door 为终点，处于结果状态。三部分不同的截取（profile），就会产生不同的事件。当三部分都截取时，事件是典型致使事件；当截取后两部分时，就形成起始事件 The door opened，也称自发事件；当截取最后一部分时，就是状态事件 The door is open。

致使分析模式把参与者与论元的句法实现联系起来，致使链中先出现的参与者在力的传递方面的重要性高于后出现者，因此参与者的位置也决定了论元句法实现优先排列，致使分析模式对 Fillmore（1968）题元角色层级关系有了很好的解释，Fillmore 总结了主语选择题元角色层级，即施事>工具>客体/受事，但 Fillmore 并没有给出层级排列顺序的原因。举例如下：

（14） a. I opened the door with the key.

　　　 b. The key opened the door.

　　　 c. The door opened.

根据事件结构的致使分析模式，主语和宾语严格按照所处致使链的位置分布，施事是力的启动者，处于力的传递的始端，所以优先实现为主语，力传递到工具，再到力的传递的终端，实现为受事，例 14a-c 截取不同事件环节，联接不同的参与者，实现为不同的句法结构。始端包括多种语义角色，可以实现为 agent、stimulus 等语义角色，终端可以实现为 patient、experiencer 等语义角色。除此之外，Croft（1991）在致使事件中重新定义了间接（oblique）语义角色，根据前因后果，处于终点之前的参与者分为前在角色（antecedent roles）和后在角色（subsequent roles），前者包括 instrumental、manner、means、comitative、passive agent、ergative、cause，后者包括 benefactive、recipient、result，根据力的传递中所处的位置和事件的截取不同，不同的语义角色得到凸显，从而解释论元实现的层级性。

致使链事件组建了事件参与者之间的关系，把参与者与论元的句法实现联系起来，参与者在致使链的位置决定论元句法实现优先排列，因此致使分析模式对题元角色层级关系排列进行了解释，但由于语义角色的多样性，致使分析模式也无法进行准确排序。

3.2.5 宏事件模式

事件结构的研究大致分为两种路径，一种以动词为中心，分析动词的事件结构，另一种以小句为中心，分析小句之间的事件关系。我们前面介绍的事件结构研究模式属于第一种研究路径，第二种研究路径就涉及宏事件模式。

如何界定一个事件，即事件的个体化，是一个重要研究问题，涉及简单事件和复杂事件的划分。Truswell（2011）指出，事件的个体化不是固定的，单一事件的构成与感知有关，关系紧密的次事件，尤其是具有致使关系的次事件容易构成复杂的单一事件，如 John fell to the ground after being punched 就是因果关系的整体事件。根据 Rappaport Hovav 和 Levin（1998）的事件结构模板理论和模板增容理论，完结动词的内部结构构成复杂事件，如 build 表示致使和结果两个次事件构成的复杂事件，活动事件增容构成致使结果复杂事件，如 Terry swept the floor clean。

Talmy（2000a，2000b）提出宏事件（macro-event）理论，"宏事件可以概念化为两个较为简单的事件以及它们之间的相互关系，从而用一个复合句来表征，但它通常也可概念化为一个整合的单一事件，从而用一个单一的小句来表征，这一点可能具有普遍性"（泰尔米，2019：216）。也就是说，概念上宏事件可分解为含两个简单事件的复杂事件，由谓词和相应的附属成分构成，在语言表征层面上用一个小句表征，复杂的宏事件对应简单句的表层句法结构形式。李福印（2020：352）概括了 Talmy 所说宏事件满足的三个条件：必须含有两个子事件；两个子事件必须具有内在的语义关系；两个子事件必须表征为一个小句。由此可以判断，例 15a 为复杂事件，但不是宏事件，因为采用复合句来表征，而例 15b 为复杂事件，是宏事件，表达了与例 15a 同样的事件，子事件之间为因果关系，采用简单句表征。

（15）a. The candle went out because something blew on it.

      b. The candle blew out.

根据 Talmy 的宏事件假设，宏事件为复杂事件，由两个简单事件构成，简单事件之间具有语义关系，有些语义关系优先表征，如方式关系、原因关系，有些语义关系处于非优先表征地位，如条件关系。Talmy（1985，1991，2000b）研究了以运动事件为原型的五类事件：运动事件、体相事件、状态变化事件、行动关联事件、实现事件。这五类事件都是复杂事件，构成宏事件，具有相同的句法、语义性质，由语义元素"路径"或者"路径+背景"组成，构成核心图式，核心图式由卫星语表达，宏事件表征为"动词+卫星语"，卫星语在句法上是动词的辅助形式，但是在语义上是事件的中心，动词词根除了表示过程以外，还表示原因、方式、目的等。卫星语如例 16 中斜体所示：

（16）a. 运动事件中的路径：The ball rolled *in*.

      b. 体相事件中的体：They talked *on*.

      c. 状态变化事件中变化了的特征：The candle blew *out*.

      d. 行动关联事件中的相互关系：She sang *along*.

      e. 实现事件中的完成或确认：The police hunted the fugitive *down*.

（泰尔米，2019：216）

Talmy（2000b）把运动事件分为框架事件（framing event）和伴随事件或副事件（co-event），框架事件即"移动主体（Figure）-移动（Motion）-路径（Path）-参照物（Ground）"位移事件，参照物是移动主体参照的实体，核心图式为"［路径］+（［参照物］）"，副事件是宏事件的环境事件，对框架事件起填充、详述、添加和引发作用，表示主体移动的方式（manner）和原因（cause）等。例如，The cat（Figure）ran（Motion）into（Path）the kitchen（Ground），其中还包括移动的方式"running"。

概括来说，根据 Talmy 的宏事件理论和事件融合（event integration）

思想，宏事件是表征为简单句的复杂事件，副事件之间的关系不仅仅是Rappaport Hovav 和 Levin（1998）等讨论的致使结果关系，还包括框架事件和副事件之间的修饰性关系，事件之间的语义关系较为丰富，不仅基于动词的词汇分解，还包括句子的附加成分，宏事件表征就是在认知上把离散性、简单事件通过综合性的方式表达出来。Talmy（2000b：217）的宏事件概念结构（见图 3.2）中概括了框架事件和副事件之间的各种支撑关系。

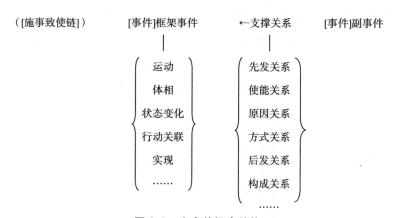

图 3.2　宏事件概念结构

Bohnemeyer 等（2007）提出宏事件特征（macro-event property），用来评估构式中所表达的事件识解，仅含一个动词的单核构式具有宏事件特征，宏事件构式所包含从属事件的"紧密度"（tightness of packaging）高，事件之间不能安插时间副词、时间从句、时态标记等算子，如在描写"Sally 打碎花瓶事件"中，Sally broke the vase 是宏事件，而 Sally knocked the vase and it broke 则不是宏事件，两个次事件之间关系松散。Talmy 的运动事件理论重视空间性，Bohnemeyer 等（2007）则重视运动事件的时间性，认为复杂的运动事件可以分为开始、经过、到达三个子事件，具备宏事件特征的运动事件的时间成分覆盖三个子事件。

表征宏事件特征构式应遵循四条原则，表明宏事件只能容下一个时间算子：双向唯一性原则（biuniqueness constraint）、宏事件关系原则（micro-event linking principle）、指称唯一性原则（referential uniqueness constraint）和单一向量原则（unique vector constraint）。双向唯一性原则是指每个题元角色只能表征为一个句法论元，反之亦然，如运动事件中源点只能表征为一个结构论元，所以 *He travelled from New York from New Haven to Albany 表达违法，因为源点有两个论元表征。宏事件关系原则是指子事件之间不仅可以是从属关系，还可以是时间先后关系、因果关系、致使关系等，如 Sally walked past the barn to the mill。指称唯一性原则是指同样的背景事件成分只能表征一次，否则就构成不合格句子或失去宏事件特征，*Sally walked past the barn to the barn 中 the barn 表征两次，所以不合格。单一向量原则是指表达式只能表征一个方向，因此 Then she dashed for the door and across the hall 就不是单一宏事件，其间发生了方向的改变。

3.3　句法-语义界面综合模型建构

从对事件结构研究模式的梳理可以看出，尽管各个模式有其独特的地方，但所有事件结构理论并不能有明晰的界限，都互相借鉴和进一步发展。本研究在评述事件结构理论的基础上，基于新描写主义的理念（胡建华，2018），对语言事实进行细颗粒度描写，不仅描写显性结构，还描写隐性结构，不在理论内部兜圈子或贴标签，而是在充分描写的基础上进行概括总结和理论提升。

3.3.1　事件结构界面评述

词汇语义事件结构界面理论具有较强的说服力，论元并不是单纯由动词决定，而是由谓词的性质加上事件组合的规则决定，克服了单一依靠动词范畴化规则无法解决的论元实现问题，词汇语义事件结构界面理论具有经验认知基础，符合当代句法研究的潮流。

词汇语义事件结构界面理论也存在许多问题。首先，词汇语义事件结构模式多种多样，反映了对事件结构的认识不同，强调了事件的不同侧面，如事件内部的时间属性和因果关系等，事件结构的本质还需进一步讨论。事件结构模式之间也存在共性，如词汇分解模式与宏事件构成具有很大程度的一致性，事件结构模式有必要进行整合，建立不拘泥于一种理论、吸取各家之长的综合句法-语义界面是当前论元结构研究的新趋势，探讨影响句法结构的语义因素。

其次，事件结构界面研究大都以英语为语料，汉语事件结构界面研究还不多。由于英汉语言类型的差异，汉语动词系统独特，许多句法-词汇语义界面研究成果并不能应用于汉语语法研究，对英汉动词事件的有界性的判断就有差异，以动词 kill 为例，英语中表示有界事件，而在汉语中表示无界事件，要想表示有界事件，必须加上补足成分，如"杀死""杀掉""杀了"，汉语有其独特的结果复合词，如"写好""打破""读完"等。Lin（2004）指出英汉两种语言三个方面的差别：一是英语中有四类动词，而汉语里只有活动和状态动词，达成和完结动词需要组合派生；二是汉语单音节动词基本上都是无界的，英语独立动词既可无界，也可有界；三是汉语的有界性和达成动词需要组合成分体标记"了"或表示述补的形容词。汉语动词独特的体貌需要进一步研究，形成汉语特有的动词体系，因此，基于汉语的事件结构研究有很大空间，对语言类型学研究会有很多启发。

对汉语现象进行事件结构界面研究的学者中较早的是沈家煊（1995），他把"有界"和"无界"引入汉语语法研究当中，后面的研究更多地用来解决句法-语义错配现象，如非常规动宾结构、领主属宾句（孙志农，2016）、被动句（曹道根，2009）等，以及复杂句子现象，如位移结构、动结句式、动趋句式等，运动事件的应用最为广泛，李福印（2020）提出语言可分为"宏事件型语言"和"非宏事件型语言"两大类型，汉语为宏事件型语言。汉语缺少形态，属于意合语言，句法语义之间的联系更加灵活，词汇事件结构更适合汉语语法研究，发展适合汉语事实的句法-词汇语义界面理论也是必然趋势。

再次，事件结构并不是论元实现的唯一因素，事件结构只是概念结构的一部分，概念结构的内容更为复杂，包括语义、语用、世界知识等，概念结构向简单线性句法进行选择性映射，语义、语用和世界知识是分不开的，非常复杂地交织在一起影响论元的句法实现，但学界对于这些制约因素没有系统研究。有些句子可接受性不强就是因为没有提供足够的信息，或者是成分之间的语义不能兼容。以中动结构为例，附加语的添加增加了句子的新闻价值性，使其符合语用原则，句子的接受程度就增强了，如例 17 所示；主语和谓语语义兼容性也决定中动句的可接受性，如例 18 所示。

（17） a. *The car drives.

   b. The car drives easily.

（18） a. *The door kicks easily.

   b. The ball kicks easily.

最后，词汇语义事件结构界面研究探讨语义对句法的影响，并不涉及句法对语义的影响，然而句法-语义界面不是单向的，因此要想揭示句法和语义之间关系的本质，不仅要研究动词语义对句法的影响，还要研究句法对语义的影响，句法和语义之间双向作用，关于句法结构如何制约语义的探讨还比较少。构式语法采用整体观，各种构式决定论元的实现，Goldberg（1995：24）认为，句子的意义包括两个方面，即词汇意义和构式意义，两者以非单调的方式互动。构式语法打破了词汇和句法的界限，构式义和词汇义互动是构式语法最大的创新。Jackendoff（1990）、Culicover 和 Jackendoff（2005）提出的概念语义学就不排除构式的作用，如何把事件结构和构式结合起来也是句法-语义界面研究的发展趋势。我们认为，融合多种理论的优点，兼容并蓄构建的语言学理论才能解释语言为什么既具有普遍性，又具有特殊性，进而揭示语言本质和语言习得之谜。

3.3.2　综合句法-语义界面理论框架

句法结构和概念结构是两个不同的层面，语言研究的中心问题是句法结构与概念结构之间的关系，在大多数情况下形式和意义匹配对称，有时形式和意义错配悖逆，错配产生的原因是句法学研究的焦点。本研究在综述各种句法-语义界面理论问题的基础上，探讨以概念语义为基础的事件结构作为句法-语义界面的可行性，确定事件结构的构成因素及各个因素之间的关系，以及事件结构的哪些因素影响句法表达，回答复杂事件结构如何向句法进行选择性映射，同时探讨世界知识、信息结构等语义和语用因素在生成合格句子当中发挥的作用，建立综合句法-语义界面理论框架，确定概念结构与句法结构之间的映射关系。在句法和语义双向互动的理念下，句法结构也影响事件结构的意义表达，达到事件重构的目的。综合句法-语义界面模型如图 3.3 所示。

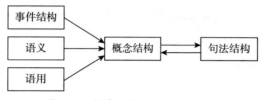

图 3.3　综合句法-语义界面模型

概念结构不仅包括事件结构这一部分语义信息，还包括信息结构、百科知识、主观性等语义和语用信息，且语用和语义信息交织在一起，不容易区分。概念结构影响句法结构的表达，其中事件结构发挥主导作用，是概念结构中图式化部分，决定语序和论元的实现，其他语义和语用信息发挥补充作用，保证生成语义融合和语用得当的句子。因此，在该研究框架下，我们首先要探讨及物化现象的事件结构是什么，事件结构如何影响句法结构。其次，确定语义允准条件。及物化结构的创新性和临时性决定了语义限制的复杂性，及物化主语、不及物动词与旁格宾语的语义特征及它们之间的语义融合影响及物化结构的接受程度。最后，语用限制条件。语用限制也处于认知范围之内，包括世界知识、信息结构、语用原则等，是及物化结构生成的外在动因。我们坚持句法语义互动思想，认为句法结构同样影响事件结构的性质，带来事件重构。

3.4　本章小结

本章在明晰事件和事件结构基本概念的基础上，探讨了 5 类事件结构模式，并指出了事件结构界面研究存在的问题。我们坚持新描写主义的理念以及 Culicover 和 Jackendoff（2005）的工具箱假设（Toolkit Hypothesis），不拘泥于一种理论，而是建立一个综合的事件结构模式，在分析语言现象时可能用到词汇分解特征，也可能用到体、时、力动态、宏事件等特征。基于句法-语义界面研究的新框架，我们提出事件结构及其他语义和语用因素影响句法结构，句法结构也具有反作用，即句法语义双向互动，我们尝试探索及物化结构生成中事件结构和句法结构的相互作用。

第四章

汉语及物化现象的界面研究

汉语及物化现象被界定为非作格动词带非施事论元结构，本章从概念结构的角度探讨不及物动词带宾语的生成机制，分析运动事件中参与成分句法实现的规律，也就是复杂的事件结构如何对应简单的句法结构，发现事件构成成分句法实现和隐现的制约条件，最终解决事件结构选择性句法映射的规律和动因问题，以及事件结构和句法结构的互动问题。根据综合句法-语义界面理论模型，概念结构还包括其他语义、语用因素，通过对事件结构、语义和语用制约因素的探讨，期望能对汉语及物化现象的生成有一个全面的认识。

4.1 运动事件结构

空间运动是人类最基本的认知域之一，空间运动概念化与语言表征引起认知科学和认知语言学界的普遍关注，即关注运动事件的词汇化模式。较有代表性的学者为 Fillmore（1968）、Jackendoff（1983，1990）和 Talmy（1985，2000a，2000b），他们分别采用不同的概念结构进行运动事件表征。

Fillmore（1968）提出了格语法（case grammar）理论，动词在词库中储存了动词语义角色，如施事、受事、客体、工具、场所等语义格，语义角色对应论元，根据格语法，运动动词语义角色最多有客体和场所，对应两个论元。格语法存在语义角色数量不定、语义角色定义存在分歧等问题，无法满足动词语义详尽描写的要求。Fillmore（1982）在格语法理论的基础上提出了语义框架（semantic frame）理论，语义框架将事件作为激活动词语义的框架，运动事件框架激活框架成分形成"源点（Source）-路径（Path）-目标（Goal）"运动程式，把运动事件框架描述为一个实体（客体）从一个地点（源点）开始经过一定空间（路径）到达另一个地点（目标）。

Jackendoff（1983，1990）在概念语义学理论框架下分析运动事件，采用"功能-论元"概念结构进行事件表征，概念结构基于三维空间，把所有动词都看作运动或处所动词，事件分为运动事件和处所事件。概念结构由一系列概念元（conceptual primitives）和功能项组成，概念元有客体（Thing）、事件（Event）、状态（State）、行为（Action）、场所（Place）、路径（Path）等，功能项包括移动（GO）、状态（STAY/BE）、致使（LET/CAUSE）、源点（FROM）、目标（TO）、途径（VIA）等，功能项连接论元，如 GO（客体、场所）。

Jackendoff（1983，1990）将运动事件分为主题层（thematic tier）和行为层（action tier），主题层表示事件参与者的空间移动，运动事件的参与者为客体（Thing）和路径（Path），路径又实现为源点（Source）和目标（Goal），分别表示运动的源点和终点。运动事件的功能 GO 带有事物（Thing）和路径（Path）两个论元，路径又分为源点（FROM）和目标（TO），二者带论元场所（Place），如下所示：

（1）GO ［Thing，［$_{Path}$ FROM ［Place］，TO ［Place］］］

行为层代表事件结构更为抽象的维度，表示事件参与者之间力的传递，表达行为者和受事之间的施受影响关系。参与者之间力的传递方向决定语法关系中论元联接的顺序，在句法、语义联接中，行为层优先于主题层。行为层的影响功能项（affectedness，AFF）联接第一个论元为行为者，实现为主语，被影响的论元实现为直接宾语。对比 Fillmore 的运动事件描写，Jackendoff 的运动事件范围更广，事件内容更丰富。例句 The car hit the tree 的概念结构如例 2 所示，the car 有两个论元身份，即行为者和事物，行为者论元优先实现，the tree 也有两个论元身份，即受事和场所，引导方位论元的介词只存在于概念结构当中。

$$(2) \begin{pmatrix} \text{INCH } [\text{BE } ([\text{CAR}], [\text{AT } [\text{TREE}]])] \\ _{\text{Event}} \text{AFF } ([\text{CAR}], [\text{TREE}]) \end{pmatrix}$$

Talmy（2000b）认为运动事件由六种主要语义成分构成，其中四个成分构成"移动主体（Figure）-移动（Motion）-路径（Path）-参照物（Ground）"运动事件概念框架，称作框架事件（framing event），方式（manner）和原因（cause）构成伴随事件或副事件（co-event），运动事件的核心图式为"［路径］+（［参照物］）"，因此运动事件为宏事件。例如，He flew across Atlantic 中除了移动主事件，还包括 flying 方式的副事件。

以上三种运动事件表征具有很大的相似性，都采用了四个抽象成分对运动框架事件进行表征，其中路径是每个事件表征中都具备的必要参与成分。三种运动事件表征的区别在于 Fillmore 和 Jackendoff 的路径实现为介词带论元，如 fly *across the Atlantic Ocean*，而 Talmy 的路径只表现为介词或副词，如 run *into* the library。另外，Fillmore 的体系缺乏动词的动作，Jackendoff 和 Talmy 的体系对运动构成进行了补充，二者的运动概念基本一致，相对于 Fillmore 和 Jackendoff 的源点和目标，Talmy 的参照物更具有概括性，包含的内容更丰富，不仅合并了源点和终点（目标），还包括途点和场所，可以统称为处所。Jackendoff 的运动事件范围最广，从"功能-论元"视角看事件结构如何影响句法表达，描写层中主题层和行为层的划分丰富了语义关系，但 Talmy 的框架句法表征更为直接，并且提出了主事件和次事件，这一点是 Jackendoff 的运动事件没有描述的。

同样运动事件在不同语言中的编码不同，因此，运动事件的词汇化模式也是语言类型学研究的热点。根据路径和方式不同的编码形式，Talmy（2000b）把语言类型划分为动词框架语言（verb-framed language）和卫星框架语言（satellite-framed language），动词框架语言（V 型语言）中路径编码在动词当中，方式以从属附加成分出现，如法语、西班牙语、日语、土耳其语和希伯来语等，以西班牙语最为典型，而卫星框架语言（S 型语言）中方式编码在动词当中，路径为附加语或卫星语，实现为介词、副词、小品词、词缀、动补结构，英语、俄语、德语、汉语等为卫星框架语言，以英语最为典型。两类语言运动事件编码分别如下：

（3） a. Je suis entré dans la maison（en boitant）.（法语，动词框架语言）

  I am entered in the house   in limping

  I entered the house（limping）.

  b. La botella entró en la cueva flotando.（西班牙语，动词框架语言）

  The bottle enter the   cave   floating

  The bottle entered the cave floating.

  c. John limped into the house.（卫星框架语言）

  d. 他飞往上海。   （卫星框架语言）

不同语言中路径附加语的词汇化形式不同，Talmy 把汉语归为卫星框架语言，动词补语为附加语，是运动事件的核心图式。Talmy 的运动事件词汇化模式具有较大的影响力，但其二分法也面临一些挑战。Slobin（2004）提出了运动事件词汇化方式三分法，除了 Talmy 划分的两种类型，还有第三种类型，即均衡框架语言（equipollent-framed languages），简称 E 型语言，该类语言类型中路径和方式具有同等语法形式，路径和方式都是主要动词，如连动结构中，一个动词编码路径，另一个动词编码方式，Slobin 认为现代汉语属于 E 型语言。

关于汉语运动事件编码的语言类型划分，汉语界也有不同观点，尚无定论，如沈家煊（2003）认为汉语是 S 型语言，但不是典型的 S 型语言，吴建伟（2009）认为汉语是 V 型语言，Tai（2003）认为汉语以 V 型为主，S 型为辅，总体上是 V 型语言，阚哲华（2010）则认为汉语兼具 S 型、V 型和 E 型特征，Chen（2007）赞同汉语属于 E 型语言。林海云（2015）提出汉语运动事件的编码方式发生了历史演变，上古汉语为动词框架语言，动词同时编码了运动、方式、路径，如"走麦城"，而中古汉语及之后的汉语属于卫星框架语言（东汉时开始出现，唐五代以后常见），运动事件编码为动趋式带处所宾语。

不仅汉语的语言类型无法确定，其他语言也是如此，Beavers、Levin 和 Tham（2010）提出多数语言跨越一个以上语言类型。可见，语言类型划分并不是绝对的，大多数语言不止一种编码策略，卫星框架语言的路径也能呈现动词框架语言的特征。Jackendoff（1983，1990）认为路径可以由多种成分来表达，可以用一个动词来表达，也可以用一个动词加上一个介词短语来表达，分别如 enter（NP）/go into（NP）。另外，日语是动词框架语言，运动动词包含路径，如"去る""离れる"，但也有方式动词，如"飞ぶ""步く"。汉语非作格动词带非施事宾语结构既呈现出动词框架语言的反例，因为这些非作格动词中没有编码路径，也呈现出卫星框架语言的反例，因为路径词汇化缺失。因此，语言类型的二分法或三分法假设都不能解释动词的句法表现，语言编码受多种因素制约。本研究综合事件理论和运动事件的构成，在充分描写的基础上，探讨运动事件选择性句法投射的动因以及及物化结构生成的语义和语用制约条件。

4.2　及物化结构事件表征

根据 Talmy（2000b）对运动事件的划分，运动事件分为两种类型，一种是平移运动或位移运动（translational motion）事件，另一种是自足运动（self-contained motion）事件，前者有物理空间位置变化，后者物理空间位置不变，是静止状态的持续。根据施事性（agentivity），位移事件又分为三类：施事性（agentive）位移事件、非施事性（nonagentive）位移事件和自主施事性（self-agentive）位移事件。施事性位移事件也就是致使位移事件或他移事件（如"他把书放在桌子上"），非施事性位移事件和自主施事性位移事件可统称自移事件，区别在于前者的移动主体不具备自我执行能力（如"水流出来了"），后者的移动主体是自主发出者，具有位移和内动力特征（如"他跑向大门口"）。根据第一章对及物化结构的界定，及物化结构主语具有施事性、意愿性和控制性，我们把无自我控制能力的非自主位移排除在外，研究对象为自主位移事件和致使位移事件（或他移事件），再加上自足运动事件，及物化事件可以划分为三类。

4.2.1　自主位移事件

及物化结构主要表达的是自主位移事件，其非作格动词为方式动词，本节要探讨的问题是：为什么汉语方式动词可以带直接宾语？方式动词本身具有路径意义，还是路径意义在构式中产生，或者是构式压制后赋予的？路径词汇化隐现的规律是什么？英语中的方式动词较少跟宾语，英汉差异的语言类型学原因是什么？

4.2.1.1　运动动词二分法

根据运动事件的构成，路径是自主位移事件的必要成分，Talmy（2000b：53-57）把路径分为三个成分：矢量（vector）、构向（conformation）和指示（deictic）。矢量是移动主体相对于参照物而言的到达（arrival）、穿越（traversal）、离开（departure）等路径信息，凸显源点、途点、终点和目标等；构向是指移动主体与背景之间形成的几何构向关系，如里、外、上、下位置关系等；指示是指"来""去"指示因素。Chu（2004）在 Talmy 路径划分的基础上又提出维度（dimension）和方向（direction），维度包括零维（点）、一维（线）、二维（面）、三维（容器），方向是指移动主体在空间运动的定向，包括垂直（向上/向下）、水平（向前/向后）、面向（正向/反向）、聚向/散向等。

传统上，汉语运动动词分为两类，一类是路径动词，语义分解为［+位移］［+路径］，即动词和路径编码在一起，如"来""去""回""出""进""上""下""到""过""回"。汉语中的路径动词是封闭类动词，数量有限，都具有方向性，称为趋向动词，也具有向量的某个路径信息，根据向量和方向可以分为到达类路径动词、离开类路径动词、经越类路径动词和指示类路径动词，如"回家"的路径信息表示"到达"，"下山"的路径信息表示"离开"，"过家门"的路径信息表示"穿越"，"回学校"的路径信息表示"到达"，"去北京"的路径信息表示"方向"。路径动词不仅可以单独使用，还可以与方式动词一起构成动趋式表达，如"跑进教室""走出大门"。路径动词在词库中为及物动词，后面可以跟处所宾语，符合格语法和题元理论的要求，并没有出现句法-语义错配现象。汉语中当然也存在"来/去"结合的双音节路径动词，如"回来""过去""上来""下去"等，这些路径动词语义上带宾语，但句法上不能直接带宾语，如果带处所宾语，只能放在"来""去"之前，如"回学校去""上讲台来"。根据陈忠（2007）的解释，单音节路径动词和处所属于位移框架内部参照成分，优先组合，然后再与"来/去"等框架外部参照成分结合。

根据 Levin（1993）对运动动词的划分，英语路径动词主要包括定向类运动动词和离开类运动动词，前者如 advance、arrive、ascend、climb、come、cross、depart、descend、enter、escape、exit、fall、flee、go、plunge、recede、return、rise、tumble，后者如 leave、abandon、desert。路径动词句法表现具有语言类型差异，英语属于卫星框架语言，多数路径动词必须带附加语进一步细化路径才可跟上处所宾语，如 arrive at the city，come to the room，go to Shanghai，但也有一些路径动词后面可以带宾语，路径一般表示穿越，如 cross the river，approach the house，enter the room，pass the door，exit the building，ascend the mountain，离开类动词也可以跟宾语，如 leave the city，desert his post。可以看出，英语相对于汉语而言，作为卫星框架语言更加典型，运动动词即使包含路径义素也偏好于选择分析性结构，而排斥处所宾语结构。

另一类是方式动词，语义分解为［+位移］［+方式］，方式多种多样。Talmy（2000b）把方式抽象概括为附属于主要行为和状态的行为和状态。Slobin（2004）则提出一些具体的描写维度，如运动模式（motor pattern）、情感（affect）、速度（rate）、节奏（rhythm）、举止（posture）、评估（evaluative）因素等。Hsiao（2009）把运动方式动词的描写分为事件中心（event-centered）特征及移动主体中心（figure-centered）特征，前者是对位移事件的陈述，包括位移、速度、接触、媒介、路径、施力等，后者是对移动主体的陈述，包括主体态度展示（如 strut，趾高气扬地走）、主体缺乏目标（如 roam，漫游）、主体运动节奏（如 waltz，跳华尔兹）等。

汉语中该类单音节运动动词相对于英语而言并不多，主要有：行走

类 "跑""走""奔""逛""蹓""遛""闯""跳""跨""爬""滚""钻", 其义素除了水平位移以外, 还包括速度、地面接触、运动形态(包括步态和身体其他部分在运动中发挥作用) 等; 地面介质以外的其他介质中方式动词, 如 "飞""游""渡", 表示在空中、水中位移。在卫星框架语言中, 路径要通过附加语的形式词汇化, Levin 等 (2009) 也提出运动方式动词只词汇化方式, 不会蕴含方向, 但是非作格动词带非施事宾语结构呈现出卫星框架语言的反例, 运动事件中的路径并没有词汇化, 不及物动词后面带宾语, 也就是产生及物化现象。宾语类型分为处所宾语、方式宾语和原因宾语, 其中处所宾语除了包括场所、源点、途点、路径、终点外, 还包括终点的隐喻目标。举例如下:

(4) a. 我一有机会就跑图书馆。(终点)

b. 厂长、市长、省长纷纷跑物资。(目标)

c. 跑山路费劲, 但比跑平路有趣。(路径)

d. 走钢丝, 走财务 (方式)

e. 跑警报 (原因)

英语中方式动词数量非常多, Levin (1993) 提出的方式动词以 run 为典型, 包括 amble、clump、goosestep、hobble、limp、lumber、march、meander、parade、prowl、saunter、shamble、shuffle、stride、stumble、stump、swagger、tiptoe、toddle、totter、tramp、trudge、walk、wander 等。方式动词的路径要经过词汇化, 只有少量路径动词后面可以带处所宾语, 而且出现的频率较低, 如 *fly* the Atlantic Ocean, *jump* the fence, *run* the red light, *walk* the street。为什么汉语方式动词可以带宾语, 而英语的方式动词带宾语则比较少见呢?

4.2.1.2 方式动词的路径义

针对以上问题, 我们首先探讨方式动词的路径意义来自哪里。汉语方式动词之所以把其路径词汇化省略是因为这类动词不仅包含方式, 也包含路径, 为语义合并现象 (conflation), 路径概念是主体位置发生变化, 有位移就有轨迹, 轨迹就是路径, 因此, 任何位移动词都有内在的路径，有些方式动词具有内在的清晰路径和方向，后面就不需要方位词，如"爬泰山""爬长城""钻胡同""登黄鹤楼""跨区域""跨文化""追女孩"，这些方式动词相当于及物动词，后面跟方位词，没有特殊之处。基于Talmy路径是否词汇化的二分法，马玉学（2019）把兼含方式和路径的运动动词称为第三类动词，提出第三类动词同时存在方式成分和路径成分，他举出了汉语第三类动词"爬""溜""逃""倒"等，这些动词不是单纯的方式动词，路径信息分别是"向上"方向、"走开或进入"的向量或构向、"离开"向量、"下来"方向，运动动词的类型也呈连续统分布，典型路径动词和典型方式动词之间存在第三种动词。基于马玉学（2019）的划分，我们可以看到，第三类动词既可以是路径动词，直接带宾语，为及物动词，也可以是方式动词，不带宾语，为不及物动词，如"奔"，当声调为四声时，表示"朝着具体方向或是目标去"，既可以说"奔小康"，也可以说"奔向小康"，"奔亲戚"即"奔向亲戚"，表达"投奔亲戚"。孟琮等（1987）指出大多数运动不及物动词都有明显的方向，如垂直方向的"蹦""窜""跳""蹲""跪"等，水平方向的"跑""走""游""爬""溜"等。

林海云（2015）提出，"V$_{方式}$＋NP$_{处所}$"结构中语言表达式有多个概念域，不同场合激活不同的概念域，方式动词表示主体以某种方式运动，但运动也在一定空间中发生，必定与参照物背景存在方向或路径关系，当出现背景时，方式动词的路径信息就被激活。梁子超（2020）认为"走""跑""飞"既可以为方式动词，也可以为路径动词，路径动词具有"离开"意义，如"跑走""甩飞""拐*跑*"，史文磊（2014：135）仍把上述三个动词作为方式动词，但认为其中除了编码方式之外，还包含路径信息。Hsiao（2009）提出方式动词义素包括以位移动作为主（motion-centered）的位移、速度、接触、媒介、路径、步态等，以及以移动主体为主（figure-centered）的显示、目标缺失性、节奏性等，路径是义素之一。可见，方式动词编码的路径以综合的形式存在。

4.2.1.3 及物化结构的生成

从以上讨论可以看出，运动动词的词库意义并不是固定的，有些意义是显著的，有些意义是不活跃的，但在一定认知域中被激活，动词不是论元实现的决定因素，谓词的事件结构决定句法结构，事件结构作为句法-语义界面来决定论元的句法实现，运动事件中移动主体和处所之间必然有路径。方式动词本身蕴含路径信息，但不明确，路径信息的向量、构向和指示可能包含多种类型，例如"走"，后面往往跟上附加语来达到清晰路径的目的，如"走进教室""走出家门""沿着河流走""走向胜利"，但路径的精细化并不重要，附加语路径词汇化省略，是因为后面的宾语能够激活和确认路径，满足运动事件中路径作为必要成分的要求，附加语已成为羡余成分，根据 Culicover 和 Jackendoff（2005）的更简句法假设，句法结构的复杂程度能够满足解读的需求即可。

参照物的语义特征往往能控制路径的选择，参照物为处所义，处所分为场所、路径、终点、目标、途点，其中的场所义和路径义激活路径最容易，所以该类及物化结构具有多产性，如"闯江湖""跑码头""逛商店"，场所有范围，满足路径的维度要求，路径义使得路径具体化和有形化，如"走高速""走人行道""走独木桥"，隐性的路径表示"沿着"。终点义和目标义也较容易激活动词的趋向义，如"跑基层"和"跑物资"激活路径义"朝着"的方向义。途点义激活路径相对困难，需要百科知识来激活路径，如"走后门"和"闯红灯"，"后门"和"红灯"不是运动的目的，而是表示"经过"该位置。语言表达遵守经济性原则，当动词与参照物之间的路径能够进行语用推理，二者之间概念融合的紧密度增强，路径的词汇化就没有必要了，简单句法结构对应运动宏事件（位移框架事件+方式副事件），非核心宾语向核心宾语过渡，形式上变成及物结构。刘辰诞（2005：68）提出，运动事件中动作概念与位置概念之间的紧密关系导致卫星论元与基本论元重叠，不及物动词变成及物动词，既能满足经济性需要，也不影响意义表达。

及物化结构除了处所论元以外，还可以带一些方式论元和少量原因论元，相对于框架事件的参与者，这两类参与者不是运动事件的必要成分，为运动事件的非定义特征，作为附加语成分，应该由介词或动词连接，作介词或动词的宾语。方式包含在运动动词内，但动词的方式义素相对简单，是储存在词库当中的常见信息，当要凸显某种运动方式或以某种非常规的方式运动时就会单独词汇化方式，对方式动词概念意义进行细化。如"通过特技的形式飞行"，"飞行"与"通过特技"二者之间具有可匹配性，方式词汇化省略，简化为"飞特技"，方式论元成为动词的直接宾语。方式作为运动事件的伴随特征凸显和细化的必要性远没有路径高，所以方式及物化结构相对较少。举例如下：

(5) a. 跑龙套、跑单帮、飞特技
　　 b. 走正步、走形式、走财务

及物化结构带原因宾语现象非常少见，非作格动词分解的义素不包含原因，或者说即使包含原因，也是非常边缘的意义，虽然运动是某种原因下有意图的活动，但原因是不凸显的，且运动的原因具有多样性，因此也就具有难以预测性，要建立动词与宾语的关系就比较困难，语言加工的付出就比较大，并不符合语言经济性原则。如"跑警报"，更容易解读为目标，没有背景的情况下很难解读为"因为警报而跑"，"跑战乱""逃饥荒"同理，引导原因的介词很难激活，所以介词词汇化就非常有必要。

概括起来，事件结构制约句法结构选择，语义决定句法，方式动词的词义包含路径义，表现为"运动+路径+方式"，动词与 NP 之间的关系可预测性高，事件成分融合的紧密度越高，语法简化程度越高，路径词汇化省略，变成及物化结构。不仅动词义素影响句法实现，事件结构的内部构成也影响句法实现，路径作为运动事件的框架构成，融合的可能性高，方式和原因作为运动事件的辅助事件，融合的可能性比较低。Givón（2001）提出两个事件越具有时间同一性，相互之间依赖程度越高。两个事件如果是复杂事件，就会整合成一个单独事件。Truswell（2011）提出意图心理在组织事件中处于特别地位，能感知到施事意图的一系列事件容易被组织成单一宏事件。非作格动词的施事性使得事件融合也有可能，加之汉语注重结果，主副事件也有一定程度的因果关系，非常规论元受到主语动作的影响，具备了结果论元的特征。

及物化结构尽管可以表征运动事件，但与附加语路径和方式的不及物结构不同，否则就没有存在的价值。不及物结构强调运动过程，而及物化结构强调运动的结果，而且不仅结构的信息焦点不同，整个结构的意义也不同，及物化结构意义更丰富，如"跑江湖""在江湖跑"，除了在江湖上来往的意义外，更多的是一种在各地谋求生活的方式。同理，"跑项目"除了有"为了项目而跑"的意义之外，还包括获得项目的辛苦。总之，及物化结构已经不是表征单纯的运动事件，该结构已经成为标记性结构，整体结构意义大于各部分意义之和。多出的意义来自哪里呢？

语法是高度概念化的结果，句法结构影响事件结构表达，及物结构是最基本的概念化语法现象，对应及物性原型事件，及物化结构接近及物性原型事件，根据 Hopper 和 Thompson（1980）的原型理论，高及物性事件有两个参与者，主语表示参与者主体，具有意愿性、施动性，宾语表示受动客体。非作格动词的主动性及非施事宾语的抽象和类指使得运动意义减弱，施受关系凸显。及物化结构对应的事件结构已偏离典型运动结构，及物化结构中处所名词不仅可以作空间参照物，还表示机构单位、行政区、地名、抽象终点（目标）等类指处所，空间性减弱或隐退，事物性增强，凸显经常性（frequency），具有功能性，运动事件从空间域向事件域投射，接近"动作行为+客体"的类指事件，如"走基层""闯世界""跑银行""跑市场"，功能性激活了运动的动机义。方式论元和原因论元的类指性和凸显性使得运动空间性更弱，行为事件性更强，运动宏事件向简单及物事件过渡，如"走模特步""飞人字形"。另外，运动动词的方式义素更加抽象，除了运动方式外，还具有其他抽象行为义，例如，"跑"除了动作义以外，还具有"奔走/奔波"等其他行为义。

另外，汉语是注重结果的语言（戴浩一，2002），V_i+NP 符合时间顺序相似性原则，时间顺序也是因果关系。非作格动词与所带宾语之间的因果关系，以及非作格动词的施事性，使得宾语具有受事性，从外论元向内论元过渡。非作格动词的施事性以及动词与名词之间的因果关系使得运动意义减弱，施受关系凸显。运动事件已具有致使事件的特征，事件表征为［x Cause［y undergo Change］］by［x verb］，方式副事件就变成了原因副事件，次事件之间具有因果关系。

根据 Jackendoff（1990）的运动事件表征，及物化事件可以表征为两个层面，一是主题层，二是行为层，单纯的自移事件变成了具备施事意义的事件，路径、方式或原因联接词的词汇化消失，只有处所论元、方式论元或原因论元向句法投射。以"他飞太空"和"走猫步"为例，其事件表征分别如例6、例7所示，致使场所宾语和方式宾语发生变化，具备新的特征，但特征并不清楚，具有心理变化特征，前者表示太空被征服，后者表示猫步的变化。

$$
(6) \begin{bmatrix} \textbf{CAUSE}([_{\text{Thing}}\,他],[_{\text{Event}}\,\text{INCH}([_{\text{State}}\,\text{BE}([_{\text{Place}}\,太空], \\ \text{AT}([_{\text{Property}}\,])\,)]\,)]\,)\text{BY}[_{\text{Event}}\,\text{MOVE}([_{\text{Thing}}\,他])\,] \\ \text{Event }\textbf{AFF}^{+}(\,[他],[上海]\,) \end{bmatrix}
$$

$$
(7) \begin{bmatrix} \textbf{CAUSE}([_{\text{Thing}}\,他],[_{\text{Event}}\,\text{INCH}([_{\text{State}}\,\text{BE}([_{\text{Manner}}\,猫步], \\ \text{AT}([_{\text{Property}}\,])\,)]\,)]\,)\text{BY}[_{\text{Event}}\,\text{MOVE}([_{\text{Thing}}\,他])\,] \\ \text{Event }\textbf{AFF}^{+}([\,他\,],[\,猫步\,]) \end{bmatrix}
$$

"飞太空"和"走猫步"都具有受事义，前者强调受动，后者强调变化性。总之，及物化结构的生成符合普遍认知规律，事件结构和句法结构相互作用，运动事件的概念融合为及物化结构提供了生成机制，及物化结构的解读又受到典型及物事件结构的影响，及物化生成机制为非作格位移动词带宾语提供了认知可能性。

及物化结构的生成符合普遍认知规律，を提示他动词的宾语，日语不及物动词带处所NP用を来连接就表明其宾语句法地位，NPを与不及物路径位移动词（即自动词）搭配时，表示移动的范围、经过点和源点，此时自动词就变成他动词，当NPを与不及物方式动词（即自动词）搭配时，NP的处所义变弱，具有事物性特征，与汉语一样具有受事性，如"山道を走る"，有穿越、覆盖之意，引申为征服。

但英汉及物化存在差异，汉语及物化结构相对丰富，不断产生创新表达，具有多产性，而英语及物化结构非常少，英汉及物化差异具有语言类型原因。汉语符合"动作-结果"认知模式，参照物优先解读为终点、目标、场所，路径清晰时途点才可获得解读，表达运动事件的经过部分；英语相对注重事件的过程，英语不及物动词后面宾语通常解读为途点，路径仍然相对凸显，运动事件的空间性较强，较多表达事件的经过部分，途点 NP 也不需要类指，事件及物性较低，如 walk the street, walk the corridor，相应的汉语就要路径词汇化。举例如下：

（8） a. fly the Atlantic Ocean

　　　a'. 飞**越**大西洋/飞**过**大西洋

　　　b. jump the fence

　　　b'. 跳**过**篱笆

汉语方式单音节动词表达的颗粒度不如英语精细也是汉语及物化结构多产的原因。Snell-Hornby（1983）区分了核心义（act nucleus）和辅助义（modificants）来描写动词。汉语方式动词描述的颗粒度不如英语精细，即汉语方式动词描述颗粒度粗糙，辅助义少，而英语方式动词描述颗粒度精细，辅助义多（池昌海、姜淑珍，2016），英语动词比汉语动词更多地体现了语义包容（incorporation）（严辰松，2004）。英语中方式动词数量众多，运动方式比较丰富，如各种方式的"走"：stumble（跌跌绊绊地走）、strut（大摇大摆地走）、stroll（散步，闲逛）、limp（跛行）、tiptoe（踮着脚走）、shuffle（拖着脚走）等，英语属于运动方式凸显的语言，句子的信息饱和度是有限制的，凸显了方式辅助义，辅助义越多，动词描述性就越高，核心路径义就越弱化，这与运动事件中路径必要成分需求相悖。运动方式已经非常细致，也不需要方式论元进一步细化，所以能进入及物化结构的方式动词是只可容纳少数义素的简单运动动词。英汉方式动词能否进入自移处所宾语结构与动词描述性高低相关，如常用的"跑""走""run""walk"运动方式简单，蕴含了路径，但路径不明确，在运动事件中路径义得到确认。

刘琦、张建理（2019）把自移处所宾语结构作为构式，认为该构式中动词语义准入规则与激活路径的难易程度有关，辅助义多，路径就难激活，汉语方式动词的描述性低，容易进入构式，英语方式动词的描述性高，不容易进入构式。他们为"走"类方式动词总结了 8 个辅助义：速度（如 lumber，漫步）、路径（如 meander，蜿蜒）、接触（如 shuffle，拖着脚走）、步长（如 stride，大步走）、额外施力（如 hobble，蹒跚）、腿部平衡性（如 totter，踉跄）、动体展示的情态（如 amble，闲逛）、目的性（如 parade，游行）。发现英语方式动词的辅助义比汉语多，描述性高，30 个英语"走"类方式动词和 30 个汉语"走"类方式动词中，英语中带有 2 个辅助义的动词共 16 个，占 53.3%，而汉语中带有 2 个辅助义的动词只有 6 个，占 20%，只有 1 个辅助义的动词最多，有 18 个，占 60%。刘琦、张建理（2019）所列举的汉语"走"类方式动词大多数是复合词，如果只是单音节"走"类方式动词的话，1 个辅助义的比例会更高，这说明了汉语非作格运动方式带处所宾语数量远大于英语的原因。

英汉及物化差异还有一个原因，从汉语的历史演变角度看，古汉语中运动方式动词带宾语是比较常见的，如"走邮棠""登鹿台""渔者走渊，木者走山"。林海云（2015）研究表明，"VP + N$_{处所}$"构式在先秦时期就可以表达为"V$_{路径}$ + N$_{处所}$"和"V$_{方式}$ + N$_{处所}$"，历经西汉、东汉、魏晋南北朝、唐五代时期，"V$_{方式}$ + N$_{处所}$"结构比较常见，方式动词带宾语比较自由，从东汉时开始出现路径动词与方式动词构成动趋式，然后再带处所宾语（即现代汉语运动的表达方式），到唐五代时期方式动词带处所宾语的情况逐渐减少，动趋式带处所宾语的情况自产生开始稳步增加，"上古汉语倾向于动词框架语言，中古以后有向卫星框架语言演变的趋势"（林海云，2015：38）。由此可以推论，现代汉语"运动方式动词带宾语结构"还保留着古汉语的一些特征，汉语并不是典型的卫星框架语言。

4.2.2　致使位移事件

致使是一种跨语言普遍存在的基本语义关系，根据致使链模型理论（Croft，1991），致事把力传递给役事，役事发生变化，二者具有因果关系。根据表达致使结果谓词的融合程度，通常把致使结构分为词汇致使、形态致使和迂说式（periphrastic）致使三个基本类型（Comrie，1989；Dixon，2000）。前两种属于综合性的（synthetic），用一个谓词来构成简单的致使结构；第三种属于分析性的（analytic），用两个谓词来构成复杂的致使结构。

英语致使关系表现为三种形式：一是词汇本身具有致使性，如 break、open、kill 等；二是包含致使语素的词汇，如 beautify、lengthen、enlarge；三是结构性使役形式，如 "cause...to do"，或一个复杂事件由两个次事件 A 和 B 构成，二者之间存在因果关系，A 为使因事件（causing event），B 为致果事件（caused event），后者的存在依赖前者。如 John kicked the door open 包括次事件 "John kicked the door" 和 "The door is open"，两个次事件之间为因果关系。词汇和复杂结构的致使事件模板可以分别概括为：［x CAUSE［BECOME［y<*STATE*>]]] 和［［x ACT <*MANNER*>］CAUSE［BECOME［y<*STATE*>]]]。汉语也存在以上三种致使表现形式，结构性使役形式更为常见。

致使位移事件是致使事件的一种，描述的情况为实体 1 直接作用和影响实体 2，实体 2（沿着一定路径）发生位移。根据 Talmy（2000b）对致使位移事件的界定，致使位移事件包括 5 个重要语义因素：致事（causer）、役事（causee）、致使力（driving force）、移动（motion）和路径（path）。其中路径也是重要的构成成分，因为没有路径就没有位移，但在语言层面上可以隐藏，也可以明确，如 "他把卷子扔了" "他把卷子扔到垃圾桶"，前者路径模糊，后者比较明确。致使位移事件一般实现为词汇性致使结构，其中动词为及物动词，如 "他搬走了书"（He carried the book away），还可以实现为分析型致使结构，通常有标记致使词，如 "他*把*书搬走了"（He *caused* the books to drop on the floor）。

非作格动词也可以出现在致使结构当中，致使力来自哪里呢？根据 Levin 和 Rappaport Hovav（1995），为了非作格动词的及物化，引入一个外力充当致事，非作格动词与路径 PP 相结合，变成非宾格动词，其中 PP 是必备成分，非作格动词的施事变成受事或役事，如 The rider jumped the horse over the fence。韩景泉、徐晓琼（2016）则提出非作格动词在一定环境下具有及物性是词汇致使化的结果，存在及物性致使轻动词，吸引动词移位，The horse jumped over the fence 变成 jump the horse over the fence，再引入致事 the rider，把施事变成役事。以上两种观点都存在问题，如果 PP 是非作格动词变成非宾格动词的必要条件，那么该条规则应该适用于所有非作格动词，显然，只有少量非作格动词才可以致使化。

韩景泉、徐晓琼（2016）提出只有被动参与者才可以进入致使及物化结构当中，climb、jog 等没有语境能够控制参与者就不可以致使化，而且致使位移结构中 PP 也可以省略，如 walk the dog，run the factory，汉语致使结构中更是少见 PP，如"跑出租""遛狗""遛娃""走马观花"，而致使轻动词假设证据不足，具有特设性。如果致使轻动词假设成立，为什么该类致使位移结构数量不多？也就是说，为什么该类结构的生成具有较大的受限性？

我们认为，非作格致使位移事件并不是典型他移事件，典型他移事件中役事不具备自主执行的能力，而非作格致使结构中，非作格动词的意愿性使得该类结构具有自主位移事件的特征，在该位移事件中，排除了方位宾语的可能性，其主语为移动主体，另外一个 NP 也是移动主体，与主语移动同时运动，表示某种位移形式，或者是伴随发生事件，因为能够预测动词与伴随方式宾语的关系，运动主事件和方式次事件融合具有可能性，方式事件作位移事件的支撑事件。根据经济性原则，方式宾语的介词省略，如"他跑出租"是"他以出租的方式跑"的方式介词词汇化缺失的结果，方式动词中伴随方式义素不容易激活，所以致使及物化结构并不常见。受典型及物结构的认知影响，"跑"对其后的 NP 产生影响，NP 具有受动性，为"跑"的对象，不及物动词获得及物性属性，也就具备了致使性，宾语能够发生位置变化，处于运动的状态之中，具有因果关系，符合致使结构的特征。主语由施事变成致事，宾语由受事变成役事。

汉语致使位移结构数量并不多，能进入致使位移结构的方式动词更少，大多由"跑""走""遛""飞"组成成语性的词组，如"跑旱船""遛狗""跑大货""飞波音 747 客机"，鉴于句子信息饱和度的限制，只有常见、运动方式简单的动词才有可能增加致使义，此时的非作格位移动词已经具有典型及物动词的特征，其宾语的受事特征更为明显，整个事件的位移特征减少，"飞波音 747 客机"中的"飞"已经是"驾驶"的意思，"跑大货"中的"跑"是"开、驾驶"的意思。汉语致使位移事件已经具有类指性，失去位移事件的特征，表示行为事件，很多表示一种职业，如"跑滴滴""跑网约车""跑大客""跑长途（车）"，

"跑"也突出这些职业的辛苦。

4.2.3 自足运动事件

自足运动事件不发生位置变化，运动动词分为两类。一类是身体姿势动词，如"坐""躺""站""趴""睡"，相当于Jackendoff所说的处所事件动词。另一类是身体内部运动动词，如"笑""哭"。前者具有控制性和意愿性，而后者则是部分意愿控制动词，也称自发动词，根据动词类型，自足运动事件分为两类。

4.2.3.1 身体姿势运动事件

身体姿势运动事件中运动主体并没有发生位移，而是身体姿势发生变化，也就是说该类运动事件并不是静态的，其必要的构成成分与位移事件的构成相同，包括运动主体、运动、路径、背景，其中路径即身体姿势的变化，是姿势动词构成义素，在身体姿势运动事件中激活，如"跪""坐""站""蹲"都是垂直方向，路径作为运动事件的必要成分，与主事件容易融合为单一事件，基于身体姿势变化的可预测性和语言经济性原则，路径词汇化缺失，背景主要实现为处所论元，表示身体姿势在某个场所发生变化。举例如下：

（9）a. 我今天睡沙发。

　　b. 他跪搓衣板。

　　c. 他是坐办公室的。

　　d. 她是站柜台的。

　　e. 他被罚蹲墙根。

　　f. 今天蹲闲鱼（闲鱼网站）。

该类运动事件中，场所论元的受动性使得事件的运动性减弱，从空间域投射到事件域，"睡沙发"不等同于"在沙发上睡"，而是表示一种行为，"跪搓衣板"并不只是"在搓衣板上跪着"，而是表示受惩罚这种行为。"坐办公室"并不仅仅是"在办公室坐"，而是表示一种职业，体现了功能扩展的语义引申过程：坐姿状态→坐着完成某项事情→从事、忙于坐着的职业或活动→从事某项职业，"坐江山"也是一种职业，但进一步引申为"管理国家，执掌权力"，同样"站柜台""站讲台"也是表示从具体姿势到抽象职业，从空间转向功能。"坐牢""蹲监狱"从长时间保持某个姿势延伸到失去活动自由，表示被困、失去自由；"蹲闲鱼"从长时间登录二手交易平台延伸到在平台上抢购喜欢的东西。

除了场所宾语，身体姿势动词后面还可以是目标论元，表示为了某种目标身体发生姿势变化，如"蹲黄牛票""蹲电影名字""蹲女友"，表示通过蹲的动作而等待，"跪父母"表示方向，即"跪向父母"，引申为了父母而跪，这些论元成为姿势动作的目标，也可以说是动作的对象。与自主位移事件一样，身体姿势运动事件除了场所和目标论元以外，还存在方式论元，凸显身体姿势具体的运动方式，如"站军姿""坐轮椅""睡仰脚""坐火车"。身体姿势动词与方式论元之间的关系可以预测，根据语言的经济性原则，方式论元的联接词省略。

总的来说，身体姿势运动事件与自主位移事件具有相同的构成成分，路径是必要成分，路径或方式词汇化省略基于运动事件框架，非作格动词向及物动词过渡，附加语论元向核心论元转换，满足了题元和格的要求。

4.2.3.2　自发动词运动事件

身体内部运动动词的意愿性和控制性较低，属于自发动词运动事件，不同于物理空间位移，汉语自发动词运动事件中的单音节自发动词有"哭""笑"，如"哭长城""哭她的不幸""笑她的愚蠢""笑贫不笑娼"等。自发动词运动事件的构成成分除了运动主体和运动本身以外，还应包括自发动词运动的原因，"哭"和"笑"本身隐含了原因，没有无缘无故的"哭"和"笑"，尽管有时候并不凸显原因，如"她笑了""她哭了"。在自发运动事件中一旦出现其他参与者，该参与者就是激发自发动作的原因，动词与其后宾语之间关系的可预测性使得原因宾语的联接词词汇化省略，又因为原因宾语的受动性，原因宾语有了受事对象的特征，运动主体具有施事性，通过动词将力传递到受事，"笑"相当于及物动词"嘲笑","哭长城"的"哭"相当于"哭倒",具有征服义。自发动词运动事件框架中缺少路径和处所,这是与其他位移事件不同的地方,相同之处除了原因支撑事件之外,也存在方式支撑事件,如"哭鼻子"。

总的来说,自发动词及物化结构不具有多产性,缺少运动事件的典型特征,能实现的宾语只能是对象和方式,"笑"后面跟的宾语数量较多,因为"笑"已成为及物动词"嘲笑",而"哭"后面的宾语数量有限,"哭长城"已经是习语,"＊哭教室""＊哭马路""＊哭大海"等都不成立,这些表达都不具备征服义。

4.2.4 事件重构

以动词为中心,采用次范畴化解释论元的句法实现有一定局限性,次范畴化动词与其宾语的搭配为常规搭配,常规搭配比较稳定和常见,容易激活,但无法解释非作格动词带宾语的非常规搭配现象,但也并不是说动词的作用不重要,基于动词的事件结构更具有说服力,不仅能够连接事件结构中更多的参与成分,也能激活动词的其他义素,次范畴的义素只是常规意义,其他义素在事件结构内能够凸显出来,如非作格方式动词的路径义。本书中我们把非作格动词带宾语现象放在运动事件框架下,运动事件是人类基本的认知体验,其构成成分具有可预测性,事件的属性具有可描写性,如次事件、事件的有界性等,事件结构是构式,但比构式更具有概念基础,更具有概括性,不像构式那样出来一个特殊结构就把它当作一个构式,论元增容现象不是构式赋予的,动词不是在构式中发生变化,而是事件激活了动词的非常规义素,产生了非常规结构,非常规结构的生成不是一蹴而就的,而是经历了复杂的过程。

非作格动词带宾语的及物化现象符合人类一般认知规律,及物化结构是事件重构的结果。首先,丰富的概念结构选择性向句法映射,事件结构表征制约句法结构的实现,及物化结构的生成基于运动事件,运动事件的构成向句法结构映射,涉及宏事件表征,路径、方式或原因等连接次事件的动词或小品词词汇化省略是事件融合的结果,融合程度越高,省略的可能性越大,尤其是路径,隐含在非作格动词当中,在及物化结构中激活,具有可预测性,基于语言经济性原则,即以最简的形式表达最多的语义，使得句法简化成为可能。语言经济性原则由法国语言学家马丁内（Andre Martinet）于 1955 年提出，也是省力原则，是人惰性的表现，即用最少量的语言来表达最大限度的信息量，用有限的形式表达相对丰富的意义，是语言发展变化的根本原因。Leech（1983）的"经济性原则"认为语言交际采用快捷方式（quick and easy），Sperber 和 Wilson（1986）以有限的明示信号和较少的处理努力来追求最佳的语境效果。语言经济性表现语音、词汇、语法、语用、认知等各个方面，包括语法上的超常规搭配。

其次，句法结构影响事件结构表达。Roberge（2002）、Cummins 和 Roberge（2004，2005）提出动词短语总有一个宾语位置，因此，非核心论元就有可能进入非作格动词的宾语位置成为宾语。李巍（2016）指出，汉语句子的基本格局是"主+述+宾"式，人们在使用语言的时候，强大的类推作用和求简心理使其总是倾向于向这种强势的语言结构靠拢。强大的类推作用促使"介词+宾语+述语"结构或者"述语+介词+宾语"结构向着"述宾"结构转化。曹秀玲、罗彬彬（2020：136）提出："汉语不及物动词及物化是其自身语法化的结果，其背后是 VO 结构强大的类推铲平作用。"齐沪扬（2000；引自蔡维天，2017：1）也提出："汉语述宾结构是一种优势结构，许多原非述宾结构有向述宾结构靠拢的趋势，这样使得一些不能带宾语的动词也逐渐可以带宾语了，及物动词的数量呈扩大趋势。"SVO 句法结构的题元配置通常为"施事+动词+受事"，及物化结构从及物结构那里获得及物特征，从运动事件变成行为事件。运动事件从具体空间事件变成非现实类指结果事件，非作格动词的附加语论元向核心论元过渡，具有一定受动性，宏事件转向简单事件。符合力传递的施受关系赋予了旁格论元一定受事性，非核心论元得到凸显，从背景变成图形，非核心论元转向核心论元，宾语同时具备结构格和语义格。常规结构中，不及物动词不支配论元或由介词引入论元，介词与论元组合出现在动词之前或动词之后，及物化后论元成分重新配置，位于动词之后。力传递进一步解释了自发动词及物化结构比较稀少的原因，"笑""哭"意愿性和控制性都比较低，因此很难发生力的传递，没有力的传递就无法形成及物化结构。

4.3　语义语用限制

及物化结构的生成符合普遍认知规律，事件结构和句法结构相互作用，运动事件的概念融合为及物化结构提供了生成机制，及物化结构的解读又受到典型及物事件结构的影响，但语法系统对语言创新的容忍度也是有限的，要生成合格的及物化结构，非作格动词和宾语之间需要满足严格的语义语用限制。Jackendoff（1997）提出概念结构还具有丰富的概念组合（enriched composition），除了包括事件结构这个与句法论元实现密切相关的语义以外，还包括普遍概念信息、百科知识和语用信息等。

4.3.1　语义融合性

非作格动词与旁格宾语之间要做到语义融合，因为二者之间的关系要有预测性。首先表现为及物化事件的类别属性。Zhang（2018）也提出非常规宾语并不能饱和谓语，而是限制谓语，是事件类属成分。及物化事件是非作格动词运动事件中的一种，与非作格动词运动事件形成上下义关系，如"跑"／"跑马拉松""跑长跑"，"跑"／"跑基层""跑江湖"，上义事件具有概括性，下义事件是上义事件的某个特征，且为定义或主要特征，而非偶然特征，下义事件蕴含了上义事件。"跑跑道"不可接受，因为概括性"跑"事件隐含了"跑道"，所以"跑跑道"并不是"跑"的下义词，"跑操场""跑马路"可以接受。"跑路"一词似乎也没有详细信息，但该词得到人们的认可，因为该词并不表示在路上走，而是已具备特殊的意义，表示做了坏事而逃跑。"走道路"也不可接受，我们可以说"走乡村振兴道路""走特色发展道路"。同理，"睡床"也不可接受，除非与"睡地板"等形成对照，"睡床"和"睡地板"构成共同下义词，我们可以说"睡大床""睡书房""睡小床"等。

其次，非作格动词中包含了运动方式，因此，非作格动词所带的宾语必须与动词的方式语义融合。例如，"跑"和"走"表示不同运动方式，根据我们的经验和常识，前者速度快，比较辛苦，付出努力大，后者则速度慢，比较轻松，所以可以说"走钢丝"，不能说"跑钢丝"，

"钢丝"是运动的方式，与动词的位移方式应该一致，同理，可以说"走猫步"，不能说"跑猫步"。动词运动方式也要与处所特征相一致，"跑基层"和"走基层"也有不同的含义，如前者强调基层工作艰苦，后者强调深入基层，工作沉稳。只有当"走"表示古义"跑"时，二者才可以互换，如"跑江湖"和"走江湖"。再如，"逛"表示闲游、游览、外出散步，我们可以说"逛公园""逛书店""逛庙会"，但不可以说"逛图书馆""逛医院"，图书馆和医院都不具备休闲的特征，"逛"的场所较为宽广，可以"逛商场"，"逛小卖部"就难以接受。除了方式宾语和处所宾语以外，还有目标宾语和原因宾语，这些宾语也必须与动词的语义相融合，如"笑"后面宾语应该是引起自发动作的原因，可以说"笑她的愚蠢"，不能说"笑她的聪明"。

4.3.2 主观性

主观性是指说话人在说话时还表达立场、态度和情感，也就是说语言不仅具有客观表达命题的功能，而且有说话人自我的主观成分，主观性使得对结构的灵活性具有一定的容忍度。及物化结构往往出现在某个领域，慢慢再渗透到其他领域，有些结构变成了熟语，作为标记结构，其生成及流行并不单纯为了语言经济性，主观性表现之一是宾语指向说话人的自我表现，及物化不是某个事件的客观报道，及物化结构表达的事件不是具体事件，而是抽象事件，及物化宾语强调主语的掌控力，从而表达了说话人的认识。因此，及物化结构的宾语一般是无定或类指的光杆 NP，我们不能说"走这个楼梯""跑那个基层"，英语及物化结构空间性和具体性要高，可以表达 walk the street，walk the corridor，run the red light，这也能解释为什么英语处所及物化结构不具有多产性。

及物化结构之所以广为接受并具有一定的多产性，是因为人们通过该类结构表达某种情感或态度，表达情感或态度的语言容易产生共鸣，在求同社会心理影响下更流行，从而可以大量复制，甚至从一个领域扩展到另一个领域，情感或态度隐含在运动动词的方式当中，包括情感、速度、评价等，如"跑"的消极意义较多，后面带处所宾语表示辛苦，根据语境，可以表示"跑往、跑去"，也可以表示"奔忙于两地之间"，如"跑图书馆""跑基层""跑银行",而"跑江湖"则表示"奔忙于各个地方",当"跑"后面跟目标宾语时,如"跑项目""跑资金",不仅表示辛苦,为了某个目标而奔走,有时也表示该类行为并不光明正大,强调了迫切性,表达了对这类行为的反感和无奈,概括来说,"跑"从强调速度转向强调辛苦,再到强调迫切。再如常见运动动词"走",就表现出从容,如"新春走基层""走水路","走"也可以越来越抽象,往往并不是以脚交互向前的方式运动,而是高度概括为运动,具有转喻意义,表示通过、沿着,如"走高速""走二环",并不是在高速上或二环上步行,而是以开车的方式通过高速或二环。当"走"与抽象的道路结合时,淡化了走的动作性,转喻为行为方式,表示坚持、执行,如"走绿色发展道路""走金光大道"。概括起来,"走"无论表示脚步向前,还是表示沿着或坚持,都包含说话人的评价,基于"走"的移动速度慢,引申为从容、悠闲、领悟、坚持等,所以"跑和平发展道路""跑程序"等用法排除在外,"新春走基层"的"走"就是要"俯下身、沉下心",不是空架子、走过场。再如"奔",其情感表达更加凸显,客观上,从速度上划分,奔>跑>走,主观上,"奔"需要最大的努力,情感上具有急迫性,消极意义表现劳心劳力或时间紧迫,如"奔命""奔五十",积极意义表达向上的生活态度或精神状态,如"奔小康""奔幸福生活""奔主题""奔前程",其目的是我们迫切想达到的,"跑"不具备"奔"的积极情感意义,所以"跑小康""跑幸福生活"就排除在外。

4.3.3 新信息性

及物化结构句法、语义之间的错配现象增加了语言加工的复杂性,较高的加工成本带来较高的信息量,简洁的句法结构表达丰富的语义内容,及物化结构的概念融合不是事件结构的简单相加,及物化结构必须具有新闻价值性(newsworthiness),满足求新、求异、求变的社会心理,符合 Grice(1975)所说量的准则或 Horn(1984)所说关联原则,及物化事件的类别属性要求与信息结构中新信息要求具有一致性,具有新信息的及物化结构才可接受,及物化结构信息必须 1+1>2。新信息性首先表现在及物化结构的专属性意义，如"站在讲台上"和"站讲台"不同，后者并不仅仅像前者那样表示动作的处所，更重要的是具有专属用法，如果二者意义等同，就没有必要存在两种表达方式。同理，"跑基层""跑医院""跑邮局""跑厕所""坐办公室"等都具有专属性，而"站台阶""跑礼堂"就很难接受，因为专属性较差，信息量不足，所以接受程度较低。

及物化结构新信息性还表现在隐喻/转喻意义和抽象意义的表达上。及物化结构除了表达物理运动事件，还表达与运动事件相关的抽象事件，非作格动词带旁格宾语产生的新意往往来自隐喻或转喻意义，如"走脑""走心""走钢丝""走江湖""走天涯""走后门"等，整个及物化结构都具有隐喻性，而宾语具有转喻性，从具体方位词转向相关抽象方位词。运动方式动词用方式代替行为，如"跑官"中"跑"转指行贿、拉关系等不正当的行为，"闯世界"中"闯"转指奔走活动。目标论元经常不是运动的具体目的，而是抽象目的，如"跑资金""跑项目""跑销售"等。

随着社会的发展，新事物不断涌现，及物化现象反映了社会变化，人们在求新、求异的心理驱动下，不断创造性使用及物化句子，赋予其新意义，新信息性或者创新性是及物化现象存在的前提。因此，及物化现象一般在非正式文体中流行，慢慢地一些可以进入正式文体，一些固化为习语。

4.4　本章小结

本章在概念结构的理论框架下探讨了汉语三类及物化结构的生成机制，研究结果表明，在运动宏事件向句法结构映射的过程中，在事件融合和语用促动下，次事件之间的联接词词汇化缺失，在句法上隐现，及物化句法结构影响事件结构表达，产生事件重构现象，在类推机制下，运动事件转向及物事件，旁格论元变为核心论元。及物化结构虽然具备了及物结构的特征，但仍然属于标记性结构，并不存在于动词的典型心理框架之中，具有创新性和临时性，需要满足类属性、百科知识等语义融合条件，以及语言经济性等语用信息原则等。总之，标记结构基于语言使用，符合人类普遍认知，语言系统对标记语言结构有一定容忍度。

| 第五章 |

英语及物化现象的界面研究

同汉语及物化现象一样，英语及物化现象也界定为非作格动词带非施事宾语的标记性结构，非作格动词为运动动词，包括运动方式动词、身体姿势动词和身体内部运动动词，但不同于汉语运动方式动词及物化表征自移运动事件，英语表达自移运动事件的及物化结构不具有多产性，不同类型的非作格动词主要分布在同源宾语及物化结构、反应宾语及物化结构和致使及物化结构当中。本章尝试探索这些及物化结构生成的认知机制及语义语用限制。

5.1 自移事件及物化现象

非作格运动动词带处所宾语表达运动事件具有一定的普遍性，英语、汉语都存在自移事件的及物化现象。尽管英语属于卫星框架语言（Talmy，2000b），但路径词汇化省略也可发生，第一种情况是路径融合在动词当中，路径动词包括 advance、arrive、ascend、climb、come、cross、depart、descend、enter、escape、exit、fall、flee、go、leave、plunge、recede、return、rise、tumble 等。其中一部分路径动词既可以带处所宾语，也可以不带，如 cross、enter、leave、flee、ascend、climb，还有一部分路径动词不可以带处所宾语，如 arrive、come、go、rise 等，为非宾格动词。可见，尽管处所宾语是常规宾语，符合次范畴化规则，但英语中并不是所有路径动词都可以带宾语。第二种情况是少量运动方式动词及物化结构，如 to jump the fence, to swim the river。英语及物化的生成机制是什么呢？英语、汉语运动方式动词及物化结构有什么不同？

5.1.1 自主位移事件表征

我们认为，英语运动方式及物化结构的生成同样受运动事件的制约，路径作为运动事件核心构成成分，概念上必须存在，句法上或者与动词合并，或者词汇化为介词或小品词，成为连接动词和处所论元的桥梁。也就是说，路径的概念意义向句法映射而得到句法实现，及物化结构的路径包含在动词中，而不是路径省略，只有激活路径的动词才可出现在及物化结构当中，否则，所有运动动词后面都可省略路径而实现及物化，就没有及物和不及物的区别。

运动动词都包含路径义素，因此，运动方式动词中也存在路径，英语中有大量的运动方式动词，但只有少量运动方式动词能够进入及物化结构。一方面，对比汉语动词框架语言和卫星框架语言的争议性，英语属于典型卫星框架语言，更倾向于分析型表达，满足表达更清晰的需求，这从语言类型学的角度解释了英语及物化不具备多产性。

另一方面，位移是人类基本运动方式，从 Rosch（1975）等的范畴划分来看，有三个范畴类型，包括上位范畴、基本范畴和下位范畴，上位范畴和基本范畴具有语言普遍性，而下位范畴的词汇化则具有语言特定性，英语的下位范畴，即运动方式动词非常丰富，尤其是凸显运动模式的动词。凸显运动模式的动词 walk 的下位词最多，如 goosestep（正步、鹅式步伐）、march（坚定地向某地前进）、clump（用沉重的脚步行走）、shamble（蹒跚而行）、shuffle（拖着脚走）、stride（阔步行走）、wander（徘徊、漫步）。汉语没有相应的运动方式动词，往往用状语修饰动词来表示，表达为"状语+走"。英语运动方式动词范畴划分如图 5.1 所示。

"构式和方式动词的适配与动词本身的义素多寡即复杂度密切相关"（刘琦、张建理，2019：183），描述动词义素越复杂，动词句法类型越受限制（Snell-Hornby，1983：35）。因此，运动方式凸显就难以激活路径义素，在信息上无法同时凸显两个义素，只有方式内容单薄的动词才有可能凸显路径义素，且通过处所论元使路径明确化。能进入及物化结构

图 5.1　英语运动方式动词范畴划分

的运动方式动词中出现频率较高的有 walk、run、jump、leap、swim、roam、wander、fly。举例如下：

（1）a. He walked the street.

b. The children jumped/leapt the fence.

c. Tom roams the city. /The boy wandered the street.

d. He swam the channel.

e. The plane flew the Atlantic Ocean.

f. to run the red light/to jump the red light

g. to run a blockage

h. to run the rapids

以上非作格动词的运动方式比较简单，其中 walk、run、jump 是人类基本运动方式，运动路径通过处所宾语而明确，动词和其后面的 NP 之间的关系能够预测，如 to walk *along* the street，to jump *over* the fence，to roam *around* the city，to swim *across* the channel，to fly *across* the Atlantic O-cean，to run *through* the red light，to run *through* a blockage，to run *across* the rapids。根据语言经济性原则，路径能够预测就没有必要词汇化，否则就出现冗余现象。处所宾语的实现类型相对汉语而言较为单一，主要为路径（如 to walk the route，to walk the Appalachian Tail）和途点（如 to fly the Pacific Ocean），没有终点宾语（*to fly Shanghai），更没有终点的抽象义目标宾语（*to run the project），凸显终点必须由介词连接，成为卫星框架的分析型结构，如 to fly *to* Shanghai。另外，运动事件的非核心成分，如方式和原因论元，也不会出现在及物化结构中，体育运动或竞

技领域中专有表达方式是例外情况，如 run a marathon，run a race，walk a tightrope。由此可见，英语运动方式动词及物化结构不仅数量少，而且局限于少数几个类型。

英语运动方式动词后面带处所论元激活了路径义素，其及物化满足运动事件框架的要求，路径并不是省略了，而是融合在动词当中，在及物化结构中得到明确。基于语言的省力原则，没有完全相同的两个结构，及物化结构与词汇化路径的不及物结构并不完全相同，前者强调运动的结果，后者强调运动过程，同汉语及物化结构一样，基于及物结构的强势类推，及物化宾语具有受事的特征，强调完成、征服、达到、受动等受事特征，如 to swam the channel 强调征服，to walk the street 强调完成，事件的位移运动性变弱。

5.1.2　英汉自主位移事件及物化差异

英语、汉语中能进入及物化结构的方式动词具有很大的相似性，都是少数几个基本范畴的运动方式动词，因为基本范畴词汇使用频率高，高频动词可联系的宾语具有多样性，区别在于英语及物化结构的宾语类型有限，且宾语具有特指性，表达空间运动性仍然很强，及物化结构和不及物动词带状语的结构差别并不大，英语不及物动词的论元增容与文体无关，不具有多产性，而汉语及物化结构宾语具有类指性，已从空间运动事件转向行为事件，常出现在口语和网络语言当中，具有多产性。

概括起来，英汉及物化的区别在于事类性。事例表示具体事件，即发生在某个处所的空间位移事件，事类表示一类事件，即某种行为模式，杉村博文（2006）称前者为事例，后者为现象。汉语及物化结构表示事类，既然事类具有概括性和抽象性，语义扩张就成为可能，如 "跑+NP"，各种终点、目标都可以成为宾语，宾语具有隐喻或转喻特征，而且运动动词也具有隐喻或转喻特征，表示抽象的语义，并产生跨文化附加含义，如 "跑物资" 未必是跑着去争取物资，而是隐喻为辛苦奔波，"走师资" 与运动 "走" 没有关系，而是表示 "走" 的隐喻特征 "通过"，"走钢丝" 可以隐喻为 "危险"。英语为什么就不可以表示事类呢？

语言反映人的认知思维，语言是思维的表现形式，认知模式决定语言的表达，英汉及物化的差异与中西方思维模式不同有关，汉语注重意合和整体思维，语序发挥重要作用，V_i+NP 激活了多种认知因素，语义内容丰富，产生文化附加义，英语注重形合和逻辑思维，采用分析型语言框架，依赖介词把 V_i 和 NP 的关系建立起来，只有语义关系非常确定的时候才可出现不及物动词带宾语，且 V_i+NP 和 V_i+PP+NP 之间没有太大的语义差别，没有必要为遵守语言经济性原则而进行更多的认知推理，整体上英语及物化并不能很好地发挥省力作用，只有特别强调运动结果时才出现，如果宾语转喻为表达抽象意义的方位词，语言加工更加困难，因此，英语运动方式动词的及物化现象相对稀少。英语及物化结构并不是没有事类特征，只是事类性较弱，语义扩张的可能性较小，除了 swim the channel 和 fly the Atlantic Ocean 征服义事类语义扩张，再如 John walked the street，表示"在街上走"，延伸为"流落街头无家可归"，还表示"在街上揽客做妓女"，再如 to run the street，表示"在街上跑"，延伸为"在街上疯玩"，也延伸为"变成流浪儿"。

根据张伯江（2011）对形态语言和非形态语言区别的论述，英语是形态语言，形态制约是第一位的，语义和语用受形态制约，汉语没有形态的束缚，句法结构比较自由，句法结构的形成和调整直接显示语用目的。张建理、麻金星（2016）提出汉语是功能主导型语言，英语是句法主导型语言。刘琦、张建理（2019）提出英汉句法和语义之间配置的不同，英语句法结构化程度高，SVO 句法结构与"施事-动作-受事"语义框架相对应，而汉语句法结构化程度较低，SVO 句法结构与"施事-动作-受事"语义框架常常分离，因此，非受事宾语很少进入英语宾语位置，而进入汉语宾语位置则较为普遍，这就解释了英语运动方式动词及物化现象类型少、数量少，而汉语运动方式动词及物化现象类型多、数量多。

Barrie 和 Li（2012）也与张伯江（2011）等有相似的观点，他们提出宾语位置占位规则（Object Usurper Generalization）：路径、方位、工具、时间在句法上可以表现为直接宾语，而受益者、接收者、伴随者在句法上则不可以表现为直接宾语。为了解释非常规宾语可以处于宾语位置，Barrie 和 Li（2012）提出语言类型差异，汉语是无差别格（undifferentiated case）语言，宾格没有形态标记，论元需要格就赋予格，不与特定语义特征关联，比形态标记宾格自由，受文化或语用规约制约，而英语则是差别格（differentiated case）语言，宾语有形态标记，与特定语义特征相联系。Barrie 和 Li（2012）的观点与胡建华（2007）提出的语言类型差异相似，胡建华（2007）提出汉语是非格标记语言，英语是格标记语言，非格标记语言的宾语不受题元位置制约。

　　总的来说，汉语和英语的及物化结构具有共性，但差异性也很大，及物化结构具有语言特定性，汉语的及物化结构比较丰富，表现出汉语论元实现的灵活性。尽管在认知上具有共性，但及物化应该受到语言语法体系的制约，不同的语言对及物化现象具有包容性和一致性，及物化与语法系统的整体性相吻合，语言类型学差异与及物化生成机制相互作用来决定及物化的最终实现。英语是典型的卫星框架语言，注重形合，自移事件一般采用分析型构式，所以只有少数运动方式动词可以进入及物化结构当中，即使路径动词也偏好分析型构式，部分路径动词如 come、go、rise 等也不能进入处所及物化结构当中。汉语并不是典型卫星框架语言，路径不排斥处所宾语，加上汉语是意合语言，汉语运动方式动词的及物化现象相对普遍。

5.2　同源宾语及物化现象

　　同源宾语及物化现象是英语中常见的结构，鉴于指称同源宾语（referential cognate object）结构中的非作格动词相当于及物动词，如 live、sing、dream、dance，其宾语独立于动词，其题元角色可以是受事论元或实现论元，既可以是同源宾语，也可以是同源宾语的下义词，如 dance a dance/dance a jig，这些词既可以是不及物动词，也可以是及物动词，其中比较特殊的不及物动词 live，在同源宾语中相当于及物动词 experience，该类同源宾语独立于动词而存在，与直接宾语的典型语义特征一致，从语言共性看，汉语中"唱山歌""跳芭蕾""过幸福生活""梦想未来"的动词都是及物动词，一些研究（如 Jones，1988）把该类同源宾语结构称作及物化宾语结构（transitivizing object construction），该类动词的及物特征已得到基本认可，Kuno 和 Takami（2004：117）也提出像 dance、sing 这样的动词是及物动词，只是碰巧以同源宾语为宾语。本研究中我们把这些动词暂且排除在外，重点研究运动方式动词、身体姿势动词和身体内部运动动词等三类典型非作格动词同源宾语结构。举例如下：

（2）a. John ran a straight run.　　　　　运动方式动词

　　　b. The children slept a peaceful sleep.　身体姿势动词

　　　c. She smiled her happy smile.　　　身体内部运动动词

　　　d. Bill sighed a weary sigh.　　　　身体内部运动动词

非作格同源宾语句大多可以表达为非作格动词带方式状语，如 John ran straightly/The children slept peacefully/She smiled happily。Jones（1988）认为，不及物动词带同源宾语和不及物动词带状语修饰语更多是语体风格上的差异，而不是意义上的差异，但是从认知语言学的角度看，完全相同的结构是不存在的，不符合语言经济性原则。根据 Höche（2009）的观点，语法结构是有意义的，语法结构发生变化，意义就发生变化。Langacker（1987，1991）认为语言编码和识解（语义结构）相互依赖，同源宾语结构是对动作行为的过程特点或产物的再认识，因此并不是动词的简单重复。屈春芳（2007）指出二者并不是等同关系，同源宾语构式的信息焦点固定在其同源宾语部分，而"谓语+状语"构式的信息焦点具有不确定性，根据语境决定，可能在谓语部分，也可能在状语部分。

我们在第一章界定英语及物化结构时就提出同源宾语具有结果性宾语的特征，也可以说是实现宾语。为什么非作格动词后面带同源宾语后就有这些特征呢？其生成机制是什么？动机是什么？哪些非作格动词可以进入同源宾语句？为什么大多数同源宾语都需要修饰语？

5.2.1　生成机制假设

英语非作格动词带宾语显然违反了 Chomsky 的题元准则（theta criterion），即每个论元都要有一个题元，非作格动词在深层结构无法赋宾格，因此，非作格动词不能带宾语。在句法领域有多种方案来解决格鉴别式

（case filter）问题，或者把同源宾语看作附加语，避免了赋格问题，或者提出不同方案解决同源宾语论元赋格问题。常见的解决方案有三种。一是认为非作格动词有对应的及物动词，如认为 smile 既可以是不及物动词，也可以是及物动词，既然是及物动词，带宾语就没有特殊之处。二是认为只存在一个动词，非作格动词（如 smile）本质上是及物动词。三是认为非作格动词在满足一定条件时转换为及物动词。第一种显然不符合语言经济性原则，持这种假设的学者很少，因此第一种不在我们讨论范围之内，我们来看另外两种研究假设。

Hale 和 Keyser（1993）认为所有动词都有内论元，非作格动词是隐性及物动词。Hale 和 Keyser（1993：53）提出非作格动词是由名词转换而来的动词（denominal verb），该类动词通过把名词补语融入动词中心语派生而来，动词后面是融入（incorporation）成分移位以后留下的语迹（trace）。根据 Hale 和 Keyser（1997）提出的同标删除机制（index dele-tion），语迹在句法上不存在，其位置就让给了同源宾语，因此，非作格动词相当于及物动词，其同源宾语相当于及物动词的宾语，并不是非论元限定词短语。然而，同标删除机制是具有临时性、规定性的解决办法，如果动词的名词成分位置被同源宾语所代替，就应该具有语义关联性，因此无法解释语义上不相关的反应宾语，同源宾语和反应宾语具有同质性，往往作一类宾语来处理，反应宾语甚至被当作同源宾语的一种，如：to smile her thanks，to nod their approval，to blanket the area。

Felser 和 Wanner（2001）提出空宾语假设，非作格动词如同普通及物动词一样，虽然其所带客体论元经常没有显性实现，但有句法位置，如［V'［V smile［XP her happy smile/∅］］］，如同许多及物动词一样，往往这些及物动词后面的宾语是隐性实现，如 They were eating，同源宾语就出现在宾语句法位置上。因为同源宾语与状语具有相同的意义，如 She smiled beautifully = She smiled a beautiful smile，同源宾语构成句子语义的一部分，但不同于普通及物动词，同源宾语不是事件的参与者，而是从体貌上界定事件，称为体貌客体（aspectual theme）。虽然普通及物动词的宾语与同源宾语都可以界定事件，但二者显然不一样，能界定事件的并非都是宾语，其他成分如状语也能界定事件，因此不能确定同源宾语就是宾语，次范畴化规则下非作格动词无法赋格给同源宾语，如果非作格动词和普通及物动词一样，动词的分类则变得没有意义。

根据 Burzio 总则（Burzio，1986）：只有给主语指派题元角色的主语才可以给宾语指派宾格，因此非作格动词能够带非范畴化宾语。基于 Burzio 总则，Levin 和 Rappaport Hovav（1995：40，137）认为同源宾语被赋予宾格，满足格鉴别式，刘爱英（2012）赞同 Radford（1997）"非作格动词内在本质上具有及物性"的论断，认为同源宾语与普通及物动词的宾语一样，能够被赋格，具有论旨角色，非作格动词的赋格能力是潜在的，带上同源宾语后赋格能力被激活。为什么带上同源宾语就可以激活呢？激活假设应该进一步明晰激活的条件。

除了以上形式句法学领域的解释，关于英语同源结构的生成机制讨论较多的是认知研究视角，肖素英、李振中（2013）采用原型理论解释，提出 V_i+NP 同源宾语句最初以 V_t+NP 同源宾语句为原型，当 V_i+NP 同源宾语句固定下来形成构式后，又成为 V_t+NP 同源宾语句的原型，可见，不同语言形式之间相互影响，处于一种和谐动态过程。许明、董成如（2014）采用认知语法的凸显、整体扫描理论和构式理论对同源宾语句进行解释，认为构式独立于动词的论元结构，构式能对动词的论元结构进行增容，同源宾语构式中动词表示的过程全部被激活，通过总体扫描，识解为一个整体，凸显事件的整体状态，使非作格动词转化为名词，从而产生同源客体，同源客体映射为宾语。同源宾语和动词都表示同一事件，动词凸显事件的过程，而同源宾语凸显事件的整体状态。认知研究视角解释力比较强是其优势，也是其劣势，欠缺解释的精细性，无法解释为什么并不是所有不及物动词都可以进入同源宾语结构当中。构式语法能够通过压制解决句法语义之间的冲突，解释额外意义，但有个显著缺陷是我们要掌握多种构式意义，这样就会增加大脑负担。语言是整体的还是组合的？是自上而下，还是自下而上，还是二者的结合？这些都是亟须探讨的问题。

5.2.2　同源宾语及物化事件表征

三类非作格动词（即运动方式动词、身体姿势动词和身体内部运动动词）都能进入同源宾语及物化结构，三类动词的运动事件可分为框架事件（或主事件）和伴随事件（或副事件/次事件），伴随事件支撑修饰框架事件，运动框架事件的必要成分为移动主体、路径和背景，伴随事件一般为方式事件和原因事件，方式和原因等事件融合在动词当中，运动事件作为宏事件在句法上实现为简单句。在同源宾语及物化事件中，框架事件的成分为移动主体，背景和路径都没有激活实现，同源宾语作为事件性同源宾语，是主动词的名词化和具体化，相当于方式状语，发挥方式事件的作用，框架事件和方式事件之间为修饰关系，因此方式事件被激活，但同源宾语还有结果论元的意义，与动作具有时间上的一致性，是运动的结果，我们需要解决的问题是：方式论元如何变成了结果宾语论元/实现宾语论元？其转换机制是什么？

首先，运动方式动词的同源宾语结构数量比较少，英语运动方式动词有很多，但只有常见且方式单一的基本范畴动词 walk、run，其他运动基本范畴动词（如 jump、fly）也可出现在少量同源宾语句中，方式细致化的运动方式动词（如 stride、limp、stagger）则不会出现在同源宾语结构当中。因为在运动事件中，运动主体以某种方式运动，该方式是动词运动方式的具体化，表现为对运动的评价和属性描述等，下位层运动方式动词的运动方式已经非常丰富，运动方式的进一步具体化就没有必要，信息饱和度有限制，信息量过多也会带来语言加工的负担。举例如下：

（3）a. He runs a little run.

　　b. She runs a straight run.

（4）a. He walked a confident walk.

　　b. He walked a funny walk.

（5）a. He jumped a high jump.

　　b. He flew a dangerous fly.

（6）a. *He strides a big stride.

　　b. *He limps a limp.

其次，身体姿势动词作为运动动词后面也可带同源宾语，常见的身体姿势动词有 sit、stand、sleep、lie，这些动词的共性是身体姿势较为常见且语义单一，为其后面的方式事件的存在提供了必要性，基本身体姿势动词的下义词一般不会出现，如 crouch、lean、knee、tiptoe、squat，同样因为下位范畴已经在方式上非常丰富，就没有必要跟上同源宾语进一步明确。身体姿势动词的同源宾语句如下：

（7）a. He slept a sound sleep.

b. He slept a troubled sleep.

c. I sit a straight sit.

d. He stands a long stand.

最后，身体内部运动动词属于不受控制或半控制的动词，也被叫作非言语表情类动词，这类动词的同源宾语句相对丰富。常见身体内部运动动词包括 smile、grin、laugh、chuckle、giggle、cry、scream、sigh、sneeze、cough、breathe、frown、yawn、groan、sweat 等，虽然这类动词较多，但都属于身体内部运动的基本范畴，可见描述身体内部运动的动词词汇化具有多样性。该类动词同源宾语句如下：

（8）a. I laugh a nervous laugh.

b. He smiles a pretend smile.

c. He sneezed a glorious sneeze.

d. Tom grinned an enormous grin.

从以上讨论可以看出，能够进入同源宾语结构的非作格动词都是基本范畴动词，基本范畴是人类认知世界的最基本概念，特点是最自然、感知辨认最快、从记忆中提取最容易、使用频率最高，因为基本范畴概括性强，为动词具体化提供了必要性和可能性。运动方式和身体姿势的基本范畴动词比较贫乏，而身体内部运动的基本范畴动词比较丰富，人们认为它们都是基本运动方式，有进一步描述的必要性。

同源宾语作为浓缩宾语发挥附加语的作用，Quirk 等（1985：750）认为动词与同源宾语之间的关系等同于动词与相应状语之间的关系。Kitahara（2007）认为同源宾语发挥谓语同位语作用，如 He smiled, a nervous smile，进一步明确动词的方式，因此，在运动事件框架下，同源宾语事件表征为 $[_{Event} [_{sub\text{-}Event} Act (x)] by [_{sub\text{-}Event} Exist (y)]]$。从语义上看，该运动事件包括运动方式动词事件和动词状态事件，后者是对前者的描述，y 代表运动动词所具备的特征，是对动作的进一步细化，二者之间的修饰关系被激活，在句法上实现为简单句，即表达宏事件的简单句。但是事件之间的联系要通过词汇化实现，同源宾语作为名词短语，也要通过某种语法手段与主句联系起来，如通过介词 by 或 with 短语来修饰动词，同时获得介词宾格，通过格鉴别，如 He slept by a sound sleep，相当于 He slept soundly。介词的省略也应该基于语言经济性原则，如果能够推理主事件和次事件之间的关系，就可以省略两者之间的关联词。

尽管同源宾语具有状语的特征，但不可否认同源宾语具有论元的特征和句法地位。及物动词的常规宾语是限定词短语，能够自由被动化，同源宾语被动化不常见，但有时也可被动化、话题化、有定限制、代词化等，这些都是常规宾语的特征。举例如下：

(9) a. Marilyn Monroe's smile was smiled by Mary.（Kitahara，2007：70）被动化

　　 b. Such a crazy whooping laugh, Norma would never laugh; so there must have been someone else in the room.（许明、董成如，2014：38）话题化

　　 c. She smiled her sarcastic smile.（许明、董成如，2014：38）有定限制

　　 d. John sneezed a hearty sneeze. Bill sneezed one, too.（Kogusuri，2011：62）代词化

同源宾语仍然是非常规宾语，因为非作格动词无法像及物动词那样支配同源宾语，所以要受到更多的生成限制。有些同源宾语不符合常规宾语的特征，但并不能否定论元的句法地位，有可能是其他条件阻碍了可接受性，在恰当的语境下这些同源宾语会呈现常规宾语的特征。以下例子中，之所以例 10b 被动化不可接受是因为施事已被抑制，没有必要显性表达，当同源宾语具有类别特征时（如例 10c），就可以被动化。

（10） a. A silly smile was smiled.

　　　 b. ＊A silly smile was smiled by Sam.

　　　 c. Marilyn Monroe's smile was smiled by Mary.

同源宾语结构作为单宾结构同时具备附加语和论元的特征，也是在英语基本结构 SVO 强大的类推作用下形成的，非作格同源宾语句从典型"施事+动词+受事"语义结构中获得及物性特征，同源宾语具有一定受动性。但从力的传递看，不同于典型 SVO 中施事直接作用于受事（预设已存在的客体），施事的力量在施事自身内部进行传递，受动的对象是动作，因此，同源宾语不具备受事的典型特征，而是动作产生的结果。这就非常符合因果关系的宏事件特征，因果关系最容易把次事件组装成致使结果事件，伴随关系（concomitant），即同时发生关系是因果关系中的一种，同源宾语结构事件中，两个次事件的联接词没有词汇化，因此，运动动词与同源宾语之间关系进行重构，从属关系的宏事件就变成了因果关系的宏事件，主语具有致使性，致使的对象是动作，宾语具有结果性，形成"致使-实现"关系，完成及物化过程，同源宾语的运动活动事件就变成结果实现事件。事件表征为 [x Cause [y₁ Become Exist]] By [x verb₁]，x 通过运动方式事件致使状态事件 y 存在，y 与动词同指，运动方式动词成为创造动词（creation verb），同源宾语结构作为单宾结构同时具备附加语和论元的特征。

概括起来，非作格动词同源宾语句的生成机制是基于运动事件的结构重构，即在运动事件框架下，同源宾语发挥附加语的作用，由于动词与附加语的关系可以激活而明晰化，附加语联接词没有词汇化，形成 SVO 结构，在典型 SVO "施事+动词+受事"类推下运动事件变成实现事件，方式论元变成结果论元，但是由于同源宾语不完全具备及物动词宾语的资格，同源宾语的句法表现呈现复杂性，同源宾语结构的实现还需要借助其他语义和语用分析。

同源宾语及物化现象在英语中为标记语言结构，且并不是语言普遍现象，该类结构起源于 19 世纪，多用于正式文体当中，从修辞的角度看，生动活泼，强调了动作的静态，表达动作产生的后果，动态动词带上同源宾语才可达到表达结果的目标。任何结构都有存在的理由，同源宾语句也不例外，英语同源宾语的存在有语用目的，也被语法允许，英汉在同源宾语方面存在差异的原因在于名词和动词在各自语言中的地位，英语中名词优于动词，英语倾向于多用名词，一个句子当中只有一个动词，这样的表达简洁灵活，加上丰富的名词就能表达丰富的内容，而汉语倾向于多用动词，如连动结构，英语同源宾语翻译到汉语就采用多种句法手段，如 He smiles a pretend smile/他笑得很假，He dreamed a sweet dream/他做了一个甜甜的梦，She smiled a sweet smile/她露出甜甜的微笑。不同语言采用不同的句法手段达到交际目的，虽然汉语中一个词既可以是名词，也可以是动词，但名词不可以成为动词的同源宾语，如 " * 她笑了一个甜蜜的微笑"。

5.2.3　同源宾语结构的语义语用限制

同源宾语结构的存在有其充分的理由，同源宾语一方面作方式状语，与副词状语发挥的作用具有很大的相似之处，但同源宾语肯定在表达意义方面有其独特的地方，二者不是互为代替的关系，同源宾语是动词的具体化和多样化，修饰名词的形容词非常丰富，有些形容词没有对应的副词，如 He sits a long sit，long 就没有对应的副词。梁锦祥（1999：25）也指出："英语语法对副词修饰动词的限制要比形容词修饰名词的限制严格得多。这就缩小了用动词加副词来构成表达式的可能性。"因此，同源宾语句表达更清晰，不是动词的简单复制，而是对信息的补充完善，发挥进一步解释、强调的作用，使句子更加生动形象，Opdycke（1941）提出宾语位置的重复性观点经常要有修饰语，否则就没有重复的必要，Quirk 等（1985）提出同源宾语还能给人韵律感，还提出同源宾语是语体风格手段，认为大多数同源宾语倾向于表达相当夸大（orotund）的风格，Höche（2009）据此推理出同源宾语较多用在需要详尽描写的写作或公共演讲当中，而不是出现在非正式会话当中。

Langacker（1991：364）指出同源宾语句的成立基于两个因素，一是我们具备概念具体化的能力，二是对冗余的容忍。我们认为容忍冗余的付出必然有更多的认知效益，在 SVO 及物结构原型的类推下，同源宾语更多地要突出力自身传递的过程性或结果性，同源宾语句变成及物化结构，作为宾语就自然成为信息焦点，符合语言经济性原则，以最小的认知付出获得最大的信息量。作为标记语言结构，合格的同源宾语结构除了满足认知生成机制以外，还要受语义语用因素制约。

首先，非作格动词类型限制。只有动作性强的动词才可以进入同源宾语结构当中，因为动作性强且强调过程的动词，即活动动词才容易进行力的传递，其主语是有生命的人或物，具有一定的施事性，状态动词一定不会出现在同源宾语句中，因此，非作格运动动词最符合同源宾语结构的要求，空间运动是人类基本的活动方式，空间运动的基本范畴词汇更容易包容非常规宾语。另外，同源宾语句具有主观性，表达身体内部运动的非作格动词与主观性具有一致性，身体内部运动动词本身就包含说话人的主观感受，这也是身体内部运动同源宾语较为常见的原因之一。相比较而言，身体内部运动动词的及物性更强，因为从身体内部发出就包含力的发出，所以也称作释放动词（emission verb），如 sneeze、laugh、cry、scream，力传递产生结果宾语，因此同源宾语比起其他两类运动宾语更符合"致使–实现"构式义，也就相对多产。

其次，同源宾语修饰语限制。Höche（2009）基于英国国家语料库，对 3000 多个同源宾语句进行定量研究，研究发现，44.8% 的同源宾语有形容词修饰，34.4% 的同源宾语没有修饰语，虽然他所说的同源宾语比我们界定的要宽泛，但也可以看出，形容词修饰比较常见，V_i+a/an+adj+CO 同源宾语句最为典型。Horita（1996）认为除了诗歌或歌词，没有形容词修饰的同源宾语很少，Rice（1988）声称同源宾语句的可接受性依赖能否区分过程和过程宾语，也就是说，二者应该有区别才可接受，形容词修饰是区分二者的重要手段。当然，修饰语不仅仅局限于形容词，还有其他修饰手段。如例 11a、b 中形容词前置修饰语与例 11c 中后置名词修饰语、例 11d 中前后置修饰语形成对照。

（11）a. He smiled a sudden smile.

　　　b. She smiled a friendly smile.

　　　c. She smiled a smile of recognition.

    d. Tom sneezed every sneeze that we heard that day.

修饰语的必要性是语用需求，同源宾语不是动词的简单重复，而是提供更多的信息，是对动作的细化，否则就违背了语用原则中量的准则，同源宾语是焦点信息，没有修饰语就没有存在意义，如 * He laughs a laugh 就没有足够的信息量，不能形成语义重心，所以不可接受。修饰语是对动词的具体化，其修饰辖域只能是从属谓语，不能覆盖整个句子，指向说话人就不可接受，只能指向主语，因为句子主语和从属谓词的主语同标。举例如下：

（12）a. He sits a straight sit.

      b. He laughs a nervous laugh.

      c. She smiled a sudden smile.

      d. * Hans smiled an evident smile.

修饰语的不同类型，激活同源宾语从属事件的不同侧面，影响同源宾语的解读和句法表现，不同形容词就形成不同类型的同源宾语结构。Kogusuri（2011：56 fn）把事件依赖型同源宾语的形容词修饰语分为两类：一类是时间（temporal）形容词，如 sudden、slow、quick；另一类是属性（property）形容词，如 happy、beautiful、small、merry。根据 Iwasaki（2007：10 fn）和 Höche（2009：83）的观点，前者激活活动（activity）解读，后者促进结果（result）解读。例 13a 中同源宾语以活动的形式出现，例 13b 中同源宾语以活动结果的形式出现，前者可以理解为事件，后者可以理解为事物。

（13）a. She smiled a sudden smile.

      b. Fly smiled his missing-toothed/friendly/secret smile.

事件依赖型同源宾语可以用 how 提问，同源宾语表示事件或具体动作（instance of action），如果可以用 what sort of 提问，同源宾语表示一类动作（type of action），该类同源宾语就属于事件独立型，在动词动作之前就已经存在。分别举例如下：

（14）How did Catherine smile?

　　a. She smiled a sudden smile.

　　b. *She smiled a thin-lipped smile.

（Horita, 1996: 239）

（15）What sort of smile did Catherine smile?

　　a. *She smiled a sudden smile.

　　b. She smiled a thin-lipped smile.

（Horita, 1996: 240）

　　从以上讨论可以看出，我们研究的非作格动词同源宾语结构也分为两类：事件依赖型和事件独立型。大多数同源宾语句属于事件依赖型，但事件依赖型同源宾语和事件独立型同源宾语之间没有明确的界限，典型非作格动词的同源宾语在一定语境下具有指称性，在认知上具有独立性，非作格动词具备及物动词的特征，如 sing a song, dance a beautiful dance，因此也就具备常规宾语的特征，可以进行被动化和代名化。举例如下：

（16）a. Mary smiled Marilyn Monroe's smile.

　　b. Marilyn Monroe's smile was smiled by Mary.

　　c. Mary smiled Marilyn Monroe's smile. Nancy smiled it, too.

（Kitahara, 2006: 91）

　　文献中关于同源宾语结构的句法地位争议很大，这与该结构的边缘性有关，因为人们的认知识解没有绝对的客观标准，及物性不是一种客观存在，同源宾语结构内部及物性不同，与典型常规宾语接近，及物性就高，否则及物性就低。总之，同源宾语句的动作对象是结果事件，属于及物化现象，当结果事件过渡为事物时，及物性更强。

　　形容词修饰语能增强及物性程度。形容词修饰语是同源宾语静态化的要求，是同源宾语受事性特征的要求，即同源宾语受事呈现的状态义是由形容词所赋予的，形容词可以分为客观状态义和主观心理状态义，同源宾语从强调动作到凸显静态，从强调时间和过程的动作动词转向具有性质的名词，同时与不定冠词或物主代词一起使得动作名词具有类指性，增加同源宾语的受动性。形容词修饰语使得宾语具体化，个体性增加，符合典型及物性特征，即参与者的个体化程度。

最后，同源宾语的中心语要求。同源宾语句的宾语派生于动词，同源宾语是动作产生的事件，同源宾语在形态上跟动词相同或相似，是对动词的复制。同源宾语结构只接受同源宾语，非同源宾语不可接受。举例如下：

(17) a. *He laughed a cynical grin.

     b. *Ellen sneezed a dry cough.

（Kuno & Takami，2004：117）

同源宾语句的宾语是动作带来的结果宾语，结果性能够解释 laugh 带来的是 laugh，smile 带来的是 smile，非同源宾语虽然与动词意义相近或同义，如 laugh 和 grin，但 grin 不是 laugh 自然的结果，同理，cough 也不是 sneeze 自然的结果，只有在认知上动词的次类（subset）才可进入宾语位置，也就是动词基本范畴的下位范畴，这也就从另一个角度解释了形容词修饰语的必要性，如 sleep a sound sleep，sound sleep 是 sleep 的自然结果，是其下义词。非同源宾语结构也不是绝对不能存在，如果在认知上非同源宾语为动词的次类，也是可以接受的，但这种句子少见，我们认为，这样的句子语言加工的付出比同源宾语高，如 smiled his large，sunny grin（Kuno & Takami，2004：121），his large,sunny grin 是 smile 的具体表现，符合 smile 动作的结果。

5.3　反应宾语及物化现象

反应宾语结构最早由 Levin（1993）命名，一些不及物动词，特别是动作示意（gestures and signs）动词和说话方式（manner of speaking）动词，后面带非范畴化的宾语来表达反应或情感，与同源宾语结构一样，被称为及物化现象。反应宾语结构中的不及物动词为非作格动词，属于身体内部运动动词，我们前面讨论过非作格动词分为三类，包括运动方式动词、身体姿势动词和身体内部运动动词，能进入反应宾语结构的只有第三类非作格动词。说话方式动词和动作示意动词都蕴含了方式，在英语中非常丰富，常见的说话方式动词有 murmur、mutter、whisper、roar、scream、groan、grunt、mumble 等，动作示意动词有 nod、smile、frown、sign、laugh、weep、wink 等，反应宾语结构多产性也不高。分别举例如下：

（18）a. She mumbled her adoration.

b. He shouted welcome.

c. She roared her rage.

d. She groaned her envy.

（19）a. He blinked agreement.

b. He shrugged indifference.

c. She smiled a greeting.

d. He puffed a relief.

反应宾语是表达态度的抽象名词，所表达的态度与动词的语义和语用相融合，如 smile 与积极态度相关，与之相融合的宾语如 thank you，an approval，a greeting，appreciation 等。Martínez-Vázquez（2010，2014，2015）把反应宾语当作名物化表达行为，根据其派生地位，分为三类：惯用语名词（delocutive nouns）、具有言外之意的去动词性名词（deverbal illocutionary nouns）、断定性表达名词（predicative expressive nouns）。惯用语名词是独立话语，如 welcome、hello、thanks；去动词性名词来自施为动词，如 assent、acquiescence、encouragement、appreciation、approval；断定性表达名词有形容词的特征，为情感抽象名词，描述主语的心理状态或感觉，如 satisfaction、frustration、triumph。三类反应宾语分别举例如下：

（20）a. She smiles her thanks.（惯用语名词）

b. She smiles her approval.（去动词性名词）

c. She nodded satisfaction.（断定性表达名词）

5.3.1 反应宾语结构的研究路径

文献中关于反应宾语结构的研究相对较少，Bouso（2022）提出反应宾语结构是构式混合（constructional contamination）的一种，根据 Pijpops 和 Van de Velde（2016），构式混合用来描述两个或两个以上结构之间的关系，一种结构的使用频率影响另一种结构模式变异，之所以能够混合，是因为目标结构和影响结构之间偶然相似。反应宾语结构有多种来源，对反应宾语结构产生影响的结构包括复杂动词短语带介词短语（Complex VP with PP）、复杂名词短语带介词构式（Complex NP with PP construction）、复杂名词短语带分词结构（Complex NP with Participle constructions），解释了反应宾语的多样性。Bouso（2022：17）分别举例如下：

（21）a. Mrs. Loveday *nodded* with satisfaction. （Complex VP with PP）

　　　　　（BSNC 1880，Hardy；The Trumpet Major）

　　　b. Christie gave a sagacious *nod* of intelligence. （Complex NP with PP construction）

　　　　　（BSNC 1820，W. Scott；The Monastery）

　　　c. After a short pause of expectation，during which he looked with *smiling* interest and wonder，on his nurse，and saw that she had not forgotten Floy，Walter was brought into the room. （Complex NP with Participle constructions）

　　　　　（BSNC 1836-7，Dickens；Pickwick Papers）

根据构式语法理论，语言知识由构式组成网络，构式之间的关系包括纵向继承（vertical inheritance）关系、多义（polysemy）关系、隐喻（metaphorical）关系和整体-部分（sub-part）关系。反应宾语构式来源于多个构式，是几种构式的混合，这些构式之间的关系是横向组合关系（horizontal link），或称为整体-部分关系，构式之间在形式上或语义上存在重叠。根据 Pijpops 和 Van de Velde（2016）、Pijpops 等（2018），反应宾语构式的形成要满足两个条件：第一，作为目标结构，反应宾语结构的宾语位置有多种变异；第二，多种影响结构在语义和形式上与反应宾语相关。

反应宾语结构的混合生成缺少有力的证据，影响构式和目标构式的相似性是产生新构式的动因不明晰，既然影响构式和反应宾语构式能够发挥相似的功能，人们摈弃存在早且使用频率高的影响构式（如Mrs. Loveday nodded with satisfaction.）而采用非常规反应宾语构式（如Mrs. Loveday nodded satisfaction.）的动因就需要进一步解释，基于联想的组块（chunking）模式进行语言加工假设仍需论证。因此，我们摒弃构式研究路径，认为论元增容与动词特征密切相关，仍然从事件结构的角度探讨反应宾语结构构成的动因。

Mirto（2017）提出反应宾语发挥着谓语功能，反应宾语为名词谓语，对此 Mirto（2017：543-544）给出三个证据。首先，反应宾语不同于普通直接宾语，反应宾语受定指限定词（如 the、this、that）限制，而普通直接宾语则没有该限制；普通直接宾语单数不可数名词与零冠词共现，而反应宾语既可以是可数名词，如 nod a partial agreement，也可以是非具体不可数名词，如 nod agreement。其次，反应宾语代词修饰语的所指必须与主语所指一致，即与主语保持数、格、人称的一致性，如 *He nodded her agreement 之所以不可接受，就是因为反应宾语的所有格与主语不一致。最后，形容词和副词关联，反应宾语的形容词修饰语可以表达为相应的副词，如 Lewis shrugged a reluctant consent/Lewis reluctantly consented（to something），前句蕴含后句。

Mirto（2007，2017）认为以上这些特征是支持动词结构特征，如 She gave a smile，因此，反应宾语结构如同支持动词结构，反应宾语发挥谓语的作用，为名词谓语，支持动词结构也就是轻动词结构，传统轻动词如 have、make、give 等，反应宾语结构中的动词为轻动词，如 She *smiled* a welcome，传统轻动词是缺少描述的非实义（non-lexical）轻动词，具有概括意义，反应宾语结构中的动词是描述性实义（lexical）轻动词，除了表示轻动词共有的语法意义，还有额外意义，具有词汇描写内容。

Mirto（2007）把同源宾语句和反应宾语句当作一类，都属于轻动词结构，但是这两个结构与轻动词结构还是存在一定的差异，例如，非作格动词具有主体意愿性、力传递性、动作性，其宾语具有结果性。Aue-Apaikul（2006）把反应宾语结构与同源宾语结构一起归属到实现宾语结构之下，Kogusuri（2009）也证明了反应宾语的实现性，而传统轻动词为状态动词，不凸显主体意愿性，动作性弱，缺少对宾语的控制性，同源宾语和反应宾语并不完全排除被动化表明其具有动作性和控制性，如 A silly smile was smiled 和 Warm thanks were smiled at the audience，而轻动词结构被动化则很难接受，如 *A warm smile was given by her。因此，我们认为反应宾语结构并不等同于轻动词结构，否则就没有存在的价值，反应宾语结构应该有其独特的生成方式。

5.3.2　反应宾语及物化事件表征

非作格方式动词是如何允许实现宾语的呢？反应宾语是动词的抽象名词形式，如 agree/agreement，approve/approval，是压缩的抽象名词短语，反应宾语与同源宾语一样发挥着附加语作用，但不同于同源宾语的方式状语，反应宾语与主动词动作形成并列关系，发挥伴随状语的作用。反应宾语结构由两部分组成：动词谓语和名词谓语。在运动事件框架下，反应宾语事件结构构成为：[$_{Event}$ [$_{sub-Event}$ Act（x）with [$_{sub-Event}$ React（x）]]，同一个运动主体下两个事件分别是表示方式的动词事件和名词化的反应事件，且二者之间的伴随关系可以预测，根据语言经济性原则，概念结构向句法投射时就可以把联接词的词汇化省略，对应 V$_i$+NP，在典型 SVO 及物结构的强大类推下，产生施动的及物化结构，非作格动词获得致使性，言语事件和表达事件具有因果关系，达成事件融合（event conflation），运动事件向"致使-实现"事件过渡。

抽象反应宾语所表示的态度因动词指示的行为而显现，运动事件中方式动词的词根是 MOTION，现在及物化事件中，词根为 EXPRESS，词根与方式一起就产出不同的交际方式动词，事件表征为 [x Cause [y Become Expressed]] By [x verb]，释义为 express a reaction by V-ing（通过动作方式来表述某种情感反应）。反应宾语结构中无论是动作示意动词还是说话方式动词都是交际方式动词，从生命主体外部或内部发出信息，为力的起点，在力传递中产生情感反应，反应宾语结构的致使生成过程激活了传导隐喻（conduit metaphor），情感具体化，由表达者释放出情感，在表达者内部发生力的传递。

反应宾语和同源宾语同属于结果宾语，与同源宾语一样，反应宾语结构在英语中也不常见，比较正式，英语语法支持反应宾语结构，是其存在的前提，单一动词带抽象宾语表达丰富的内容，是一个信息量高度饱和的结构。而汉语中该类结构少见，即使存在也已经词汇化，如"吻别""跪安"，汉语中动词的使用较多，如连动句就较为常见，两个谓语动词出现在同一分句中是汉语的典型特征（Yin，2010）。英语中的抽象宾语就用汉语谓语来表示，因为这些动词具有动作特征，本身就是名物化的派生形式，汉语相对应的表达为并列谓语，如 nod approval／点头同意，She smiles her thanks／她笑着表示感谢，She nodded satisfaction／她点头表示满意。可以看出，英语、汉语都可以表达同样的交际意图，但英语比汉语简洁，英汉语系（language family）不同，采用不同的概念化方式。

5.3.3 反应宾语结构的语义语用限制

反应宾语结构通过言语或非言语表达情感或态度，可以称作交际结构（communicative constructions），反应宾语结构中非作格动词和反应宾语之间必须满足融合性条件（compatibility condition），即反应宾语表示的情感或态度必须与动词指示行为相一致。

首先，我们探讨非作格动词允准条件。能进入反应宾语结构的非作格动词分为两类：说话方式动词和动作示意动词。说话方式动词能进入反应宾语结构是很自然的事，因为说话方式动词就是用来交际的，与交际结构要求相吻合；动作示意动词就相对受到限制，这些词的交际潜能要依赖语境激发。人类交际方式有两种：语言交际和非语言交际。动作示意属于非语言交际，也可称作副语言或辅助语言。非语言交际包括多方面，主要包括有声语言之外的其他有声现象（如 laugh、sigh、cough、weep 等）、面部表情、手势、肢体动作。根据以上交际方式的划分，我们也可以把身体内部运动动词分为有声方式动词和非有声方式动词，有声方式动词被认为具有多产性，因为可以调节为多种声音来表达意义。

Levin（1993）把身体内部运动动词细化为三类：说话方式动词、非言语表达动词和眨眼类动词（见表5.1），这些动词有进入反应宾语结构的潜能。

表5.1　身体内部运动动词分类（Levin，1993；转引自 Martínez-Vázquez，2014）

说话方式动词	babble, bark, bawl, bellow, bleat, boom, bray, burble, cackle, call, carol, chant, chatter, chirp, cluck, coo, croak, croon, crow, cry, drawl, drone, gabble, gibber, groan, growl, grumble, grunt, hiss, holler, hoot, howl, jabber, lilt, lisp, moan, mumble, murmur, mutter, purr, rage, rasp, roar, rumble, scream, screech, shout, shriek, sing, snap, snarl, snuffle, splutter, squall, squeak, squeal, squawk, stammer, stutter, thunder, tisk, trill, trumpet, twitter, wail, warble, wheeze, whimper, whine, whisper, whistle, whoop, yammer, yap, yell, yelp, yodel
非言语表达动词	beam, cackle, chortle, chuckle, cough, cry, frown, gape, gasp, gawk, giggle, glare, glower, goggle, grimace, grin, groan, growl, guffaw, howl, jeer, kiss, laugh, moan, pout, scowl, sigh, simper, smile, smirk, sneeze, snicker, sniff, snigger, snivel, snore, snort, sob, titter, weep, whistle, yawn
眨眼类动词	blink（eye），clap（hands），nod（head），point（finger），shrug（shoulders），squint（eyes），wag（tail），wave（hand），wink（eye）

　　Levin（1993）所列举的动词只是有可能进入反应宾语结构当中的动词，真正能允准的并不多，作为标记结构，只有常见方式动词和隐含情感或态度的动词才可参与反应宾语结构的生成。我们认为，反应宾语结构的生成也是一个事件结构重构过程，且又涉及语用推理，语言加工时容易提取的动词才有机会进入构式当中。常见说话方式动词（如 mutter、murmur、scream、whisper）、动作示意动词（如 smile、grin、nod、blink、shrug、frown），除了发出声音，面部、眼睛、头部在非语言交际中表达情感或态度较为活跃。Martínez-Vázquez（2014）通过语料库列出参与反应宾语结构构成的方式动词，Levin（1993）列举的动词有些就没有出现在语料库中，但 Martínez-Vázquez（2014）同时指出，表5.2中的方式动词不是封闭的，在一定交际环境中可以出现其他动词。尽管 Martínez-Vázquez（2014）列举的这些动词在美国当代英语语料库（COCA）中能

进入反应宾语结构，但我们相信方式比较复杂、非常见动词出现的频率不会高。

表 5.2　英语中参与反应宾语结构构成的方式动词

（Martínez-Vázquez，2014：212）

说话方式动词	babble，bark，bawl，bellow，bleat，boom，bray，burble，chant，chatter，chirp，cluck，coo，croak，croon，crow，cry，drawl，gibber，groan，growl，grumble，grunt，hiss，holler，hoot，howl，hum，lisp，moan，mumble，murmur，mutter，purr，rage，rasp，roar，rumble，scream，screech，shout，shriek，sing，snap，snarl，squeal，stammer，stutter，thunder，trill，trumpet，wail，wheeze，whimper，whine，whisper，whistle，yap，yell，yelp，yodel，yowl
非言语表达动词	blink，bow，chortle，chuckle，clap，cough，frown，gesture，glare，grin，honk，nod，scowl，shrug，sigh，smile，snort，spit，squint，tut-tut，vomit，wag，wave，weep，whistle，wink

其次，我们探讨反应宾语的允准条件。根据 Martínez-Vázquez（2015）和 Bouso（2017），反应宾语是名物化的表达宾语（expressive object），发挥言语行为的功能，根据反应的内容分为三类。一类表达体现动词与宾语的常规关系，该宾语能够独立执行施为功能，常见的有 thanks、goodbye、welcome，常规关系就不需要太多语用推理，因此，这种"致使-实现"交际结构比较容易生成，但独立的施为名词并不多见，句子创新的地方在于施为的方式。举例如下：

（22）a. He smiled his thanks.

　　　b. He waved goodbye.

　　　c. He muttered farewell.

　　　d. He smiled a welcome.

另一类表达体现动词与宾语的非常规关系，反应宾语来自施为动词，说话人对听话人做出反应，体现说话人与听话人之间的相互关系，常见的有 approval、disapproval、praise、agree、recognition、request、reply、warning 等。反应宾语具有概括性和抽象性，与方式动词的匹配容易实现，因此该类反应宾语结构相对多产，反应宾语把动词隐含意义显现化，体现创新性和经济性。举例如下：

（23） a. She nodded approval.

b. He snorted disapproval.

c. He grinned his praise.

d. He nodded assent.

第一类和第二类反应宾语都是表达言语行为，还有一类反应宾语表达说话人在特定情境下的情感感受，揭示说话人的心理状况，如 annoyance、excitement、satisfaction、dissatisfaction、disgust、despair、gratitude、contempt、appreciation 等。由于人类具备丰富的情感，表达情感的抽象名词具有多样性，情感反应宾语与方式动词的结合可提供更多的信息，既生动形象，又遵守了语言经济性原则。举例如下：

（24） a. She muttered contempt.

b. She smiled appreciation.

c. She nodded her gratitude.

d. The clapped their pleasure.

反应宾语结构创造了一个交际环境，包括说话人和听话人，涉及语用推理，方式动词的意义与反应宾语的意义要实现语义、语用融合。如 smile，表示愉悦情感，匹配的反应宾语就可以是 thanks、appreciation、approval、encouragement、gratitude、greeting 等积极情感，如果出现消极情感，句子就不可接受，如 * She smiled disagreement。再如 nod，表示同意或致意，所以匹配的宾语包括 agreement、greeting、assent、sympathy、acknowledgement 等积极情感，消极情感也不可进入 * She nodded despair。面部表情动词 frown 与消极情感相联系，可以匹配 displeasure、unhappiness、annoyance 等。不同方式动词能够结合的反应宾语的范围有显著差距，Dyka 等 （2017：95）通过英语文学语料库研究发现，nod、smile、murmur 在搭配上最为灵活，且通俗小说中的反应宾语使用频率高于精英小说中的。

身体内部运动动词和反应宾语之间的融合性符合普遍认知规律，也与文化密切相关，肢体语言总是世界通用，有些方式动词具有地域性和文化特定性。如 nod，点头一般表示赞许、同意，在日本，点头表示在听你的话，不一定表示同意，点头表示否定的国家也很多，如阿尔巴尼亚、斯里兰卡、保加利亚、土耳其、伊朗、希腊等，因此，这些语言中的反应宾语结构与英语反应宾语结构也不同。

英语反应宾语早期出现在通俗小说和诗歌当中，Bouso（2021，2022）提出英语反应宾语发展于 18 世纪末 19 世纪初，反应宾语的多样化是英国小说不断发展的直接结果，特别是 19 世纪的英国感伤小说（sentimental novel）。这些文体对情感表达和语言创新都有很高要求，反应宾语结构能够达到这些要求，其代价是语言加工相对复杂，成为标记性语言结构，标记性结构的生成在满足句法生成的认知机制的同时，还要受语义、语用条件的限制，即在语义、语用上与人类的世界知识相融合。

5.4　致使及物化现象

本身具有致使性的词汇称作致使动词（causative verb），致使动词是一种特别的行为动词（action verb）。行为动词分为及物动词和不及物动词，及物动词是指作用于或指向某人或某物的动词，其主语是行为执行者或带来某个行为的人，其宾语是接受行为带来的影响的人或物，该类及物动词被称作致使动词，因为行为者（doer）致使或迫使某人或某物做某个行为或处于某个状态，相对而言，不及物动词只有一个行为者，没有接收者（receiver），用来描写没有指向人或物的行为。由此可见，不及物动词没有致使性。那么非作格动词的及物化是如何产生的呢？非作格动词的客体主语或行为者如何具有致使性？

致使及物化现象的生成机制假设如同其他及物化现象一样，也是解决动词增元问题，或者认为非作格动词本身既可以是不及物动词，也可以是及物动词，其后面带宾语与语法理论中的赋格和题元角色要求并不矛盾，或者采用致使轻动词等技术手段避开格鉴别条件制约，或者认为非作格动词后面带宾语是构式允准的。Simpson（1983）最早观察到不管 NP 是不是动词的论元都可以出现在宾语位置，结果 XP 对 NP 进行陈述，致使及物化结构句法公式表达为"施事主语+非作格动词+非选择宾语+次谓语 XP"，如 Mary waltzed John around and around the room/We laughed the speaker off the stage，结果次谓语 XP 对宾语进行陈述，该条规则被 Levin 和 Rappaport Hovav（1995）称为直接宾语限制（Direct Object Restriction, DOR），非作格动词具有潜在的赋格能力，因此非选择宾语从动词那里获得格，但从 XP 那里获得题元角色。还有一种句法观点是直接宾语在句法和语义上依赖于结果次谓语，该非选择性宾语既不是主动词在句法上引入，也不是主动词所表示事件的直接语义参与者，Biggs（2019）把次谓语负责允准宾语的观点称为单一结构研究路径（one structure approach）。

大多数研究把不及物动词致使化进行统一研究，但致使及物结构类型具有多样性，根据两个次事件之间关系的不同，分为两个类型：致使位移及物化结构（或使动及物化结构）和结果及物化结构。非作格动词在次谓语事件中发挥不同的作用，前者中的非作格动词可以同时对主语和宾语或只对宾语进行陈述，致果事件（caused event）对移动活动（activity）进行描写，表示宾语的位置变化，如 He jumped the horse over the fence，而后者中的只能对主语进行陈述，致果事件描写役事（causee）发生状态变化，如 Frank sneezed the tissue off the table/The joggers ran their Nikes threadbare，两类致使结构的生成机制应该有一定差异。另外，以往的研究路径，如直接宾语限制，更多的是描写，缺乏相应的解释理论，也有反例证明该概括并不完全正确，XP 不仅可以对宾语进行陈述，也可以对主语进行陈述，如 I walked the dog along the street。本书从概念语义的角度提供一个新的研究路径，来解释非作格动词致使义产生的原因。

5.4.1　使动及物化结构

我们认为非作格动词是潜在及物动词基于及物性语言类推形成性，在典型及物结构的类推下，不及物动词具有及物动词的特征，英语致使位移及物化与汉语非作格动词的致使及物化具有一致性，在运动事件框架中得到恰当的解释，两种语言致使化结构的区别在于汉语致使化结构中路径没有词汇化，而是隐含其中，英语致使化结构的路径具有选择性，路径的隐现表达不同的意义，除了少数路径可以省略外，大多数致使化结构中路径 PP 是必需的。

5.4.1.1 使动及物化事件

运动事件的必要成分包括运动主体、背景、路径，非必要成分包括方式、原因等，当运动事件出现两个运动主体时，其中一个必定是运动的伴随主体，发挥运动方式的作用。Pinker（1989：131，225-226）把典型致使非作格动词分为两类：自主运动方式运动（如 walk、gallop、trot、race、run、jump、jog）和运输工具运动动词（如 drive、fly、cycle、ferry、boat、sail）。这两类动词都可以归类到运动方式动词，较为常见的有 walk、jump、gallop、run、march、race、fly、swim、leap。举例如下：

(25) a. He jumped the horse over the fence.

b. He walked the dog in the park.

c. The general marched the soldiers to the tents.

d. He swam the horse across the river.

e. We ran the mouse through the maze.

f. John flew the plane across the Atlantic Ocean.

除此以外，还有一类可以致使化的身体姿势动词，即非位移状态动词，如 sit、stand、lean、sleep 等。举例如下：

(26) a. He used to sit me on his lap.

b. Stand the plant in the open sheltered place.

c. They sat the guests around the table.

d. She stood the vase on the table.

e. I was leaning the ladder against the wall.

f. He slept the babies on their backs.

根据 Levin 和 Rappaport Hovav（1996）对英语致使动词的描写，能够进行及物转换的动词具有外在控制性，即外在原因对事件进行控制，或动词表达外在致使事件。然而非作格动词属于内在致使的单论元动词，为什么有些非作格动词能够进行及物转换呢？ Levin 和 Rappaport Hovav（1996）发现了位移非作格动词的及物性特征，指出方向短语在及物化中发挥重要作用，方向短语的出现使得非作格动词变成非宾格动词，方向短语允许定向变化，非作格动词的施事主语就变成外在致使主语，但是汉语致使化结构就没有方向短语，有些英语致使化结构也可以省略方向短语，方向短语具有选择性，如 John jumped his horse（over the fence），可见方向短语并不是及物化的原因。我们认为英语非作格动词的致使化与汉语非作格动词的致使化是事件重构的结果。

非作格动词作为施事一元动词在运动事件中决定了事件的参与者类型，运动事件中出现两个运动主体，其中之一实现为主语，另外一个为伴随宾语，句法上实现为介宾，表现为 $NP+V_i+with+NP+PP$，或者是并列的两个简单句，如 John jumped with his horse over the fence。基于语言经济性原则，在共同运动的事件中，非作格动词激活伴随参与者，参与者的联接词不必词汇化，因此介词省略或隐含，句法上表现为 $NP_1+V_i+NP_2+PP$，在典型及物结构 $NP_1+V_t+NP_2$ 的类推下，V_i+NP_2 具有及物结构的特征，施事主语具有致使的意义，宾语发生位置变化，具有受事的意义，运动事件就变成致使事件，主语具有控制性，是事件的掌控者，是过程的激发者（instigator），宾语为被动参与者，是强制行为者（enforced actor），不能对行为进行控制，事件表达式为 [x Cause [[y Become z] by [y Act]]]，John jumped his horse over the fence 就释义为 John caused his horse move over the fence by jumping。也可以说，运动事件是由两个简单事件构成的复杂单一事件，在强势及物动词致使结构的类推下，事件之间的伴随关系变成因果关系。

5.4.1.2 致使类型与 PP 的关系

非作格致使及物化结构介词短语具有可选择性，介词短语隐现的规律是什么？两种结构有什么区别？ Tanaka 和 Minami（2008）将介词短语划分为两类，一类表示方向，一类不表示方向，方向类 PP 又分为有界（+bounded）和无界（-bounded），具体如下：

（27）［+direction］

    a. ［+bounded］to, into, across…

    b. ［-bounded］along, through, toward…

（28）［-direction］on, in, around…

有界方向 PP 表达终结事件（telic event），但是否表达终结事件与非作格动词致使化无关，非方向 PP（例 29a、b）和无界方向 PP（例 29c、d）都可以出现在非作格动词致使化结构当中。

（29）a. The mother walked her daughter in the park.

     b. John walked his dog around the park.

     c. John walked Mary towards her car.

     d. John ran his dog along the canal.

Levin（1993：31）认为非作格致使结构必须有方向 PP，即使介词短语没有显性表达也要能够理解，但通过以上讨论可以得出，介词短语作为路径词汇化类型没有限制，方向性和有界性不是致使位移及物化结构的必要条件。Davidse 和 Geyskens（1998：175）观察出内在方向 PP 不是必要的，一些结构更强调特定运动方式的发起，我们认为这些结构已偏离运动事件，更多的是表达某个活动，Tanaka 和 Minami（2008）称为操练解读（exercise interpretation）。举例如下：

（30）a. The general marched the soldiers.

     b. I walked my dog.

     c. The jockey jumped the horse.

（Tanaka & Minami, 2008：106）

当 PP 缺失，及物化表现为 V_i+NP 时，英汉致使及物化具有一致性，英语中常见的有 walk the dog, jump the horse, fly the plane, run a business, fly the national flag, run the boat，汉语中常见的有"跑滴滴""遛狗""跑货车"。非作格动词的及物性程度较高，如 We do not fly the plane, we fly people（我们不开飞机，我们载人），已经从位移事件变成

行为事件。

致使位移及物化结构表达不同的致使意义，根据 Comrie（1989）对致使类型的划分，致使分为直接致使（direct causation）和间接致使（indirect causation）。直接致使包括施事性致事（causer）和受事性役事（causee），使因事件（causing event）和致果事件（caused event）在时空上重叠，构成单一事件，对应词汇致使结构，如 break、kill。间接致使包括施事性致事和施事性役事，使因事件和致果事件在时空上分开，构成两个单一事件，对应分析型致使结构，如 cause to open，cause to die。Shibatani 和 Pardeshi（2002）在传统致使分类的基础上又提出了协同致使（sociative causation），它处于直接致使和间接致使中间，具有直接致使中时空重叠的单一事件特征，也具有间接致使中役事的施事性特征。Shibatani 和 Pardeshi（2002）把协同致使又分为三类：共同行动（joint-action）、协助（assistive）和监督（supervision）。前两类与第三类在直接性方面差别较大，前两类与直接致使接近，第三类与间接致使接近。

致使位移及物化结构属于协同致使，协同致使的三种类型都能在该结构中找到，共同行动协同致使中致事和役事做同样的行为，协助协同致使中致事和役事不是做相同的事，而是相关且致事对役事有帮助的事。分别举例如下：

（31） a. John walked Mary home last night.

b. I ran her to the fence.

（32） a. The nurse walked the patient to the geriatric ward.

b. The jockey jumped the horse over the fence.

监督协同致使不表示伴随动作，而是致事命令役事做某个活动或致事监管役事，展现出人际关系的控制性，如军官与士兵，教练与运动员，主人和动物等。根据实际情况，也不排除伴随动作。举例如下：

（33） a. The general marched the soldiers to the tents.

b. The trainer ran the athletes around the field.

c. The man walks his dog in the park every day.

d. He ran the horse in the race.

e. I trotted the horse down the track.

Davidse 和 Geyskens（1998）把使动及物化称为不及物动词的作格致使化（ergative causativization of intransitives），他们把使动结构划分得更加详细，根据三个参数，即激发行为和引发行为是否时空共现、激发者和行为者之间是否接触、激发者和行为者之间是否存在或强或弱的权力不对称，一共有六类作格致使结构：护送类、骑坐类、迫使类、致使类、竞赛类、检阅类。可以看出，护送类与骑坐类相当于共同行动协同致使，迫使类和致使类之间的区别并不清晰，只是权力强弱的区别，迫使类和致使类相当于监督协同致使或协助协同致使。

（34）a. I literally ran her to the doctor.（护送类）

b. I don't like to jump horses much at home.（骑坐类）

c. The trainer swam the horses to improve their condition.（迫使类）

d. Where could you walk the dog?（致使类）

e. to run candidates against his team in elections（竞赛类）

f. to trot Isabella into court in her wheelchair（检阅类）

非作格动词及物化结构中介词短语的隐现与协同致使类型相关，共同行动和协助协同致使不能省略介词短语，只有监督协同致使才可省略介词短语，即位移事件的路径无须词汇化，致使位移事件变成直接致使事件，隐含了役事的变化，强调的是役事的行为，而不是位移。三类致使介词短语的例句如下所示：

（35）a. # John walked Mary.

b. ?? The nurse walked the patient.

c. The general marched the soldiers.

（Tanaka & Minami, 2008：111）

以上致使类型的划分表明，对非作格动词致使及物化结构的解读依赖于语用和百科知识，根据运动事件结构，两个事件参与者是伴随关系，协同致使应该是典型解读。但当处于及物化结构中时，运动事件变成致使事件，二者之间的关系解读依赖于常识，如军官和士兵之间的必须服从的上下级关系，军官可以命令士兵行军，而自己并不参加。

同理，身体姿势动词表达自足运动，没有水平位移，在该类运动事件中，两个事件参与者都可以表达某种身体姿势，因此，二者也是伴随关系。基于语言经济性原则，伴随状语联接词省略，形成 V_i+NP 结构，在及物结构的类推下生成及物化结构，在语用推理下，两个事件参与者不再是伴随关系，而是协助或监督致使关系，致事主语使得役事宾语在某处保持某种身体姿势，方位 PP 不能省略，因为 PP 能够表现出役事的变化，产生致使的结果，尽管主语的控制性较强，但不能省略 PP 表达行为。举例如下：

(36) a. *They sat the guests.

   b. *She stood the vase.

   c. *She stood the baby.

5.4.1.3 其他使动及物化语义限制

非作格动词可以参与致使位移及物化结构，但并不是所有非作格动词都能进入该结构当中，只有控制性较强的非作格动词才可具有致使性，无论是位移运动动词，还是身体姿势动词，可以统称为变化动词，walk、run、jump、march 等控制性较强，使导致结果发生的外力事件容易理解，可以出现在致使及物化结构当中。而控制性弱的非作格动词一般不能参与致使及物化过程，如 climb、sleep 等，无目的运动动词（如 stroll、meander、wander）和自发行为非作格动词（如 laugh、smile、cough）不会产生强制义，因此都不能致使词汇化，外力不会发生作用，致事没有存在的必要，如 *The comedian laughed the audience。

运动方式动词的下义词也不能参与及物化过程，方式信息分散了信息焦点，无法突出致使性，如 roam、jog、shuffle 等，身体姿势动词同样不允许下义词进入致使结构当中，除了信息饱和以外，该类词还是内部致使的，不具有控制性，如 slouch（无精打采地坐或站），*I slouched the young man against the wall。总之，基本范畴中的运动动词可塑性较高，能够产生隐喻意义，随语境的变化而变化，及物化的灵活程度高。当然，作为标记性结构，语用知识在允准及物化结构中发挥重要作用，语言是对生活的描写和反映，要符合生活常识，如 I trotted my horse down the track，trot 表示"小跑"，是 run 的下义词，但可以特指"骑马小跑"，所以能够致使及物化。

致使及物化结构中除了动词的语义限制，事件参与者，即主语和宾语也受严格的语义限制。致使主语必须是有生命的个体，不仅是致事，还是控制宾语对象的施事，工具、自然力等无生命非施事个体不能参与致使及物化过程，如 *The trumpet call marched the soldier to the front/*The whip jumped the horse over the fence。之所以无生命非施事个体不允许出现，是因为致使主语还必须表示意愿，我们可以说 I jumped the horse over the fence，但不可以说 The horse jumped me over the fence。致使宾语作为役事不仅是受主语控制的被动参与者，也是行为的参与者，所以宾语一般也是有生命的个体，除了个别具有隐喻特征的物品，如 run the factory，run a web site，run a machine，stand the plant near the river，stand the vase in the corner。

英语使动及物化结构比汉语使动及物化结构丰富多产，汉语中只有"跑""走""遛""飞"等少量运动方式非作格动词带宾语，而英语中运动方式动词数量较多，除了与汉语一致的动词，常见的还有 jump、march、trot、swim，一些身体姿势动词（如 stand、lean、sit）也可以参与使动及物化。英汉使动及物化现象中不仅动词数量和类型存在区别，动词后的宾语类型也有很大区别。汉语使动及物化结构的宾语工具类居多，引申为驾驶某种交通工具的职业，个别被动参与的对象为"遛狗""走马观花""跑马"，其中"走马观花"的"走"也是"跑"的意思，与其他非作格动词及物化一样表示事类。英语使动及物化结构的宾语除了与汉语一致的地方，还包括对象"人"和隐喻为"人"的物品，而且后面介词短语是必需的，表示具体事件的事例。英汉使动及物化表现了语言的普遍性和差异性，及物化的实现要依赖动词和宾语之间致使关系的建立，动词和宾语之间的控制性强可以直接带宾语，如果控制性弱，只考虑语言经济性的话，语言加工就付出较多代价，因此英语可以采用介词短语达到役事变化的目的，相对应的汉语就会采用"把"字句、"让"字句，或者采用意译手段，如 I ran her to the fence/我把她赶到篱笆旁，John walked Mary home last night/约翰昨天晚上送玛丽回家。

5.4.2　结果及物化结构

结果及物化结构具有多样性，主要是运动方式和自发非作格动词参与及物化过程，典型结果结构基于及物动词词汇分解达到事件模板增容的目的，如 He wiped the table clean，表达为 [[x ACT$<_{MANNER}>$] CAUSE [BECOME [y$<STATE>$]]]或 [x CAUSE [y BECOME [y BE(z)]]]，从力的传递来看，[x ACT ON y] CAUSE [y BECOME [y BE(z)]]，y 发挥两种作用，既是主动词的受事又是 XP 的主事。我们现在要回答的问题是：非作格动词的结果及物化结构是如何产生的？非作格动词是否及物化？增容的论元发挥的作用是否与典型结果结构的增容论元一致？

5.4.2.1　结果及物化事件

从 XP 类型划分，非作格结果及物化结构分为三类：第一类是运动方式和自发非作格动词的及物化，其结果是宾语处于某种状态；第二类是自发和半自发非作格动词的及物化，其结果往往是宾语发生位移；第三类运动方式和自发非作格动词都可以参与及物化，其中显著特征为反身代词假宾语。分别举例如下：

（37）a. The joggers ran their Nikes threadbare.

　　　b. The joggers ran the pavement thin.

　　　c. He danced his feet sore.

　　　d. They danced their hearts out.

　　　e. She laughed her head off.

　　　f. The dog barked the baby awake.

（38）a. He sneezed the handkerchief off the table.

　　　b. The crowd laughed the actor off the stage.

    c. His friends laughed Bill out of town.

    d. The audience laughed the poorguy off the stage.

    e. Sleep your wrinkles away.

    f. He coughed the smoke out of his lung.

（39）a. Those teenagers laughed themselves sick.

    b. Dora shouted herself hoarse.

    c. John walked himself tired.

    d. She coughed herself sick.

    文献中研究者观察到以上不及物动词后面可以跟非范畴化 NP，活动（activity）动词扩展为完结（accomplishment）动词，但是大多数研究止于描写，很少涉及为什么不及物动词变成及物动词，论元增容或解释为构式允准，或表现为由两个单一事件组成的复杂致使事件，事件结构表现为 ［［x Do Sth. ］Cause ［y Become （at）z］］，二者都不能解释致使是如何产生的。致使涉及力的传递，Talmy（1988）的力动态模型（Force Dynamics）中，施力者（agonist）和反施力者（antagonist）相互作用，从而导致动作表征的状态变化，因此不及物动词的及物化是必要条件，Lee（1995）还证明了非作格动词后 NP 是动词的直接论元，也就是说非作格动词转变为及物动词，我们需要解决的问题是及物化的机制和限制。

    我们坚持非作格动词的基本意义，不存在一个动词既是不及物动词，又是及物动词，不及物动词所处环境激活其施事、意愿、控制等及物动词主语特征，因此产生及物化的一些标记结构，非作格动词为运动动词，在其运动事件框架中，NP + XP 发挥着方式状语的作用，用来修饰 V_i。Jackendoff（1990）认为动词后 NP 和结果谓语发挥动词附加语的作用。首先，XP 可以表示保持某种状态，Aue-Apaikul（2006）提出次结果谓语的状语强化作用，称作状语力（adverbial force），表示活动的强烈性，如 He screamed his head off（他大声尖叫），方式 head off 是 scream 的具体表现。其次，XP 表示状态变化，如位移（如 He sneezed the handkerchief off the table）、自身发生状态变化（如 John walked himself tired），表示非作格动词的伴随。非作格动词运动事件的句法表达为 $NP_1 + V_i + with + NP_2 +$

XP，即 He screamed with his head off，或者并列的简单句 NP_1+V_i+and+ NP_2+XP，即 He sneezed and the handkerchief was off the table。由于非作格动词与 NP+XP 之间具有因果关系，两个事件就容易融合为复杂致使事件，在及物动词致使句法结构 $NP_1+V_t+NP_2+XP$ 强势类推下，连接方式状语的介词省略，形成 $NP_1+V_i+NP_2+XP$，V_i 向 V_t 过渡，NP_1 具有致使特征，NP_2 就有了受事特征，同时又是次谓语的主事，发生状态变化，形成使因事件和致果事件融合的宏事件，运动事件变成结果事件。"He screamed his head off" 字面意义就是 "他的尖叫作用于他的头，使其头都掉了"，当然作为习语其比喻意义就是 "大声尖叫"。

　　非作格动词的及物化证明了 Burzio 定律：当且仅当动词能够赋宾格时才能赋外题元角色，非作格动词有外论元主语，所以能够赋予后面的 NP 宾格，非作格动词的及物化满足格鉴别式，但非作格动词并不总能对后面的 NP 赋格，只是具有赋格的潜力，否则与及物动词没有什么两样，即使是及物动词，也可以没有宾语，如 "吃了吗？" "He washed and went out" 非作格动词后面带宾语必须满足语义语用条件，去掉结果 XP 就不成立。

　　（40） a. Sam cried his eyes out.

　　　　　 b. *Sam cried his eyes.

　　Li（1995）认为动词后 NP 具有结构格，XP 存在的目的是赋予 NP 题元角色。我们认为，既然非作格动词已经及物化，就要像及物动词的结果结构一样，动词后 NP 既是主句的受事，又是次谓语的主事，具有双重身份。之所以非作格动词及物化结构不能缺少 XP，是因为只有 XP 表现 NP 的变化，才能说明非作格动词对宾语 NP 的影响，单独宾语无法推理出动词与宾语的关系，阻断了及物化。

5.4.2.2　结果及物化语义语用限制

　　事件结构重构是结果及物化的生成机制，但能否成功完成事件结构重构，生成合格的句子，还要依赖其他语义语用因素。非作格动词能够施力于其非范畴宾语，或者两个次事件的致使关系，很大程度上依赖我们的常识。

首先，我们看动词后宾语的类型。动词能够比较容易作用的包括主语的身体部分、穿着和与身体接触的 NP，以及主语的反身代词。分别举例如下：

(41) a. He walked his legs off.

b. I walked my clothes dry.

c. Joggers have run the pavement thin.

d. I screamed myself exhausted.

我们最容易控制自身或与自身密切相关的 NP，展现主语的意愿性，力量作用于自身最容易感知，所以该类结果结构比较常见，尤其是带反身代词，反身代词如果替换成代词就不成立，因为代词与主语的所指不能同标。例 42 表明，慢跑者跑步对自己产生影响，结果是自己生病了，但慢跑者对别人就很难产生影响，力量无法传递到别人，使其生病。

(42) a. Joggers often run themselves sick.

b. *Joggers often run them sick.

其次，能否产生力的传递与我们的生活经验密切相关。自发动词 laugh、sneeze、cough 等就被感知有力的传递，这种力是客观存在或心理上感知到的，我们可以说 The audience laughed the poor guy off the stage，替换成 smile 就不成立。同样，自发动词 scream、shout、cry、yell、frown 都具有力量，作用到非范畴宾语上是可以接受的，句子能否接受，或者说能否产生位移意义根据说话人的判断来决定。

最后，结果次事件的状态变化要求结果短语 XP 必须是事件谓语 (stage-level predicate)，不允许是属性谓语 (individual-level predicate)。两类谓语的划分来自 Carlson (1977)，前者表示外部动态特征，后者表示内在特征，只有事件谓语表示结果状态的变化。两类谓语举例如下：

(43) a. *He laughed himself intelligent.

b. *He ran his mother happy.

    c. *He frowned his wife moody.

    d. He laughed himself sick.

    e. The tourists ran their feet sore.

概括起来，结果及物化结构在非作格动词的事件框架之下，句子的各个成分之间要做到语义融合，符合及物化事件的整体要求，满足语用条件。例 44 中句子不可接受就是因为违反了语义语用限制，scream（尖叫）不会导致 legs off（跑断腿），He ran his legs off 就没有问题，laugh 替换 smile，就有力量"笑掉头""把小丑轰下台"，cry his eyes out 表示嚎啕痛哭，可以"把眼睛哭出来"，而不能"把眼睛跑出来"。

（44）a. *He screamed his legs off.

    b. *He smiled his head off.

    c. *They smiled the clown off the stage.

    d. *He ran his eyes out.

从以上讨论可以看出，英语结果及物化现象比较普遍，非作格动词之所以产生力的传递，形成具有致使性的复杂事件，是因为能够识解两个次事件之间的因果关系，但是该结构仍然是特殊的句式，毕竟非作格动词把力传递给宾语需要更多的语言加工。结果及物化现象在汉语中不存在，因果关系表达非常直接，不需要进行因果关系的识解和建立，因果关系的复杂事件往往表达为动补复杂谓语，即动结式复合词，如 He yelled his throat coarse/他喊哑了嗓子，或者采用表示致使结果的"把"字句、"得"字句等，如 He sneezed the handkerchief off the table/他打喷嚏把手帕吹到桌下，He danced his feet sore/他跳得脚疼。以上三类致使结果表达是汉语独特的结构，进一步印证了不同语言概念化手段不同。

5.5　本章小结

本章的研究表明，英语非作格动词的及物化现象类型多样，不仅包括与汉语及物化一致的运动事件及物化，还包括致使事件及物化，致使及物化包括同源宾语句、反应宾语句、使动句、结果句，由此可见，英语及物化结构的宾语多样化，除了运动事件中核心成分方位宾语外，非核心成分方式论元也可作宾语，英语采用多种手段保证宾语的受影响性，如采用特别的宾语（同源宾语、反应宾语等）或复杂事件形式（$NP_1+V_i+NP_2+XP$）。英语及物化现象遵守题元准则和格鉴别式，同样支持非宾格假设和 Burzio 定律，以非作格动词的事件为框架，语义向句法选择性投射，基于语言经济性原则和及物结构的强势类推，运动事件进行重构，具备了及物事件的特征，但及物性程度并不一样，这论证了及物性原型理论的正确性。非作格动词及物化生成受到严格条件制约，不仅受事件结构制约，还受到其他语义和语用条件制约，这是所有及物化结构生成的共性，不同结构的制约不同，我们无法对及物化结构做出统一解释，因为这些结构都是不同的，相同之处是非作格动词后面跟非范畴化宾语。

第六章
英汉及物化语义拓展个案研究

　　作为形式和意义的不匹配现象，英汉非作格动词的及物化结构都是标记性语言结构，其生成符合概念结构向句法结构选择性映射规律，英汉及物化结构多产性的差异与动词及其所带宾语的语义拓展有关，语义拓展潜力反映了中西认知和文化的差异。本章采取基于语料库的个案研究，英汉方式位移动词能否进入及物化结构与其义素的复杂度有关，即与动词的描述性高低有关，辅助义越多，动词描述性就越高，动词就越不容易进入构式，反之则越容易。"行走"类方式动词中"跑/走""run/walk"是最典型位移动词，辅助义最少，但其及物化存在显著区别。本章基于 BCC 汉语语料库和 COCA 英语语料库的真实语料，以"跑/run"和"走/walk"带宾语为例，探讨隐喻（metaphor）和转喻（metonymy）等认知手段在及物化中发挥的作用，从而发现典型非作格动词带宾语的语义拓展规律，研究结果也有助于对其他非作格动词的及物化能力进行预测和解释。

6.1 "跑+NP"及物化的语义拓展

　　汉语运动方式非作格动词及物化现象具有创新性和多产性，动宾关系比较丰富，及物化蕴含了隐喻、转喻、范畴化等认知机制，是汉语及物化结构丰富的重要原因。"跑"作为最基本的运动动词之一，在"行走"类动词中仅次于"走"，但"跑+NP"语义拓展类型比"走+NP"丰富，因此，我们首先探讨"跑+NP"语义拓展规律，希望为其他非作格运动动词带宾语研究提供参考。

6.1.1 "跑+NP"类型及分布

我们以"跑 n"为标准在 BCC 汉语语料库中检索（2023 年 12 月 9 日数据），共有 20270 条结果，在前 1000 条查询结果中人工排除无效动宾结构后，主要类型如下：

（1）目标

跑项目、跑业务、跑市场、跑技术、跑立项、跑资金、跑新闻、跑贷款、跑供销、跑货、跑销路、跑官要官、跑客户、跑原料、跑官位、跑待遇、跑荣誉、跑关系、跑人情、跑吃喝、跑享乐、跑手续、跑厂房、跑设备、跑订单、跑名牌、跑图章、跑量、跑钱、跑户口、跑通告、跑（博士）点、跑危难险急、跑鳏寡病残

（2）终点

跑医院、跑银行、跑企业、跑图书馆、跑印刷厂、跑派出所、跑邮局、跑市规划局、跑市政府、跑税务、跑工商、跑人才交流会、跑大学、跑设计处、跑甲方、跑业主、跑地方政府、跑亲戚、跑社团、跑法院、跑商店、跑阳台、跑厕所

（3）场所

跑新区、跑沼泽地、跑农村、跑车间、跑工地、跑田头、跑农家、跑基层、跑乡村、跑迷宫、跑劳务市场、跑茶社、跑全省、跑东跑西、跑演唱会

（4）路径

跑上坡路、跑下坡路、跑楼梯、跑冤枉路、跑高速路、跑直线、跑台阶、跑正道、跑路

（5）方式

跑单程、跑全程、跑个体、跑圈、跑行程、跑早操、跑长途、跑龙套、跑马拉松、跑三角队形、跑第二棒、跑外勤、跑单帮、跑之字形、跑技术、跑速度

（6）致使对象

跑跑车、跑船、跑黑车、跑驴、跑旱船、跑野马

可以看出，"跑+NP"的目标类型数量最多，其次是终点，在"移动主体（Figure）-移动（Motion）-路径（Path）-参照物（Ground）"位移事件的构成中，终点、场所和路径都属于参照物，共同构成处所，终点包含位移的趋势，场所是位移发生的位置，路径是特殊的场所，三者有时不容易区分，与目标形成对照，目标是抽象终点。表 6.1 中是 BCC 汉语语料库中及物化"跑 n"使用频率最高的前 10 种，其中包括目标 5 种，终点 3 种，这同样表明目标和终点 NP 在"跑+NP"中占据最高比例，目标和终点凸显的原因需要进一步探讨。

表 6.1 "跑 n"宾语类型和使用频率

单位：次

序号	跑 n	类型	频率
1	跑路	路径	1429
2	跑官	目标	997
3	跑项目	目标	433
4	跑市场	目标	307
5	跑厕所	终点	253
6	跑医院	终点	224
7	跑银行	终点	184
8	跑马拉松	方式	157
9	跑业务	目标	153
10	跑资金	目标	103

由于语料库的入库材料的时代不同，及物化具有临时性和创新性，不同语料库频率不同，BCC 汉语语料库中"跑路"使用频率最高，其次是"跑官""跑项目""跑市场"，在 CCL 汉语语料库中（2023 年 12 月 9 日数据），"跑官"（220 次）、"跑项目"（202 次）、"跑路"（165 次）、"跑江湖"（155 次）、"跑资金"（60 次）则使用频率高。频率越高，词

汇化程度越强，但总的来说，"跑+NP"仍然是结构，"跑"所带宾语具有多样性，所带宾语不固定，动词和宾语之间的非常规搭配具有开放性和变化性。

6.1.2 "跑+NP"的多义性

"跑+NP"的多产性与"跑+NP"语义拓展相关。关于"跑"的基本义（或称作原型义），普遍认同的意义为"疾行"，中文词汇网络知识库（Chinese Wordnet）定义的基本义为"两腿交互快速向前移动"，《现代汉语词典》（第7版）定义的基本义为"两只脚或四只脚迅速前进（脚可以同时腾空）"（2018：981）。在原型义的基础上通过意象图式、隐喻和转喻等认知手段语义拓展为一词多义。Lyons（1977）提出区别一词多义（polysemy）和同音同形异义词（homonymy）标准，同义词义项之间或有历史关联，或具有相关性（relatedness）。根据Lakoff和Johnson（1980），多义词的义项基本上由隐喻延伸而来，隐喻采用抽象的概念域（conceptual domain），即源域（source domain），向抽象目的域（target domain）投射，涉及两个概念域；转喻主要是指代功能，发生在同一概念域中，转喻义是指与原型义相关的意义，除了隐喻、转喻的相关性，相关关系还包括部分-整体关系、上下义关系等。"跑"的"位移-路径"意象图式中，包括位移，以及路径中的源点、途点、终点，还包括位移的方式，采用"跑"不同义项，凸显图式构成的不同方面。"跑"的意象图式即位移事件，根据事件理想化认知模式（Lakoff，1987），事件凸显的成分代替整个复杂事件。我们下面以"跑+NP"多样性表现来看"跑+NP"语义拓展规律。

1. 竞速义，以跑的方式竞速，表达体育比赛和体育运动，为"跑"的下义词，是特定的"跑"，或者称为"跑"范畴的下义范畴，如"跑马拉松""跑百米""跑第一名""跑速度""跑早操""跑第二棒"等，宾语既有方式论元，也包括结果论元。竞速义不一定都是"两脚迅速前移"，前移可以通过交通工具，如"跑单程""跑全程"，可以是人奔跑，也可以是人开车跑。竞速义最接近"跑"的基本义，没有转喻和隐喻语义拓展，所以该动宾形式可以称为常规结构。

2. 经由、通过义，"跑"事件的一部分，部分-整体的转喻意义，移动可以是通过两脚移动，也可以是通过交通工具等，如"跑楼梯""跑直线""跑高速""跑台阶"，宾语为路径论元，可以为具体空间类路径，也可以为抽象路径，"生活就是旅行"隐喻生活的各种状态，如"跑正道""跑冤枉路""跑上坡路""跑下坡路"，空间运动的"跑"延伸为"以某种方式生活"，"跑路"是一种非常特殊的生活方式，隐喻"逃跑"，为了逃避责任，选择逃跑或破产等方式。"跑冤枉路""跑上坡路""跑下坡路"等存在一定程度的歧义，不排除具体空间路径解读的可能性。

3. 终点移动义，"跑"移动事件中的一部分，强调目的地或目标处所。按照陈建萍（2018）的划分，处所分为无专属功能处所和有专属功能处所。前者如"跑阳台""跑顶楼""跑上海""跑北京""跑张家口"，后者如"跑厕所""跑银行""跑医院""跑邮局""跑派出所"。无专属功能处所又分为小泛化处所和大泛化处所，"跑阳台""跑顶楼"属于小泛化处所，是双脚移动就能到达的地方，该类处所宾语并不多见，"跑上海""跑北京""跑张家口"属于大泛化处所，大泛化处所可以是通过交通工具到达的处所，也可以转喻延伸为到这些地方办事，形成惯常用法。"跑+专属功能处所"转喻为从事特定事务，处所宾语多数属于这类处所名词，抽象化以后已经失去处所的空间意义，强调处所的功能，如"跑银行"是到银行办业务，"跑图书馆"是到图书馆借书、学习等，"跑"的快速义隐喻付出努力，"跑"的长距离持续前移隐喻为发生的高频率，也就是这些事务需要经过努力、高频率参与，需要奔波辛苦。

4. 目的实现义，"跑+目的地 NP"空间域映射过渡到"跑+目的/原因 NP"事件域映射，目的/原因是终点处所义的抽象，空间移动的结果是终点，蕴含的隐喻为"目的为终点"，"实现一个目的是到达一个终点"。"跑"隐喻为某事或因为某事忙碌奔走，"跑"是辛苦奔波的具体表现，"跑+目的 NP"结构具有多产性，如"跑项目""跑业务""跑资金""跑新闻""跑贷款"，目的 NP 多样性与时代文化语境有关，只有需要辛苦付出的事务才符合要求，另外，"跑官""跑关系""跑待遇"等搭配具有贬义，"跑"就具有投机的含义。"跑"的内驱力分为自己和他人，因此分为自目的和他目的，"跑危难险急""跑鳏寡病残"就是他目的，奔波是为了帮助困难的人和特殊人群。

5. 从事特定职业或活动义，"跑"带场所宾语隐喻辛苦工作，从事某个行业或活动，典型的是"跑江湖""跑码头""跑基层""跑工地"等，表示职业，谋生的手段或从事的工作，大多数"跑+场所NP"都是这一类。其中"跑江湖"已经习语化，"江湖"作为场所范围最广，"江湖"本义是"江河湖泊"，后延伸为"四面八方"，通过转喻衍生出"天下"，"在江湖奔波"隐喻为"费力谋生"，"跑江湖"旧时也指流浪，"四方奔走，过漂泊的生活"，从事卖艺、卖药、占卜等行业。个别"跑+场所NP"表示某种活动，如"跑迷宫""跑山"，这些活动比较具体。"跑"带方式宾语也表示为特定职业或某事而忙碌，如"跑单帮""跑龙套""跑外勤""跑长途""跑流程"，有"执行"的意思。以"跑龙套"为例，"跑龙套"已经习语化，"龙套"原指配角的戏服，"跑龙套"转喻为在戏曲中扮演随从或兵卒的角色，又隐喻为在人手下做无关紧要的事，或专做跑腿、服务性工作。"跑"带役事宾语也往往表示职业或活动，如"跑滴滴""跑旱船""跑大货"，致使交通工具移动转喻工作，"跑野马"是个特殊情况，其"比喻说话离开正题或思想不受约束，漫无边际"的用法并不常见。

"跑+NP"语义类型如表6.2所示。

表 6.2 "跑+NP"语义类型

语义类型	次类	拓展机制	示例
竞速义	方式	上下义	西湖边跑马拉松的人好多啊！
经由、通过义	具体路径	转喻	我的技术跑高速路不行。
	抽象路径	隐喻	怎样才能让老百姓少跑冤枉路呢？
终点移动义	无专属功能处所	转喻	1. 她跑阳台打电话去了。 2. 动不动你就跑了，跑北京，跑上海……
	有专属功能处所	转喻 隐喻	这些人过去因为生产不稳定，天天忙着跑银行，弄得焦头烂额。

续表

语义类型	次类	拓展机制	示例
目的实现义	自目的	隐喻	他要跑市场、跑项目、跑投资。
	他目的	隐喻	跑危难险急、跑鳏寡病残,为群众办实事,收到了很好的效果。
从事特定职业或活动义	抽象场所	转喻隐喻	他常跑基层,对科教兴农有着特殊情感。
	具体场所	转喻隐喻	基本不去单跑迷宫的,要做任务走迷宫的话也是跟着大家一路打过去。
	方式	转喻隐喻	他失了业,去踏三轮车、跑单帮。
	役事	转喻隐喻	他有一辆黑色轿车,经常出来跑黑车。

6.1.3 "跑+NP"的语义拓展规律

从以上讨论可以看出,"跑+NP"遵守认知经济性原则,表达能力达到最大化,"跑+NP"的拓展义不仅与动词的语义拓展有关,也与其宾语的语义拓展有关,采用隐喻和转喻等方式使得"跑+NP"衍生出为了达到一定目的的"处置义","竞速义—经由、通过义—终点移动义—目的实现义—从事特定职业或活动义"是一个从左向右越来越抽象的过程,即与运动事件越来越远,趋向于行为事件,最后表达行为事件,多种事件类型表达使得"跑+NP"具有多产性。

"跑"的核心义"经由""到达"部分代替整体,发挥转喻拓展功能,除此之外,"跑"的方式辅助义在语义拓展中发挥隐喻拓展功能。"快速向前"被赋予了"奔波繁忙"的隐喻义,使得"跑+NP"意义具有形象性,表达行为主体为了实现某种目标或满足某种需要而奔波,多与活动、职业有关,方式辅助义是目的和终点宾语比较丰富的原因。方式辅助义也限制了宾语选择,只有需要付出努力的事情才可以与"跑"匹配,"跑图书馆"表示学习辛苦,而"跑食堂"接受性就较弱,随着社会发展,会产生新的困难的事情,因此"跑+NP"就会不断更新,反映变迁的社会现实。另外,"跑"的"快速"辅助义扩展了与目的地之间的距离以及路径的长度和宽度。所以我们可以说"跑大路",但不可以说"*跑小路""*跑人行道""*跑独木桥""*跑钢丝""*跑小胡同","小路"等与"走"匹配则没有问题。

"跑+NP"语义拓展与其宾语的隐喻密切相关,如"跑下坡路""跑正道""跑江湖""跑龙套""跑黑车""跑野马"等,甚至"跑迷宫"也有基本义和隐喻义的歧义存在,宾语的隐喻用法增强了"跑+NP"的多产性。NP 的转喻语义拓展也使得一些目标处所具有专属功能,如"跑银行"就是办理贷款等银行相关业务。总之,"跑+NP"的语义拓展与动词有关,与宾语有关,也与整个事件有关,因此,该结构的语义拓展规律与多种认知手段有关,多种认知手段可能同时发挥作用,形成丰富的事件意义。

6.2 "走+NP"及物化的语义拓展

"走"是"行走"类动词中出现频率最高的动词,古汉语中"走"相当于"跑","走"的本义是"小跑",《说文解字》载:"走,趋也。从夭,止。夭止者,屈也。凡走之属皆从走。""趋"就是疾行、奔跑。为了区分"跑"和"走"带宾语的区别,本节我们只涉及常速位移的现代汉语"走"的使用规律。"走+NP"中的宾语主要是两个音节及以上的 NP,也包括具有组合意义的"走"带单音节 NP,如"走心",如果"走+NP"语义完全不透明,不具有一定组合意义,即完全词汇化或习语化,就不在我们研究的范围之内,如"走私""走光""走运""走眼""走神"。

6.2.1 "走+NP"类型及分布

我们以"走 n"为标准在 BCC 汉语语料库中检索(2023 年 12 月 9 日数据),共有 55970 条结果,比"跑 n"的出现频率高出 1 倍多。在前 1000 条查询结果中人工排除无效动宾结构后,其类型与"走 n"基本一致,但多产性有一定区别,相对于"跑 n"中目标和终点论元类型较多的现象，"走 n"只有少量目标论元类型，路径论元最多，其次是场所和方式论元。

(7) 目标

走歌、走课、走量、走百病

(8) 场所（包括经过点）

走基层、走亲戚、走迷宫、走四方、走雪山、走天下、走场子、走红毯、走西口、走天涯、走心、走边门、走后门、走街串户、走村串乡、走台

(9) 路径

走人行横道，走楼梯，走演艺道路，走精兵之路，走特色经营道路，走科技与经济紧密结合的路子，走直线，走石子路，走正道，走淑女路线，走司法路线，走暴力路线，走泥路，走悲剧路线，走星光大道，走小路，走平价路线，走斑马线，走文艺路线，走农业产业化之路，走社会主义道路，走绝路，走绿色、生态、文化的可持续发展之路，走农村包围城市的道路，走股份制道路，走群众路线，走老路，走资本主义道路，走高速公路，走和平发展道路，走质量兴业之路，走邪道，走海路，走内涵发展道路，走林荫道

(10) 方式

走温情风、走商务、走猫步、走黑市、走队列、走正步、走国际范、走国际交流、走流程、走保险、走海派、走桃花、走秧歌步、走版税、走关系、走市场、走代理制

(11) 致使对象

走棋、走笔、走货

表 6.3 中是 BCC 汉语语料库中所有及物化"走 n"使用频率最高的前 10 种，其中 6 种属于路径论元，4 种属于场所论元，我们需要解释路径论元占比高的原因。

表 6.3 "走 n" 宾语类型和使用频率

单位：次

序号	走 n	类型	频率
1	走社会主义道路	路径	1324
2	走群众路线	路径	1311
3	走江湖	场所	653
4	走和平道路	路径	536
5	走资本主义道路	路径	514
6	走天涯	场所	471
7	走科技发展道路	路径	439
8	走楼梯	路径	437
9	走天下	场所	431
10	走村	场所	303

6.2.2 "走+NP" 的多义性

"走" 的基本义在《现代汉语词典》（第 7 版）中被界定为 "人或鸟兽的脚交互向前移动"（2018：1746），中文词汇网络知识库定义的基本义为 "以两腿交互向前移动，双脚不同时离开地面"。"走" 和 "跑" 之间的区别就在于位移的速度，速度差异造成了 "走+NP" 和 "跑+NP" 语义拓展的主要区别。

1. 经由、通过义。同 "跑" 一样，"走" 也具备 "经由、通过义"，而且最为显著，路径分为具体路径和抽象路径，前者如 "走人行横道" "走楼梯" "走直线" "走石子路" "走山路" "走旱路" "走水路"，路径代替整个位移事件，有些具体路径也会隐喻变异，如 "走独木桥"，隐喻经过危险的地方，该类路径已经从定指转变为无指，同样的还如 "走钢丝" "走下坡路" "走上坡路" "走回头路" "走老路" "走绝路" 等。抽象路径如 "走社会主义道路" "走群众路线" "走和平发展道路" "走正道" "走冤枉路" "走学术道路"，展现了 "旅程" 隐喻，生活中的 "走" 才是常态，因此相对于 "跑"，"走" 表达的生活方式、社会制度非常丰富，物理意义上 "经由、通过义" 转喻为 "采取某种模式"。"走后门"中"走"也是途径义,"后门"可以是具体的经过点,也可以隐喻"非正当的渠道","走后门"比喻不是通过正当途径,而是通过内部关系达到某种目的,同"走捷径"具有相似的隐喻意义。"走心""走脑"也是经过心和脑,分别表示"用心"和"动脑","心"和"脑"从具体到抽象,隐喻思考功能。

2. 从事特定活动义。根据所带场所宾语类型,场所从具体到抽象渐变,具体空间场所如"走迷宫""走雪山""走村串乡""走台""走红毯",空间运动隐喻为一种场所中开展的活动;空间场所开始抽象化,如"走西口""走四方""走天下""走江湖""走天涯""走九州",隐喻为"闯荡"式的生活,"走穴"原隐喻为艺人来回游走、身无定所地演出,现在又扩展为演员为了捞外快而私自参加演出;"走基层""走亲戚""走娘家""走东串西"表示更抽象的活动,比喻走向场所去亲近所在场所的对象,具有"拜访"义。"走"带方式宾语也从空间域隐喻到事件认知域,表示采取某种形式,执行某个活动,如"走手续""走流程""走关系"表示"经过特定形式";"走温情风""走商务""走猫步"表示"呈现某种模式"。

3. 目的实现义。"走"的动作从容性使"走+NP"缺少行为动机,所以带目标宾语现象非常少,用得较多的只有"走量",没有终点论元。这与"跑+NP"目的性形成鲜明对比,"跑"蕴含事件终点,为有界事件,而"走"则不蕴含事件终点,为起始事件。

4. 致使义。"跑"后面带役事宾语蕴含致使义,但其致使义一般转喻为从事某种职业或活动,如"跑滴滴","走"后面带役事宾语同样表示"致使"行为,役事宾语同样具有隐喻位移特征,但致使义具体表现为"操作"义,如"走笔""走棋""走船",当然,"走船"也可以延伸为职业。致使义还可以表现为"经营"义,如"走货"表示运输货物,"走单"表示出售物品。由此可见,"走"的致使义更加丰富,与"run"的致使义有很大相同之处。

"走+NP"语义类型如表6.4所示。

表 6.4 "走+NP" 语义类型

语义类型	次类	拓展机制	示例
经由、通过义	具体路径	转喻 隐喻	1. 她不坐电梯而走楼梯。 2. 要走阳关道，不走独木桥。
	抽象路径	隐喻	只有走群众路线，服务群众，才能办好学校。
	经过点	隐喻	今后不请客、不送礼、不走后门、不搞特殊。
	身体域（脏器）	隐喻	他有时候说话不走脑子。
从事特定活动义	具体活动	隐喻 转喻	组委会都要花大量精力邀请大牌国际明星走红毯。
	生活	隐喻 转喻	莎士比亚自己走江湖，上舞台，倒也未曾失去了尊严，而反留下若干的不朽之作。
	拜访	隐喻 转喻	新春走基层。
	执行	隐喻	项目改造要走流程。
	呈现	隐喻	报销要走流程。
目的实现义	实现	隐喻	批发就靠走量，菜贵菜贱影响不大。
致使义	操作	隐喻	心中有数，成竹在胸，走笔自然得心应手。
	经营	隐喻	他们的物流团队非常高效，能够快速走货。

6.2.3 "走+NP" 的语义拓展规律

"走+NP" 具有及物化结构的共性特征，"走" 对其宾语产生一定的影响，整个结构表示位移要达到一定目的，同 "跑+NP" 一样拥有处置义，但由于 "走" 为无界动词，并不蕴含终点，终点移动义不存在，只有少量目的义。"走" 作为起始动词，凸显的是过程，也就是路径，所以路径宾语具有多样性和多产性，从具体延伸到抽象，具有 "采纳" 或 "践行" 的隐喻意思，中国特色的 "道路隐喻" 非常多，如 "走中国道路"。网络用语"走心""走脑"中,"走"的及物化程度进一步加强为"使用"。

"走"由于有从容性,就没有辛苦奔波义,而是表示与"走"相关的活动,当表示某种生活时,由于目的性不强,往往表示闯荡,并不强调奔波义,走向群体则有悠闲的意味,"走亲访友"是为了亲戚朋友之间交流感情。"跑基层"和"走基层"不同,前者强调速度,目的是解决群众的困难,后者则蕴含沉稳,目的是了解群众的困难,增进与群众的感情,所以经常在节日期间出来一档走基层的节目,如"新春走基层"。

"走+NP"和"跑+NP"还有一个重要区别,"走+方式NP"表示"采取某种形式或呈现某种趋势或状态","走"的"人或鸟兽的脚交互向前移动"的基本义加上与之匹配的辅助修饰义,隐喻为"采纳"或"呈现"某种方式,如"走国际范",这与"走"和"跑"的速度差别有关,"走"相对于"跑"而言呈现的是静态。

"走"与我们日常生活息息相关,所以"走"的结构非常丰富,既可以带名词,还可以带形容词,如"走红","走"带单音节词的词汇化程度高,无论词汇还是结构,我们认为都与"走"的基本义相关,通过隐喻或转喻实现语义拓展,词汇越简单、越常用,语义拓展的机会越大。"走+NP"与"跑+NP"一样表示事类,代表一个行为模式,所以在语言类推下能够随着社会发展进行语义扩张,并且具有文化附着性,"走+NP"不断出现新的用法,例如近年来才出现的"走线",表示为避开通过正式途径进入他国而采取的非正规手段。

"走+NP"和"跑+NP"的区别首先与动词的运动速度有关,"跑"隐喻奔波、辛苦,而"走"隐喻悠闲,呈现某种状态。其次与动词的有界性有关,"走"运动事件蕴含无界,因此所带宾语大多是路径论元,而"跑"运动事件蕴含有界,因此所带宾语主要为目标、终点论元。总之,动词与所带宾语必须语义融合。

6.3 "run+NP"及物化的语义拓展

结合美国当代英语语料库(COCA)(2024年1月26日数据)、在线牛津学习者词典（Oxford Learner's Dictionaries）和剑桥词典（Cambridge Dictionary），我们发现"run+NP"的语义拓展与汉语"跑+NP"有巨大差异，尤其凸显致使隐喻语义拓展，run 的致使意义表现出多样性。

6.3.1 "run+NP" 自移运动事件

我们首先看 run 后跟的方式、终点、场所宾语等的语义拓展。从 COCA 语料库中 run 和 NP 搭配检索看，按照频率，前 20 位中及物化现象只有 run the/a risk（s），run errand（s），run marathon（s），run the/a/this race，其中 run the/a risk（s）频率最高，出现频率在 1000 次以上，其次是 run errand（s），出现频率在 600 次以上，再次是 run marathon（s），出现频率在 400 次以上，再次是 run the/a/this race，出现频率近 300 次。文献中经常讨论的 run the red light（闯红灯）出现频率为 41 次，run the rapids（过激流，过激滩）出现频率为 6 次，run the street（在街道上跑，流浪街头）只出现 3 次，run aid（援助）也只出现 3 次。由此可见，"run+NP"并不具有多样性和多产性特征，但仍然是基于位移事件的语义拓展，主要宾语类型如下：

（12）方式

　　run marathon，run the race

（13）场所（包括经过点）

　　run the street，run the rapids，run the red light，run the blockage

（14）目的

　　run errand，run the risk，run aid

同汉语的及物化一样，run marathon（s），run the/a/ this race 是 run 的竞速义，最接近 run 的基本义"move fast on foot"，可以说没有隐喻或转喻的语义拓展是 run 范畴的下义范畴。另外就是 run 的特定活动义，run the red light，run the rapids 和 run the street 由空间位移转喻为特定活动，其中 run the red light 和 run the blockage 转喻其所在位置，以点带面或以线带面。run the rapids 中 run 的快速义隐喻"搏斗，征服"；run the red light 中 run 的快速义隐喻"鲁莽"，与汉语"闯红灯"一样，run the blockage 与 run the red light 相似，表示"闯封锁线"；run the street 中 run 的快速义隐喻从一个地方快速到另一个地方，表示"流浪"。run 的目的实现义中，目的论元是终点的隐喻，run the risk 字面意义"跑向危险"隐喻为"冒险"。run errand 中，errand（差事，差使）作为"跑"的目的是位移终点的抽象隐喻。同样，run aid 中，aid（帮助）作为"跑"的目的是位移终点的抽象隐喻，"跑"快速移动隐喻救援的紧张性。

概括来看，"run+NP"语义拓展相对要少，非常规宾语不常见，run 的路径无法凸显，所以经由义就不存在，少数目的义也表明路径义激活非常困难。因此，我们可以假设，"跑/run"的路径义存在差异，"跑"有"快速向前跑"的意思，而 run 只表示"两脚快速移动"，这也是"跑/run+NP"多产性差异的原因之一。run 不能跟终点宾语也表明不同于"跑"的有界性，run 是无界活动动词。"跑/run"的快速义隐喻不同，"跑"的快速义隐喻奔波辛苦，而 run 的快速义拓展幅度不大，远远没有"跑"的辛苦义那么抽象，而是快速义的具体化。

6.3.2 "run+NP"致使位移事件

run 带役事论元宾语，不同于汉语少量的转喻为职业或活动的"跑+役事宾语"，"run+NP"主要集中于致使义，而所带的役事论元宾语具有多产性和多样性，run 因为所带宾语的不同，产生多种语义拓展方向。"run+NP"的致使结构分为两种，一种直接带单宾语的简单句，一种为复杂致使结构，根据其所带宾语的不同，致使义分为不同的类型，宾语虽然不同，但它们的共性是：NP 不仅可以是具有"跑"运动特征的生命体，也可以是具有生命隐喻意义的无生命体。

致使义也可以说是施事发挥关键作用，大致分为 5 类。第一，"in charge of"（经营，管理），COCA 中出现频率最高的致使及物化结构是 run business（1103 次），该类型中常见的再如：run the company, run a hotel, run a restaurant, run a website, run the ads, run one's life；第二，"control"（统治、管理），常见的有 run the country, run the world, run Europe；第三，"organize"（举办，组织，开办），如 run a language school, run summer courses, run the program, run the show, run an organization, run a campaign，run a meeting，run a video study；第四，"operate"（操作），如 run the engine，run the machine，run the car，run the tape，run the test，run economy，run experiment，run the check；第五，"to cause （an animal）to move quickly or rapidly"［让（动物）快速移动］，如 run the horse，run the dog。汉语致使及物化结构中也有"跑+动物"，虽然都有让动物跑的意思，如"run the horse/跑马"都表示"骑马奔跑"，可特指赛马，但汉语具有文化附着性，"跑马"可以指"在奔跑的马上表演的杂技"，同样"跑驴"是一种身系布制驴子，表演骑驴串亲的舞蹈，"跑马""跑野马"凸显马的不受拘束的特征，如"满嘴跑马"，这种隐喻用法在英语中不存在。

在"run+NP+adv./prep."的复杂致使结构中，adv./prep.往往是不能省略的，只有当施事能够完全控制受事宾语时才具有可选择性，如 He ran the horse（in the race），复杂致使结构中的 run 除了本义，既可以通过隐喻进行语义拓展，如 We run water to the town，也可以通过上下义关系进行语义拓展，如 run 的上义 MOVE 或 run 的下义 DRIVE 或其他交通方式。举例如下：

（15）a. She ran her fingers nervously through her hair.

b. She ran her finger along/down the page/list，looking for her name.

（16）a. I ran her to the doctor.

b. Would you mind running me to the shops?

c. He ran the car into the garage.

从以上讨论可以看出，英汉及物化存在显著差异，基于 run 的隐喻和转喻等认知手段，自移事件的及物化不具有多产性，而致使及物化则相对丰富，致使性抽象为多种类别，词典中把这类用法当作及物动词。我们认为，这些及物用法仍然基于 run 的基本义，是"move fast on foot"的语义拓展，并不储存在心理词库当中，也就是说这些用法并不需要专门学习，出现在特定的语言环境当中时就通过认知产生新意义。

6.4 "walk+NP" 及物化的语义拓展

美国当代英语语料库（COCA）检索发现（2024 年 1 月 26 日数据），与 "run+NP" 比较，"walk+NP" 的出现频率低，walk the street(s) 出现频率最高，其次是 walk the dog(s)，二者出现频率都只有 500 次左右。NP 的类型如下，相对多产的是场所和路径宾语，与 "走+NP" 一致，但远远不具备 "走+NP" 的多产性。

(17) *场所*

walk the street，walk the earth，walk the block

(18) *路径*

walk the line，walk the path，walk the route，walk the Appalachian Tail，walk the border

(19) *方式*

walk the tightrope，walk the walk

(20) *致使对象*

walk the dog，walk the horse

从以上例子可以看出，大多数 walk 及物化现象采用的是其基本义，即 to move or go somewhere by putting one foot in front of the other on the ground，but without running，虽然 "walk+NP" 也有一定的征服义，但主要还是表达空间位移事件，这也是不具有多产性的原因。"walk+NP" 也有一定程度的语义拓展，如 walk the tightrope，同汉语 "走钢丝" 的隐喻意义一样表示 "处于危险当中，如履薄冰"；walk the line 基本义是 "沿着线走"，隐喻意义为 "遵守规则或法律，不越界"；walk the street 基本义是 "在街上走"，还引申表示 "站街，当妓女"；walk the border 基本义是 "沿着边境走"，转喻为 "在边境巡逻"。还有一个出现频率较高的同源宾语句是 walk the walk，其基本义为 "走路"，引申义表示 to act in a way that shows people you are really good at what you do，and not just good at talking about it，翻译成 "说到做到，言行一致"，与 talk the talk 形成对照，如：Don't talk the talk unless you can walk the walk！（除非你能说到做到，否则就不要说！）

run 的致使义非常丰富，后面带的役事宾语具有多产性，而 walk 的役事宾语要少得多，"走"可以有致使义"操作"和"经营"，"walk"则没有致使的抽象用法，除了受控制强的宾语，如 walk the dog，其他宾语要出现在"walk+NP+adv./prep."的复杂致使结构当中，宾语是生命体，或隐喻为生命体，具有能够移动的特征。举例如下：

（21） a. He always walked her home.

b. They walk their dogs every day.

c. She walked the horse（around the ring）.

d. We walked our bikes up the hill.

e. He walked the bookcase to the other end of the room.

f. I hope I haven't walked you off your feet.

概括起来，"run/walk+NP"不具有多产性除语言类型学原因之外，另一个很重要的原因是动词和宾语的语义拓展不足。"run+NP"致使义相对丰富与 run 的隐喻拓展有关，语义拓展的差别反映了中西认知和文化的差异。

6.5 本章小结

本章探讨了最常见位移动词"跑/走"和"run/walk"及物化现象语义拓展的规律。研究发现不仅英汉及物化之间存在差别，同一种语言中两个位移动词也存在显著区别，我们认为及物化结构生成机制是相同的，产生多产性和多样性的不同是基于基本义的语义拓展，语义拓展不仅与动词有关，也与动词后的宾语有关。隐喻、转喻等认知语义拓展反映了语言变异，是语言发展活力的表现。

第七章
及物性转换的共性与个性

　　及物性是语言结构的中心问题，及物性涉及谓词所能选择的论元数，即及物性如何句法实现，是形式语言学、认知语言学、功能语言学等各语言流派都关注的核心问题。及物性转换（transitivity alternation）也是跨语言普遍现象，谓语经历了及物性转换，谓语的论元数量发生变化，及物性转换包括及物化和去及物化两种类型，前者为论元增容过程，后者为论元减容过程。我们前面已经对及物化进行了详细论述，并对及物化结构的生成机制进行了探讨，本章将及物化现象放置在及物性转换这一更大范围当中，尝试对及物性转换进行统一分析，找出不同语言中该类现象的共性和个性，不仅能使及物化现象的特征更加明晰，而且有助于揭示及物性系统规律，最终进一步了解语言的本质。

　　及物性转换实现的具体形式不同，及物性转换表现在多种结构当中，如去及物化表现为被动转换（passive alternation）、去致使转换（decausative alternation）、及物/作格转换（transitive/ergative alternation），Givón（2001：97-98）列举了世界上各种语言去及物化的 7 种手段：反身化（reflexive）、相互代词化（reciprocal）、中动态（middle voice）、形容词结果补语手段（adjectival resultative）、被动化（passive）、逆被动化（antipassive）、倒装化（inverse）。本章探讨非作格不及物动词带宾语的及物化现象和及物动词的中动（middles）去及物化现象，二者代表及物性转换的两个方向，前者为典型不及物动词带宾语，而后者则是典型及物动词不带宾语，我们希望研究结果对研究其他及物性转换有启发作用。及物性转换是对传统语法的挑战，我们要解决的具体问题是：及物性转换的动因是什么？动词增元和减元要满足什么条件？及物性转换差异的语言类型学原因是什么？

7.1 及物性转换的表现

非作格动词带宾语结构和中动结构最能体现论元实现的灵活性，Perlmutter 和 Postal（1984）指出，非宾格动词只有宾语论元，非作格动词只有主语论元，非宾格动词的一个次类既可以作及物动词，也可以作不及物动词，即可以及物/作格转换或致使/起始转换，如 The artillery sank two ships/ Two ships sank。及物/作格转换与及物/中动转换有显著区别，前者较为普遍、多产，作格结构的主语具有主动性，因此其不及物动词带宾语已经是常规结构，后者如 I read this book/ This book reads well，中动结构的生成受限更多，不具备多产性，其主语不具有主动性的特征，因此为非常规结构。非作格动词及物化结构和中动去及物化结构都属于边缘语言问题，对特殊语言现象的解释更有助于探讨语言规律，这是我们选择非作格动词及物化和中动去及物化的另一个重要原因。

7.1.1 英汉及物化现象共性

非作格动词带宾语作为及物化现象其本质属于非选择性宾语实现问题，该类宾语称为非常规宾语、代体宾语（邢福义，1991），或旁格宾语（孙天琦，2009），其语义角色不受动词的支配，非选择宾语论元实现不符合投射规则，形成句法-语义错配现象。英语、汉语中都存在及物化现象，但并不完全相同，二者之间存在共性与个性，英汉及物化的共性表现在以下几个方面。

第一，非作格动词带宾语结构中动词的受限性。非作格动词的必要义素包括意愿、自主和控制，非作格动词包括自主动词、动物发声的自主和意愿动词（动物发声动词）和一定程度上非自愿或部分自愿的身体功能动词（部分控制动词）。汉语自主动词如"工作、学习、爬、跳、玩、笑、哭"，动物发声动词如"瞄、汪"，部分控制动词如"睡、咳嗽、打喷嚏"。除此之外，刘探宙（2009）认为非作格动词还包括相互动词（如结婚、恋爱、和解）和经历动词（如感冒、病）。双音节动词语义自足，没有宾语位置，能进入及物化的单音节动词只有自主动词和部分控制动词，数量非常有限，及物化结构必定是主语具有意愿性、自主性和控制性，力从主语传递到宾语而对宾语产生影响，如"飞太空""跑出租"。

英语非作格动词非常丰富，Perlmutter（1978：162）把非作格动词分为两类。第一类描述意愿行为，如 work、play、speak、talk、smile、grin、frown、grimace、think、meditate、cogitate、daydream、skate、ski、swim、hunt、bicycle、walk、skip（voluntary）、jog、quarrel、fight、wrestle、box、agree、disagree、knock、bang、hammer、pray、weep、cry、kneel、bow、curtsey、genuflect、cheat、lie（tell a falsehood）、study、whistle（voluntary）、laugh、dance、crawl、walk 等，该类中还包括说话方式动词，如 whisper、shout、mumble、grumble、growl、bellow、blurt out 等，以及描述动物发出声音的动词，如 bark、neigh、whinny、quack、roar（voluntary）、chirp、oink、meow 等。第二类描述不自觉的身体功能动词，如 cough、sneeze、hiccough、belch、burp、vomit、defecate、urinate、sleep、cry、weep 等。

同汉语及物化一样，只有具有一定致使性的英语非作格动词才能进入及物化结构，致使性可以是物理意义或者心理意义上的变化。非作格动词 work、play、think、quarrel、agree、meditate 等没有及物化能力，因为不能对其宾语产生影响。英语运动方式动词非常多，但只有方式简单的基本运动动词才可以参与及物化过程，形成与汉语一样的 V_i+NP 结构，如 run the red light, walk the dog, jump the horse, fly the plane, 因为方式和结果是互补关系，动词只能词汇化其中之一（Rappaport Hovav & Levin 2010），动词蕴含丰富的方式就无法凸显结果义，结果义无法激活就难以与结果宾语相融合。不同于汉语及物化的简单句，非作格动词也可以参与特殊的及物化过程，形成同源宾语结构、反应宾语结构、致使结构，运动方式动词、说话方式动词、常见身体功能动词都可以进入及物化结构当中，但不管什么样的非作格动词，都必须属于常见基本范畴动词，只有基本范畴动词才容易被调用，产生灵活用法。

　　第二，非作格动词及物化结构的语义变异。及物化结构不同于典型及物结构，及物性较低，一般不能被动化，如：*医院被跑，*科技发展大路被走，*The dog was walked，*A welcome was smiled by her。作为标记性结构，及物化结构的意义并不严格遵守逻辑语义学中的组合原则（the compositionality principle）或者弗雷格原则（Frege principle）。根据组合原则，一个表达式的意义是构成成分意义和句法组合的函项，或者说表达式的意义不仅取决于构成成分的意义，还取决于构成成分句法运算的意义，句法和语义之间是对应关系（Janssen，1983；Partee，1984），生成语法坚持组合原则。句法-语义错配现象缺少意义可预测性，英汉及物化的共性表现为非作格动词都添加了处置义，尤其是致使类及物化最为显著。汉语及物化结构不仅表示运动事件，还表示行为事件，如"跑图书馆"，其意义不仅包括到图书馆这个事件，还隐含到图书馆学习的辛苦，运动事件已经向行为事件过渡，从事例过渡到事类。事类是动作行为的方式和类别，非常规宾语是谓语的特征，具有非现实性和惯常性，惯常性使得及物化事件成为一个行为模式，非作格动词带宾语事件是非作格动词运动事件的一个次类，或者说非作格动词运动事件与非作格动词带宾语事件之间是上下义关系。非作格动词带宾语的运动事件的组成成分宾语都是表示事类，如"走高速""走基层""跑项目""逛商场"，是"走""跑""逛"运动事件的具体表现形式或下义事件。

　　英语及物化 V$_i$+NP 简单句（包括运动方式动词带宾语、同源宾语句和反应宾语句）主要是运动事件，但也有行为事件的意义，从运动事件向行为事件或实现事件过渡，同样具有一定事类意义，也是一种行为模式，是非作格动词运动事件的一类具体事件，如运动方式动词带宾语 fly the Atlantic Ocean 中途点宾语是对动词的修饰，表示 fly 的一种，带其他宾语也是下义事件，如 walk the Appalachian Tail，walk the tightrope 等。同源宾语句 He laughed a nervous laugh 中 a nervous laugh 不仅有 laugh 运动方式意义，也有 laugh 产生的结果，He laughed a nervous laugh 是 He laughed 的下义事件，同理，反应宾语句 He nodded his agreement 中 his agreement 也是对 nod 的修饰，nod his agreement 是 nod 事件的一类。

　　英汉致使类及物化结构 V$_i$+NP 也从致使位移事件变成行为事类。汉语致使及物化表示特定行为事件，如"遛狗""跑马"，进一步隐喻为职业，如"跑滴滴""跑大货"。英语致使及物化表示的行为事件更为丰富，除了与汉语一致的 walk the dog，run the horse，还包括操作、经营等行为事件，如 run the company，run a campaign，run the machine 等，也是类指事件，抽象为某种职业或行为。

第三，非作格动词及物化结构的创新性。任何语言结构都有其存在的理由，非常规语言现象打破传统语法制约是为了产生创新用法，一个新的结构的产生往往是为了满足语言交际的需要，高效鲜活的语言交际一方面要符合语言经济性原则，另一方面要反映社会发展的需要。及物化结构具有临时性，随着使用频率的增加，动词与宾语之间的规约性越来越强，及物化结构接受性也越来越强，从临时使用到正式文体中使用，临时使用词语还有可能固化为习语，如"跑江湖""走钢丝""跑龙套"。及物化结构是开放的，宾语种类多样化，通过隐喻或转喻进行语义拓展，并在类推下不断有新的及物化结构出现，如"走心""走肾""走线"。再如致使类及物化结构为描写新事物而产生，并且通过高频率使用稳定下来，变得多产，如从"遛狗""遛猫"到"遛娃"，从 walk the dog（遛狗）到 walk the patient to some place（陪护病人到某处）。汉语及物化结构来源于口语和非正式文体，慢慢地有些被正式文体采用，而英语同源宾语结构和反应宾语结构最初就来自正式文体，前者用一个动词加上多样的形容词能够表达丰富的意义，强调静态，宾语是动词的具体化，如 He slept a sound sleep，后者用一个动词带抽象宾语表达丰富的意义，抽象宾语是动词意义的显性化，有助于表达丰富的感情，如 She muttered contempt。

7.1.2 英汉及物化现象个性

英汉及物化现象也存在一定差异，不同语言表现出不同的个性，具体表现在及物化结构的多产性和多样性等方面。汉语运动方式动词带宾语最具有多产性，虽然单音节运动方式动词数量有限，但运动方式动词抽象化后，能容纳多种 NP 进入其宾语位置，因此所带宾语具有多样性，运动方式动词和其宾语的隐喻或转喻语义拓展增强了及物化结构的多产性，以"跑+NP"和"走+NP"最为显著。身体姿势动词带宾语也有一定的多产性，控制性和意愿性较低，但身体姿势动词与运动方式动词一样反映我们在世界上最基本的体验，所以该类及物化结构也很常见。以"蹲"为例，"蹲监狱""蹲厕所""蹲点"中的宾语是场所宾语，"蹲点"进一步引申为"到基层单位参加实际工作，进行调查研究"；"蹲演唱会票""蹲黄牛票""蹲反馈""蹲直播"中"蹲"从身体姿势引申为耐心等待，还有渴望、艰辛之义。由此可见，如同"跑"一样，多义性的非作格动词容易与多种宾语匹配。汉语单音节自发动词非常少，学界探讨较多的是"哭"和"笑"，自发动词意愿性较低，及物化相对较少，只有强调主语的主动性和控制性时，才可带宾语，如"哭长城""笑可笑之人"，要想产生力的传递影响宾语，往往要采用结果复合动词，如"哭倒了长城""哭红了眼睛"，相应的英语表达为复杂致使结构，如 The audience laughed the actor off the stage。

英语自移运动事件的运动方式动词带宾语不具有多产性，尽管英语运动方式动词非常丰富，及物化频率较高，walk 和 run 与"走""跑"比起来后面能带的宾语非常有限，自足运动事件的身体姿势动词和自发动词都不能带宾语，如 *sit the office, *laugh the audience，但是，英语及物化的结构具有多样性，包括汉语中不存在的其他及物化的方式。

第一，同源宾语句有一定的多产性，不仅与动词的多样性有关，也与形容词修饰语的多样性有关，因为同源宾语是对动词的具体化，对比运动方式动词和身体姿势动词，最需要具体化的是抽象的身体内部运动动词，也是非言语表情类动词，这些动词有表达多种情感的可能性，所以同源宾语中非言语表情类动词较多，多产性较高。Kim 和 Lim（2012）提到，文献中提到最多的能够带同源宾语的动词有 live、sigh、dance、dream、smile、sing、laugh、grin，我们把已经成为及物动词的 live、dance、dream、sing 排除在外，sigh、smile、laugh、grin 都属于非言语表情类动词。以 smile 为例，其宾语可以是 a sweet smile, a pretend smile, a sarcastic smile, a nervous smile, Marilyn Monroe's smile, a beautiful smile, a wicked smile, a silly smile, an unkind smile, the smile of reassurance, a cold polite smile 等。可见，smile 能表达的情感含义丰富多彩，同源宾语结构将这些含义明确具体化。

第二，反应宾语结构也有一定的多产性，用来表达对某事物的反应或态度，表达类非作格动词和表达的态度都具有多样性。态度是抽象的，能表达态度的非作格动词有两类：说话方式动词和动作示意动词（或肢体语言）。常见说话方式动词如 shout、mutter、murmur、scream、roar、whisper，动作示意动词如 smile、grin、nod、blink、shrug、frown、wave，表达的态度如 approval、disapproval、assent、admiration、adoration、disgust、thanks、welcome、annoyance 等，动词与态度之间的匹配符合人的认知，态度是动词的产物，由于动词拓展意义的多面性，一个动词可以对应多种态度，一种态度也可以由多种动词来表达。以 nod 为例，可带的宾语有 agreement、appreciation、acknowledgement、affirmative、acquiescence、approbation、approval、assent、farewell、friendship、greeting、intelligence、invitation、recognition、understanding、sympathy 等。以 assent 为例，与之匹配的动词有 smile、nod、murmur 等。

第三，英语、汉语都有致使及物化结构。汉语致使及物化现象不多，且只能是运动方式动词带宾语，实现为简单句 V_i+NP，NP 为动物或能够移动的交通工具，如"遛狗""跑大货车"。英语致使及物化现象表现为结构的多样性，不仅有运动方式动词带宾语的 V_i+NP 简单句，如 walk the dog，run the company，还有 V_i+NP+XP 复杂致使句。复杂致使句包括使动及物化结构和结果及物化结构两种类型，前者表示致使 NP 发生位置变化，如 He jumped the horse over the fence/ She stood the vase on the table，后者表现为多样性，致使对象 NP 发生变化而产生结果，分别为处于某种状态和发生位移，如 She laughed her head off/ He sneezed the handkerchief off the table，另外，致使对象还可以实现为反身代词假宾语，如 John walked himself tired。

7.1.3 英汉去及物化现象共性

去及物化是指及物动词转变成不及物动词的过程，文献中去及物化现象的表现形式多样，关于及物化现象的界定存在一定的争议，我们探讨的对象为中动结构，中动结构为典型去及物化结构，也是边缘标记性语言结构，与及物化现象形成平行对等、互补关系。中动处于主动和被动之间，兼具主动和被动的特征，如 The car drives easily/这辆车开起来很容易，及物性转换是其广为接受的特征，在中动构成过程中，及物动词去及物化后称为中动动词，中动动词配价减元，受事论元成为主语，施事论元为隐含论元，中动主语既有施事的特征，又有受事的特征。除了及物性转换、隐含论元、非施事主语等特征以外，英汉中动结构的共性还表现在多个方面。

语义上，泛指性（genericity）被认为是中动结构的定义特征，受时体限制，不能与过去时和进行体相结合，不能表达特定时间的事件，用一般现在时来陈述一般认为是真理的命题，是习惯句的一种。泛指性与情态性（modality）相连，情态性也是中动结构的定义特征，情态释义主要表现为情态动词 can，还可以是 might、should、will 等，情态意义可以隐含表达，有时也可显性表达。Davidse 和 Heyvaert（2007）把情态释义扩展到"让予"（letting）情态，中动结构描写为让予中动结构。中动结构的泛指性还推导出非事件性（non-eventness），非事件性要求中动结构通常是一般现在时态，中动结构不能表示特定事件，而是表示中动主语的属性（disposition）特征。中动结构的语义特征体现在以下例子中，中动结构是对主语属性的描写，受时体限制。举例如下：

（1）a. The book sells easily.

　　b. *The book sold well yesterday.

（2）a. The novel translates easily.

　　b. The novel can't translate.

（3）a. 这辆车开起来很顺。

　　b. 这辆车不能开。

中动动词选择限制。中动动词由及物动词转变为不及物动词，但并不是所有及物动词都可以去及物化参与中动构成，中动动词要受到选择限制。Roberts（1987）、Fellbaum 和 Zribi-Hertz（1989）提出中动动词是影响动词（affecting verb），主语为受影响论元，其内在品质被动词动作或过程修改；由于 read、translate、ship 等非影响中动动词的存在，Tenny

（1987）修改了影响限制条件，能够带直接宾语界定事件的动词就是影响动词，但并不是所有界定事件的动词都可以是中动动词，如 destroy；Rapoport（1993）提出中动动词不是影响动词，而是变化动词（changing verb），变化动词使得其宾语发生状态变化；Fagan（1992）提出动词的体特征决定合格中动动词关键条件，只有及物活动动词（activity verb）和完结动词（accomplishment verb）才是潜在的中动动词。关于中动动词选择限制的不同观点表明中动动词的复杂性，典型中动动词的影响性不可否认，完结动词是典型中动动词，之所以有些活动动词可以参与中动构成是因为对主语带来变化，变化既可以是物理变化，也可以是心理变化，因此高秀雪（2016）修正了中动动词的影响限制，认为能够带来物理或心理变化的完结动词和活动动词都是合格的中动动词。典型中动句如下：

（4）a. This oven cleans easily.（完结动词）

b. The book reads well.（活动动词）

（5）a. 这个作文写起来很容易。（活动动词）

b. 房子建造起来不容易。（完结动词）

中动主语的非施事论元多样性。中动动词选择的灵活性也决定了中动主语的多样性，典型中动结构主语为中动动词的直接论元，包括受事论元、客体论元和感事（experiencer）论元，非典型中动结构主语为间接论元，包括工具论元、材料论元、方式论元、处所论元等附加语论元，中动主语并不是严格意义上的受影响论元，是状态变化论元，具有属性特征，例如：

（6）a. This bread digests easily.（受事）

b. The book reads easily.（客体）

c. They frustrate easily.（感事）

d. His music dances well.（方式）

（7）a. 啤酒喝起来很凉爽。（受事）

b. 这本书读起来很吃力。（客体）

c. 这个语法规则掌握起来不容易。（感事）

d. 这把刀切起肉来很顺手。（工具）

7.1.4 英汉去及物化现象个性

英汉中动结构的差异性首先表现在中动结构的形式方面。英语典型中动结构存在附加语效应，附加语效应是指中动结构中动词必须有附加语修饰，方式修饰语如 easily、well、smoothly 等。有一些中动结构没有附加语也可以接受，附加语由其他方法来代替，如否定、情态动词、强调助动词 do、重读等。举例如下：

（8）a. Bureaucrats bribe easily.（方式修饰语）

    b. The book sells well.（方式修饰语）

    c. The book doesn't sell.（否定）

    d. The floor might wax.（情态动词）

    e. These cars do drive.（强调助动词 do）

    f. Bureaucrats BRIBE.（重读）

汉语中动结构多种多样，有对应英语典型中动结构的"NP+V-起来+XP"结构，还有对应英语非典型中动结构的"NP+情态动词+VP"结构和"得"／"不"字结构，"NP+V-起来+XP"结构的 XP 并不是状语，最常见的实现为 AP，XP 也可实现为 PP、VP 或 S。三类中动结构分别举例如下：

（9）a. This car fixes easily.

    b. 这辆车修理起来很容易。

（10）a. The floor might wax.

    b. 这种地板可以打蜡。

（11）a. The meat doesn't cut.

    b. 这种肉切不得。

英汉中动结构差异性还表现在多产性方面。英语中动结构为标记性语言结构，相对于被动句，中动结构数量非常少。Poutsma（1926）、Hatcher（1943）、Erades（1950）指出中动结构在广告和产品促销中使用，Fellbaum（1985）和 Yoshimura（1998）进一步证实了这个事实，Hatcher（1943）也指出中动结构是一个普通的广告策略。由于中动结构数量稀少，关于其语法范畴地位存在不同观点。Lekakou（2002，2005）认为中动结构寄生于非作格结构或被动结构，并不是独立的句法结构；Hale 和 Keyser（1987）则认为中动结构隶属于非宾格语法范畴。汉语中动结构是受事主语结构的一种，没有被动标记的受事主语结构是汉语基本结构之一。Chao（1968）指出，50%的主谓语句都是非施事主语结构，其中受事主语句占据很大比例。Tao 和 Thompson（1994）提出现代汉语会话中频率最高的单一论元句"X+V"结构占据所有句子的61%，其中施事类占58%，而受事主语句占42%。

还表现在英汉中动结构生成的受限程度不同。只有生成受限性较低的才可多产，汉语中动结构的生成要比英语中动结构自由得多。高秀雪（2016）总结了英汉中动结构的限制条件。首先，中动动词的选择限制。英汉中动事件内涵不同，英语中动结构强调主语的状态变化，中动动词具有致使性、持续性和变化性特征，完结动词和隐含状态变化的活动动词参与中动构成，而汉语中动结构更注重过程，并不强调状态变化的结果，因此没有隐含状态变化的活动动词可以参与中动构成，英语泛化中动动词不能进入中动结构，而汉语中动结构则可以接受，甚至状态动词也可以进入汉语中动结构。举例如下：

(12) a. *This tool uses well.

　　 a'. 这个工具用起来很方便。

　　 b. *This job does easily.

　　 b'. 这份工作做起来很容易。

　　 c. *The text understands easily.

　　 c'. 这篇课文理解起来容易。

其次，中动主语的选择限制。英汉中动主语都有属性特征，但英语中动主语是内在属性，发挥责任者的作用，而汉语中动主语不一定是内在属性，有可能是被说话人赋予的临时性特征，所以汉语中动主语实现的灵活性更大。如 this book 具有"卖得好"的内在属性，没有"买得好"的内在属性，所以形成 sell 和 buy 中动构成的区别。而汉语中动结构则没有语法区别（见例 13）。汉语中动主语实现的灵活性还表现在题元角色的多样性，英语中动结构常见的附加语论元是工具，而汉语附加语论元多种多样，包括工具、材料、处所、来源、方式和目的等，如例 14 所示。

(13) a. This book sells well.

　　a'. 这本书卖起来容易。

　　b. *This book buys well.

　　b'. 这本书买起来容易。

(14) a. 这张床睡起来很舒服。

　　a'. *This bed sleeps well.

　　b. 食堂吃起来很方便。

　　b'. *The dinning hall eats conveniently.

　　再次，附加语选择限制。英语中动结构的状语是副词短语，受非意愿性副词的限制，副词不能指向隐含施事，且大多数副词是促进类副词，阻挡类消极副词很少出现，这与英语中动句的语体风格有关，英语中动句大多用于广告中，常见附加语有表示速度的 fast、quickly，表示价值的 well，表示难易度的 easily 等，意愿性副词不能出现，如 diligently、carefully、expertly、deliberately 等（Dixon，1991）。汉语中动结构的状语是形容词短语，AP 是说话人对主语实体的临时性评价，相对多样和复杂，不受非意愿性副词的限制，可以对隐含施事进行描述。举例如下：

(15) a. *The problem solves with difficulty.

　　b. *The problem solves carefully.

　　c. 这个问题解决起来很难。

　　d. 这件衣服穿起来苗条。

最后，语用条件限制。英汉中动结构都要受语用原则制约，但英语中动结构受语用因素制约性要高于汉语中动结构，英语中动结构具有语境依赖性，即中动结构是否合格受语境因素制约，语境因素能够改变中动结构的接受程度，只要在一定语境中激活中动主语的属性特征就可以接受。Rosta（1995：130）提出："只要有足够的想象天赋，就可以为任何中动结构找到可能的语境。"英语中动结构要符合 Grice（1975）指出的量的准则和 Horn（1984）提出的关系准则等语用原则，附加语、情态动词、否定或强调都要满足语用条件。Fellbaum 和 Zribi-Hertz（1989）认为中动结构的修饰语是语用需求，而不是句法需求。汉语中动结构中语用原则发挥的作用要小，AP 的存在是语法规则的要求，汉语动词后置修饰语不能省略，如"*这辆车开起来"无论什么语境也不能增加其合格性。由此可见，汉语中动结构的语法化程度高，而英语中动结构的语法化程度低，是临时句子，具有可替代性。

7.2　及物性转换机制

及物化结构和去及物化结构的标记性实现了句子语义的创新性，及物性转换是为了更好地满足特定的交际需求，但英汉及物化和去及物化各自内部的句法表现形式存在差异性，表达的概念意义也具有多样性，概念意义选择性向句法结构投射的背后机制是需要探讨的问题。及物性结构和去及物性结构作为标记性结构其认知复杂度高于非标记性结构，语言使用者付出认知努力必然为了更多的交际收获，同时，语言结构的灵活性也不是不受限制的，标记性语言结构也必须符合认知原则和语法规则。及物性转换采用各种策略达到及物化和去及物化的目的，动词配价能否增元或减元取决于动词及物性特征的激活或抑制。

7.2.1　及物化事件结构制约

形式-意义对应问题即论元连接或论元实现问题，及物性转换属于句法-语义错配现象，生成语法中次范畴理论下的题元角色无法对该现象进行很好的解释。我们已经指出，题元角色不是合适的句法-语义界面，构式也是讨论较多的句法-语义界面，但构式的解释力太强，且如果构式作为心理词库会增加大脑负担，构式为何违反组合原则需要解释。我们认为基于谓词的事件结构是更好的句法-语义界面，事件结构语义丰富，编码语言有区别性意义，事件参与者与句法之间具有匹配关系，论元实现在很大程度上从事件结构得到预测。动词决定事件结构的参与者，动词的事件结构储存在心理词库当中，基于认知经济性，一个动词不存在既是及物动词，又是不及物动词的情况，及物动词和不及物动词在一定条件下转换，及物性转换在事件结构框架下完成，及物化事件和去及物化事件都符合人的一般认知规律，能够达到对句法语义的匹配进行解释的目的。

　　典型及物性事件中施事是小句的主语，施事具有致使性、主动性、控制性和有生性等典型特征，事件的受事是小句的直接宾语，典型动词具有致使性，致使性涉及力的传递问题。及物性转换也是致使性转换，及物性转换与动词及物性高低有关，及物化必然表现为动词及物性相对较高，事件的一个参与者影响另外一个参与者，而去及物化则表现为动词及物性降低，其宾语位置空缺，及物性事件的施事隐含，受事参与者成为主语。

　　及物化基于非作格动词运动事件，及物化即致使化，致使者通过致使力作用于被使者/役事，导致被使者产生一定的致使结果，词库中非作格动词的唯一论元为主语主事论元，不同于非宾格动词，非作格动词有带宾语的潜力，所以非作格动词后面可以带临时宾语，但并非所有非作格动词都可以及物化，非作格主事主语变成施事主语就要激活动词的致使性。

　　文献中致使的实现方式有多种，从句法形态来分，最常见的有分析型（analytic causative）、形态型（morphological causative）和词汇型（lexical causative）。词汇型致使动词为及物性高的及物动词，如 break、kill，Comrie（1989）定义词汇型致使为：用谓语动词来表达致使，致使事件和结果事件都融合在这个谓语当中，整个致使情景由这一个词来表达。汉语中词汇型致使动词并不多，主要为复合型（compound），如"打碎""杀死"，非复合型（non-compound）如多音节词"缓和"和单音节词"红""涨",致使动词表达了状态变化,单音节动词往往要依赖语法因素(如体标记)表达状态变化,如"我擦了玻璃"。非作格动词作为不及物动词不具备致使性,必须满足一定条件才可以及物化或致使化。

事件融合是及物化的必要条件,非作格运动动词的及物化基于运动事件的重构过程,及物事件重构中实现非作格动词带宾语的潜力。汉语非作格动词的运动事件包括必要成分和非必要成分,必要成分构成基本事件,容易融合表达为单一事件,如运动事件的背景实现为终点、场所、目的。由于非作格动词路径的激活,基于语言经济性原则,就形成 V_i+NP,又在 V_i+NP 的类推下具备了及物性,动词对其宾语有了操控能力,宾语发生物理或心理上的变化,如"走小路"表示小路被征服,发生位置的变化,再如"跑项目"表示项目从无到有的可能发生的变化,该类及物化相对多产。非必要成分与基本成分融合成单一宏事件相对困难,运动动词的方式等非必要成分不容易激活,宾语与动词的联接词省略就困难,但也不是不可能,在典型及物结构的类推下形成及物化结构,如"走猫步""飞特技"。当宾语为生命体或隐喻生命体时,致使性增强,如"遛狗""跑空车"。概括起来,及物化事件中施事主语作为致使者把力传递给宾语,受事宾语成为役事,致使结果往往是隐性的,役事的变化需要通过推理而明晰化。根据词汇分解法,及物化事件表达为 [x CAUSE [BECOME [y<*CHANGED*>]]],根据 Jackendoff(1990)提出的事件结构的处所分析法,致使结构的施事划分为致使者和动作者,其事件结构分为两层:一是主题层,表示事件参与者的空间移动,表达事件运动和处所方面的语义信息;二是行为层,表示事件参与者之间力的传递,表达动作者(actor)和受事(patient)之间的施受影响关系。相比词汇分解法,处所表达法更清楚地表达了力的传递,及物化事件的处所表达如下:

$$
\begin{bmatrix}
\text{CAUSE} \ ([NP_1], [_{Event} \text{INCH} \ ([_{State} \text{BE} \ ([NP_2], \\
\text{AT}([_{Property}]))])]) \text{BY}[_{Event} \text{MOVE}([NP_1])] \\
\text{Event AFF}([NP_1], [NP_2])
\end{bmatrix}
$$

英语及物化致使结构类型多样化，除了同汉语一致的词汇化，还有同源宾语结构、反应宾语结构、分析型致使结构，这些及物化现象同样基于运动事件的重构过程，次事件都是运动事件的方式修饰事件，运动动词隐含的方式特征被激活，方式联接词没有词汇化，在典型及物结构和致使结构的类推下形成及物化结构。同源宾语结构和反应宾语结构不同于其他 V_i+NP 及物化结构，其他及物化结构的宾语具有一定受事性，是已存在的实体，而同源宾语和反应宾语是动词运动的产物，力在施事自身内部传递，其事件意义为 NP_1 致使 NP_2 存在，表现为 ［x CAUSE ［BECOME ［y<*EXISTED*>］］］，如 She smiled a sudden smile/She smiled a greeting。

英语分析型致使结构又分为使动及物化结构和结果及物化结构，当 NP_2 的变化难以预测时，就必须通过 PP 使致使结果明确，事件表达为 ［x CAUSE ［［y BECOME z］］］，如 He jumped the horse over the fence。典型致使结果结构中动词为及物动词，如 He wiped the table clean，该事件结构由两个次事件组成，即 "He wiped the table" 和 "The table was clean"，两个事件之间具有因果关系，融合为宏事件，在非作格动词的运动事件中，如 The crowd laughed the actor off the stage，次事件 "The crowd laughed" 和 "The actor off the stage" 之间是修饰关系（后者伴随前者）或并列关系，二者之间的联接词省略，在典型致使结果结构的类推下实现及物化，二者之间的因果关系也使得结果及物化结构合格，满足力的传递要求，其事件结构为 ［［x DO STH］ CAUSE ［y BECOME （AT） z］］。

概括起来，及物化是致使义产生的过程，致使义的产生是事件重构的结果，事件重构的过程如下：非作格动词的运动事件为宏事件，因为主事件内部动词路径义被激活或主事件和次事件之间关系明确，基于语言经济性原则，宏事件向句法投射时关联词缺失，在形式上成为及物结构，在典型及物结构的类推下，产生力的传递，从运动事件向致使事件过渡。致使义的产生是及物化的必要条件，致使义使得动词的及物性增强，动词后面带宾语成为可能。

7.2.2 去及物化事件结构制约

中动结构具有非事件性，典型中动动词为完结动词，但其失去带宾语的能力，去及物化过程是及物动词状态化的过程，及物性受到抑制，我们认为中动构成符合认知规律，仍然在事件结构框架下得到解释。及物化结构主语和中动主语都有致使者特征，前者也有施事性，而后者同时也是受事，及物化结构符合典型致使结构的特征，致使者和施事具有一致性，而中动结构不符合典型致使结构的特征，受事一般具有役事特征，我们需要解释为什么受事可以作致使者，即句法语义之间的错配原因。

事件角色和语法位置的关系与力的传递密切相关，如 Croft（1991）提出的致使链和 Langacker（1991）提出的行为链中力的单向传递模型，Talmy 的双向传递模型更有说服力。根据 Talmy（1988）提出的"施力-动态"（force-dynamic）模型，两个实体之间的动力相互作用，这两个实体分别为施力者（agonist）和反施力者（antagonist），致使分为不同类型，包括"使""让""阻碍""帮助"等，"让"表示施力者允许某一行为发生，而"使"表示施力者导致一个行为。Jackendoff（1990）采用分解法对概念元进行了形式化，致使关系在主题层主要分成四个功能项：CAUSE、HELP、ENABLE 和 LET。在行为层，影响功能项 AFF 又分为 AFF^+、AFF^-、AFF^0，分别表示致使者和致使对象处于一致关系、致使者和致使对象处于对立关系和致使者没有影响致使对象，CAUSE、HELP、ENABLE 的致使者必须是有意愿的力的释放者，而 LET 表示施力者本身并没有释放力。

LET 与中动事件的意义匹配，中动事件是虚拟事件，是对主语潜在能力的报告，不同于典型致使结构，在行为层，中动结构的受事成为施力者作用于隐含施事，隐含施事成为反施力者。中动事件表征如下：

$$
\begin{bmatrix}
\text{LET} ([Y], [_{\text{Event}} \text{INCH} ([_{\text{State}} \text{B} ([Y], \\
\text{At} ([\text{Property}])))])]) \\
\text{State AFF}^0 ([Y], [])
\end{bmatrix}
$$

中动事件的类型为状态事件，Y 为施力者，X 为反施力者，[ ] 代表隐含施事 X，在行为层 Y 作用于 X，在主题层，Y 为致使者，发挥责任者的作用，如 The car drives easily 中，X（sb.）drive 能否成功取决于 the car 的属性。逻辑施事在句法上不实现，中动主语虽然逻辑上为受事，但可以是施力者，施力者就有施事的特征，因此，中动主语同时拥有致使者、施事和受事等语义角色，一对多的句法语义关系使得中动结构同时具有主动语态和被动语态的特点。Rosta（1995）把中动主语称为主施力者（archagonist），认为主施力者是主要责任参与者，是最大力的参与者，具有致使、激发和保持事件的能力。Rosta（2008）提出主语语义限制：主语参与者的施事性不能比另外一个参与者的施事性少。既然最具有施事性的事件参与者一般实现为主语，中动主语的施事性就高于逻辑施事。

现在我们需要解决的问题是：为什么受事能成为施力者，而施事成为反施力者呢？为什么及物动词后面没有宾语？中动构成过程就是去及物化过程，也是及物事件到不及物事件的重构过程，其过程即及物事件中施事降格，受事参与者凸显的过程，施事隐含或降格导致中动动词的及物性变弱，受事凸显，成为主施力者，从说话人主观性角度，逻辑宾语成为谈论或描写的对象，力的传递终结于谓词，符合不及物结构的特征，活动或完成事件变成了状态事件。不同于及物化的致使者，中动结构的致使者缺少意愿性，作为主施力者表示具备有助于施事动作行为的能力，中动动词蕴含情态意义，中动事件具有非事件性，表示状态。中动结构处于致使范畴中的边缘部分，因为事件中凸显的参与者才可句法实现，施力者前景化为主语，而反施力者就背景化，受到抑制，逻辑施事论元在中动结构中并不重要，为任指论元，Fagan（1988）提出，任指论元为饱和论元，并不投射到句法。

虽然中动结构和作格结构都有起始变化特征，但二者存在很大差异，作格结构为反致使化，强调动作的自发变化过程，如 The door opened。中动结构的致使来自主语，中动结构的主语致使者角色容纳多种角色，除了受事，还可以是客体、附加语论元等非受事论元，如 The novel reads easily/The music dances well，而作格结构的主语只能是受事，如 The boot sank。英语中动结构的附加语一方面突出了中动主语的属性，帮助实现谓词的让予功能，另一方面进一步弱化了动词的动作性。徐盛桓（2002）认为状语同谓语动词之间语义数量特征的不相容性销蚀了动词的动作性，使句子弱化为对状态的表述。Givón（1994）指出评价性意义副词也能表达情态，往往使得现实句转化为非现实句。

汉语中动结构去及物化构成同样受允许致使事件结构的制约，中动结构不是报告发生的事件，而是把某个属性归结为中动主语，如"这辆车开起来很快"表示"这辆车具备能开得很快的特征"，中动标记"-起来""-上去""-着"表示去及物化词缀的显性化，这就使得中动动词状态化，失去赋宾格的能力，凸显受事主语的属性特征，注重过程和状态的持续。因此，中动动词的选择限制相对宽泛，活动动词在汉语中动结构中可以接受。

概括起来，去及物化抑制了施事，凸显了受事，使受事成为主施力者，发挥责任者作用，基于典型不及物动词的类推重构，从及物结构向不及物结构过渡，句子是对责任者的属性描写，去及物化事件是致使事件的一种，符合对事件的认知规律，中动主语发挥弱致使者作用。除了致使事件中力传递对去及物化的解释，附加语、情态动词、否定等也有助于降低动词的动作性，致使事件必然蕴含结果，这也就解释了中动动词蕴含变化结果的活动动词和完结动词的选择限制。典型及物动词都有宾语论元减容的可能，只要逻辑主语受到抑制，逻辑宾语处于具有致使意义的主语位置，致使事件具有结果状态性。

中动结构反映了去及物化现象的共性，去及物化就要降低主语的施事性，与及物化相反，去及物化是逻辑主语去致使化过程，受事主语在致使中发挥致因（cause）的作用，及物动词动性降低，去及物化事件状态化或泛指化，从而达到语义自足，降低施事性的方法多样，方法之一是主语位置让渡给逻辑宾语，凸显主语的特征，且没有被动标记或非意念被动句，主语具有弱致使性。

7.2.3　语义和语用制约条件

基于动词语义分解的事件结构能够解释句法-语义错配现象，事件结构在论元实现中发挥关键作用，事件结构向句法结构进行选择性投射，但影响句法结构的不仅仅是事件结构，而是内容更为丰富的概念结构，事件结构是概念结构的图式部分，除此之外，概念结构还包括语义、语用因素等。Jackendoff（2007）指出概念结构是与句法有关的语义结构，概念结构除了包括基于语言本身的事件结构以外，还包括普遍概念信息、百科知识和语用信息。Haiman（1980）、Langacker（1987）、Taylor（1995）等也指出语言知识和语言外知识之间没有清晰的界限。因此，综合句法–语义界面条件制约是生成合格句子的普遍规律，基于动词的事件结构制约更多属于语法因素制约，在生成句子中发挥主导作用，其他成分同样制约着句子生成的可接受程度。

根据物性结构（qualia structure）理论（Pustejovsky，1995），成分之间要具有共组性，共组性要求成分之间语义融合，语义融合是所有语言结构都必须遵守的原则，及物化和去及物化现象作为非常规现象更要遵守该原则，因为作为临时构建的句子更需要利用语义、语用和世界知识等进行认知推理，以保证成分之间关系的合理性，陌生化能产生新意，但说话人和听话人要能够建立最佳关联（Sperber & Wilson，1986）。以fly 为例，后面带宾语可以是 fly the plane，也可以是 fly the Pacific Ocean，甚至可以是 fly the people，只要能够激活动词和宾语的关系就可以接受。再如中动结构 *The door kicks easily，不可以接受，因为 the door 没有容易踢的属性，主语和动词之间不融合，如果变成 The door kicks open easily 就可以接受，根据我们的常识，the door 当然有容易踢开的属性，虽然该属性不是 the door 的固有属性。

及物化和去及物化结构作为非常规结构往往是为了满足临时语用需要，语用表达是结构变异的重要动因，及物性转换也是临时结构，随着临时结构使用频率的增加，及物性转换的非常规关系已经向常规关系发展，但仍然处于边缘结构位置，多产性和语域都受到限制。汉语及物化现象就是为了描写不断涌现的社会新现象，英语同源宾语句常用在正式文体和演讲中，突出生动形象，反应宾语用在小说当中突出感情的表达，去及物化英语中动结构较多见于广告当中，突出产品的属性。非常规结构的创造性使用是为了更多的交际信息的表达，语言表达是节约型还是丰富型基于需求，节约型汉语及物化结构通过隐喻或转喻等认知手段的语义拓展途径达到 1+1>2 的目的，丰富型英语同源宾语和反应宾语的形容词修饰语和中动结构的附加语都是为了具有信息性。Goldberg 和 Ackerman（2001）提出附加语必须出现是受语用原则制约，附加语是句子具有成功焦点的手段之一，没有新信息性或缺少成功的焦点就会使得句子不符合合适条件（felicity condition），附加语独立于事件结构和论元结构，如 This book reads *easily*/Pat laughed *a hearty*/*quiet laugh*。

及物化和去及物化都遵守经济性原则，求简求省是认知的取向，以最小的认知努力来取得最大的认知效果，及物化中联接词的省略和去及物化中逻辑主语的隐含都是因为具有可推理性，然后在典型及物结构和不及物结构的类推下重构，在不增加动词多样性的基础上产生新的结构。

总之，语用原则是普遍原则，任何语言现象都遵守，只是及物性转换对语用原则的依赖程度更高，语用原则在判断及物化和去及物化可接受性方面发挥的作用更大，语境和世界知识的不同可能导致判断结果的不同，语言和语言使用者都对非常规现象有一定的容忍度，语法和语用共同作用使得非常规现象常规化。

7.3　及物性转换的语言类型学分析

及物性转换是普遍语言现象，但不同语言及物性转换的方式或多产性等方面可能存在一定差异，及物性转换存在共性与个性，共性表明人类认知方式的基本一致性，个性表明不同语言类型差异造成及物性转换的差异，虽然是标记性语言结构，但必须符合语言类型整体要求，不同语言类型容纳不同的及物性转换，同样的概念结构向句法投射的内容不同。

英汉及物化差异的类型学原因是汉语是注重结果的语言，尽管英汉非作格动词都有潜在及物性，汉语非作格动词因为汉语注重结果而及物性更强，主语具有致使性，宾语具有受事性，因此汉语 V_i+NP 具有多产性，英语非作格动词带宾语则必须采用特殊句式，如同源宾语句、反应宾语句和复杂致使句，同源宾语和反应宾语都是实现宾语，要想表达实现意义，汉语就必须采取其他结构，使得实现意义具体化，如对应 wave a goodbye，汉语表达为并列句"挥手说再见"，英语采用复杂事件结构表达致使，如 The audience laughed the actor off the stage，汉语往往采用动结式复合词来表达，动结式复合词是汉语独有的现象，如"花光了钱""洗干净了衣服"，或者汉语独特的"把"字句、"得"字句等表示致使结果，如"观众把演员嘲笑下台"，因此，注重结果的语言类型特征解释了英汉及物化的多产性和多样性方面的差异。

英汉及物化差异还表现在动词后面介词隐现的发展趋势不同，介词的隐现是及物化的句法手段之一。刘晓林和曾成明（2011）指出，动词后附介词用作不及物动词组时，动词的动性弱化，发生了去及物化效应，如 fire you 增加介词表达为 fire at you 时动词动性变低，因为有了介词以后动词对动宾就没有了影响力。因此，可以推论当动词后的介词隐去时，动词的动性增加，古汉语发展为现代汉语的过程中方位介词有逐渐隐去的趋势，这是汉语运动方式动词及物化比英语运动方式动词及物化丰富的原因。

英汉及物化差异的另一个语言类型原因是运动事件的表达，英语是典型卫星框架语言，运动动词的方式语义丰富，汉语不是典型卫星框架语言，运动动词的方式语义相对简单。因此，基于信息的饱和度和信息量限制，英语方式动词就难以合并路径义，路径义无法激活就必须采用介词等途径联接运动事件的背景，而汉语运动动词蕴含了路径义，动词后直接跟背景 NP 就容易实现。

英汉及物化差异反映了论元实现灵活性方面的差异，之所以汉语较多非常规论元能进入宾语位置，是因为汉语为功能主导型语言，句法结构自由，多种语义角色的论元都可以进入宾语位置，而英语是句法主导型语言，很少非受事语义角色论元进入宾语位置，这种语用语序和语法语序的区别是最基本的语言类型学差异，是其他语言类型学差异的前提。

同样，英汉去及物化差异的语言类型学原因是汉语是语用语序语言和话题突出语言，而英语是语法语序语言和主语突出语言。语用语序语言的语序是话题-评论，句子结构排列灵活，任何语义角色的论元都可处于话题位置，汉语作为话题突出的语言，中动结构的主语和话题重叠，汉语中动结构并不是特殊的语言现象，其多产性是必然的。而英语是语法语序语言，语法功能依赖论元的句中位置，主语倾向于施事，受事主语要受更多限制，其他附加语论元也不容易进入主语位置，因此，英语中动结构不具备多产性也是必然的。话题化是去及物化的句法手段，中动主语是谈论的对象，英语的典型主语为施事，所以主语成为话题就比较少见。

体标记也具有去及物化的功能，如采用被动语态使动词动性降低，尚新（2004）提出汉语拥有丰富的体貌（aspect），是体貌凸显语言，体标记如"着""了""过"，而英语是时态（tense）凸显语言。虽然汉语不是屈折语言，但有评价性中动体标记，这些中动体标记能够抑制及物性，中动语法标记就减少了中动动词的限制，而英语缺少中动标记。因此，汉语中动结构语法化程度高于英语中动结构，英语中动结构更依赖语境，受语用条件制约，附加语在增加信息量的同时，发挥着降低动词动性的作用，与动词一起引发结果状态的出现。

总之，英汉及物化和去及物化的差异来自不同的语言类型，英汉各自语法体系为及物化和去及物化提供不同的手段以达到动态增加或动态减少。英语和汉语为及物化和去及物化提供的手段越多，及物性转换的可能性就越高，从而解释了这些标记性语言结构多产性和多样性方面的差异。

7.4 本章小结

及物性转换是普遍语言现象，都是为了满足交际需要而生成标记性语言结构，及物化和去及物化结构的生成不是随意的，要符合人类的认知规律，及物性转换是基于动词基本意义的事件重构过程。英汉及物化转换存在共性和个性，共性在于人类认知基本一致，差异在于语言类型差异，及物性转换必须在各自语言框架下进行，语言类型的差异导致及物化和去及物化在多产性、多样性、文体风格等方面的差异。及物性转换让我们重新思考动词的分类，在中性语境下动词意义是心理词库意义，及物性是动词的固有属性，动词分为及物动词和不及物动词，分类是稳定的，范畴划分不会复杂化，在一定语境下，基于经济性原则和交际原则，动词发生及物性转换，判断动词的及物性需要在结构中进行，因此，及物性分为语义及物性和句法及物性。及物性不仅仅是动词的特征，各个成分在及物性转换中共同发挥作用，语言会采用及物化和去及物化手段来达到目的，从中也可看出语言句法表达的灵活性，各种语言都对非常规语言有一定的容忍度。

| 结论 |
及物化现象研究展望

　　及物化结构的生成规律作为论元实现的代表性问题覆盖句法-语义界面研究的许多方面，本书对及物化现象的范围、及物化生成机制、英汉及物化现象的区别、及物化语义拓展、及物性转换等问题都进行了广泛深入的探讨，研究结果有助于了解句法-语义错配现象的本质，重新认识经典句法理论的适用性，在新描写主义理念的指导下发展句法-语义界面理论，解决关于及物性问题的争议等。英汉及物化现象对比研究也具有较高的应用价值，在教学、翻译实践等领域都有启发作用。及物化现象是非常规宾语实现的内容之一，也是运动事件的一种，今后相关研究具有充足的扩展空间。

8.1　主要发现

　　本书对非作格动词带宾语的及物化现象进行了系统梳理，整合了文献中零散研究，把该类不及物化现象从其他不及物动词带宾语结构中独立出来，赋予其独立的句法地位，在详细研究过程中有了一些新的发现。

8.1.1　及物化现象的范围

　　文献中关于及物化现象的界定存在很多争议，许多研究把所有非常规宾语结构都放在及物化结构之下，包括非宾格动词带施事宾语（如"王冕死了父亲"）、及物动词带非常规宾语（如"吃食堂"）、动宾式动词带宾语（如"投资房地产"），英语及物化现象较少被涉及，对于同源宾语句、反应宾语句和致使句分别开展研究，没有置于及物化现象这个大范畴之下。本书基于及物性原型理论，兼顾形式和意义，把具有带宾语潜在性的非作格动词当作及物化动词，及物化结构的主语具有施事性和意愿性，及物化的宾语具有一定受事性，非宾格动词后面带施事或主事宾语，而动宾式动词意义上为及物动词，二者都无法构成及物化结构。

及物化现象并非全部由非作格动词决定，而是与整个句子结构的及物性有关，因为非作格动词在一定语境中可以非宾格化，如"天上飞着一个风筝"中，"飞"已不再是非作格动词，而是非宾格化动词，整个句子也就不属于及物化范畴。概括来说，非作格动词为及物化提供可能，但并不是所有非作格动词带宾语的句子都可以及物化。本书的创新就在于区分了不同类型的不及物动词带宾语，把及物化现象界定为非作格动词后面带非施事或非主事宾语，根据非作格动词的类型，及物化分为运动方式动词及物化、身体姿势动词及物化和自发动词及物化，汉语及物化宾语主要是处所宾语，英语及物化宾语除了少量处所宾语外，主要是同源宾语、反应宾语和役事宾语。英汉及物化形式化共性表现为 V_i+NP，英语致使及物化独特的形式为 V_i+NP+XP。

8.1.2　及物化生成机制

本书综述了及物化现象生成机制的不同研究路径，如句法研究、认知研究、语用研究等，指出这些研究路径存在的问题，把及物化现象研究放置在事件结构这个句法–语义界面之下，提出及物化即致使化过程，非作格动词致使义的增加带来不及物动词论元增容，致使义的产生来自事件重构。在非作格动词的运动宏事件中，或者路径义被激活，或者次事件之间关系能够被预测，基于事件融合和经济性原则，主事件的背景联接词或主事件和次事件的联接词缺少词汇化，在典型及物结构的类推下，运动事件向行为事件过渡，在事件参与者之间产生力的传递，非作格动词带宾语的潜在能力实现，及物化在事件结构的框架下进行，符合人类认知规律。

概括起来，及物化事件重构过程分为两个过程：第一，运动事件结构基于融合度和经济性向句法结构进行选择性投射，形成及物化结构；第二，基于典型及物结构的类推，运动事件转向行为事件，及物化结构最终达成形式和意义的一致性。事件结构重构解释了致使义产生的机制，从而也解决了词汇分解、构式等无法解释的论元增容现象，这些理论能够解读及物化的结果，但无法解释为什么有此结果。

事件重构是生成机制，但能否成功生成合格的及物化句子还要受制于其他语义、语用因素。由于及物化结构属于标记性结构，满足临时语用需求是其产生的主要动机，及物化要受到更多语义、语用条件制约，因为需要进行更多语用推理才可把非常规关系合理化，付出更多的认知努力才可获得更多意义的创新表达。

8.1.3　及物化语言类型学差异

英汉及物化现象在多产性和多样性方面存在很大区别，其差异性具有语言类型学原因，与各自的语言系统相一致。最重要的语言类型差异在于英语是句法主导的形态语言，汉语是功能主导的非形态语言，前者句法和语义之间严格匹配，能进入宾语位置的主要是受事，后者论元实现灵活，所以非常规论元能进入宾语位置，也就解释了汉语及物化的多产性。

除了语序差异，其他语言类型学差异也对英汉及物化差异做出解释。英语、汉语采用不同的致使义添加手段，汉语是"动作-结果"的语言，强调宾语的变化，宾语更倾向于受事，在 V_t+NP 的类推下 V_i 产生致使义，NP 隐含了变化，V_i+NP 具有多产性。而英语相对重视动作过程，致使义更多来源于复杂谓语，采用 XP 明确表达 NP 的变化，因此英语及物化采用 $V_i+NP+XP$ 形式，英语同源宾语和反应宾语也表明了英语重视过程，这两类及物化强调宾语的产生，而不是宾语的变化。

语言类型学原因还表现在英汉运动事件类型差异方面，英语是典型卫星框架语言，运动方式动词语义丰富，而汉语兼顾卫星框架语言和路径框架语言的特征，运动方式动词数量较少且语义不丰富，方式辅助义少就使得激活路径义的可能性增大。总之，英汉及物化差异不是偶然现象，是多种因素共同作用的结果。

8.1.4　对及物性的重新认识

本书认为及物性既是动词特征，也是句子特征，动词及物性和小句及物性的分类是及物性转换的前提，动词及物性是动词内在固有的属性，是大脑中最基本的图式，是最容易激活的事件参与者的常规关系，及物动词和不及物动词的分类基于抽象的中性语境，动词及物性是静态的，小句及物性来自具体非中性语境，及物性程度不仅与动词的及物性有关，也与小句中其他成分有关，小句及物性是动态的，在一定条件下动词及物性发生转换。动词及物性存在于心理词库当中，心理词库规定了动词能搭配的论元数量和语义角色，动词及物性还包括体貌、词汇分解等事件结构特征，当抽象动词运用到具体句子中时，动词及物性与句子及物性有可能发生冲突，句子及物性受到抑制，表现出不及物动词带宾语或及物动词不带宾语的非常规用法。动词及物性和小句及物性的划分解决了动词分类问题，我们认为一个动词在中性语境下只有一个意象图式，只存在一个固化的事件结构，不能既是及物动词，又是不及物动词，只是在非中性语境下发生变异，如"跑"是非作格动词，在"跑项目"中有了及物动词的特征，这是该动词的临时特征。当然，归入一个词类的动词也不完全相同，即使都是不及物动词也分属不同的小类，非作格动词主语意愿性、施事性等潜在及物性特征使其容易进入及物化结构当中，非宾格动词则缺少这些特征而无法参与及物化。及物性类型的划分有助于解决动词类型划分中的争议。

8.2　理论贡献

本书为及物化现象研究提供了一个新的研究视角，不仅在及物化现象的特征、生成机制等方面有新的发现，也对句法理论有了新的认识，并使其有了一定的发展，建构的理论模型有助于其他结构的研究。

8.2.1　对句法-语义错配本质的新认识

本书对句法-语义错配本质有了新的认识。及物化现象一直被认为是典型的句法-语义错配现象，句法-语义错配现象的界定来自动词中心主义，语义向句法投射决定句法结构，从动词静态固有属性来看，的确存在形式和功能不匹配现象，但是从动词动态属性看，句子会发生及物性变化，所谓的错配现象就只是表面上的错配，及物化等非常规现象仍然遵守句法规则，符合认知规律，及物化没有违背格语法和题元理论，宾语同时具备结构格和语义格，具有受事特征，组合原则发挥的作用也不可否认，这也证明了这些理论的普遍性。因此，所谓句法-语义错配只是典型句法结构的偏离，仍处于语法灵活性的容忍范围之内，满足更多的限制条件来达到与普遍语法规则和普遍认知的一致性，同时达到创新性的交际目的。

8.2.2 句法-语义界面理论的新发展

本书对句法-语义界面理论的发展做出了新尝试。句法-语义界面是指影响句法表达的语义因素，本书提出了事件结构是较有解释力的句法-语义界面，在综述事件结构界面不同理论的基础上，建立了融合不同理论的综合事件结构，认为各种理论框架并不矛盾，词汇分解事件、宏事件、体、力传递模式等都发挥作用。丰富的事件结构向句法结构映射，并不是所有语义都会句法实现，根据参与者的地位和事件成分之间的关系向句法进行选择性映射，不仅涉及主事件参与者论元的句法实现，还包括修饰成分的句法实现。事件结构程式很大程度上可预测句法结构，但句法结构并不是被动实现的，本书提出语义和句法的双向互动作用，句法结构影响语义解读。事件结构并不是唯一的语义因素，还有其他语义和语用因素，形成综合句法-语义界面。

8.3 应用价值

事件重构和综合句法-语义界面对其他非常规结构的生成研究具有启发意义，本书的研究成果为作格化结构、及物动词带旁格宾语、及物动词的宾语省略等结构的研究提供了新思路，非常规结构不是从概念结构到句法结构直接投射而成，其生成过程更为复杂，语义结构和句法结构相互作用。非常规结构具有多样性和复杂性，每一类非常规结构内部也存在多样性，又因为多种因素的制约，我们无法找到统一的非常简洁的解释，统一的只是句法-语义界面理论模型，所以我们坚持新描写主义的理念，做到精细描写后去总结提升，而不是用取舍描写来迎合某个理论。

英汉及物化的差异对英汉对比教学、语言习得、翻译教学与实践具有指导意义。本书有助于了解语言的动态发展，更好地理解和应用创新语言现象，从语言现象解读社会的发展，增强语言对比意识。英汉互译中，及物化语言类型学差异带来翻译实践困难，英语、汉语采用不同的语言手段表达相同的意义，非常规结构的英汉差异对今后的机器翻译中人工智能学习和数据训练具有重要意义。

8.4　今后研究的方向

今后的研究以及物化为起点，展开对其他相关结构的研究。本书主要研究了及物化现象，把非作格动词带宾语界定为及物化结构，但及物化相关现象还有很多，如作格结构、及物动词带旁格宾语和动宾动词带宾语等，这些结构的本质以及与及物化结构的区别和联系都需要进一步探讨。与及物化现象相关的还有去及物化现象，去及物化现象内容也很丰富，除了中动结构，还包括被动结构、受事主语句等，它们都需要进一步研究，以进一步完善及物性转换研究。致使及物化与汉语动结式也相关，汉语动结式也是今后研究的内容之一。

本书建构了句法和语义互动的综合句法-语义界面理论模型，提出了事件重构假设，该研究是基于逻辑思维的理论探讨，综合句法-语义界面理论模型和事件重构假设还需要心理学或神经科学实验进行验证，也需要在其他结构中进一步检验，因此，今后的研究要采用实验的手段进一步证明理论的心理实现性。

本书主要是英汉及物化现象的对比研究，只涉及部分日语及物化研究，因此，及物化的跨语言比较研究还要进一步扩大范围，及物化是特殊的运动事件，跨语言的运动事件对比研究也具有重要的意义。

参考文献

柏晓鹏. 2018. 汉语带受事主语的不及物动词等于非宾格动词吗？——数据驱动的诊断句式研究 [J]. 语言研究集刊 (1)：114-126.

蔡维天. 2016. 论汉语内、外轻动词的分布与诠释 [J]. 语言科学 (4)：362-367.

蔡维天. 2017. 及物化、施用结构与轻动词分析 [J]. 现代中国语研究 (19)：1-13.

曹道根. 2009. 汉语被动句的事件结构及其形态句法实现 [J]. 现代外语 (1)：1-12.

曹秀玲、罗彬彬. 2020. 汉语不及物动词及物化：修辞与语法化叠加作用下的论元重置 [J]. 高等日语教育 (2)：1-12+152.

陈建萍. 2018. "行走"类单音节动词构成的非常规结构"V+N"研究 [D]. 上海外国语大学.

陈妮妮、杨廷君. 2014. "跑+NP"等不及物动词带宾语现象分析 [J]. 现代语文（语言研究版）(3)：55-58.

陈平. 1994. 试论汉语中三种句子成分与语义成分的配位原则 [J]. 中国语文 (3)：161-168.

陈新仁. 2017. 词汇-语法创新的语言模因论解读——以英语非作格动词"致使化"为例 [J]. 外语教学 (3)：12-17.

陈忠. 2007. 复合趋向补语中"来/去"的句法分布顺序及其理据 [J]. 当代语言学 (1)：39-43.

程杰. 2009. 虚介词假设与增元结构：论不及物动词后非核心论元的句法

属性 [J]. 现代外语 (1)：23-32.

池昌海、姜淑珍. 2016. 从英汉翻译看汉语位移事件语篇叙述风格 [J].
当代修辞学 (4)：68-77.

戴浩一. 2002. 概念结构与非自主性语法：汉语语法概念系统初探 [J].
当代语言学 (1)：1-12.

邓昊熙. 2014. 试析论元增容与施用结构——从汉语动词后非核心成分的
允准与施用结构的差异说起 [J]. 语言教学与研究 (6)：54-64.

董成如. 2011. 汉语存现句中动词非宾格性的压制解释 [J]. 现代外语
(1)：19-26.

范晓. 2006. 关于汉语宾语问题的思考——纪念汉语主宾语问题讨论五十
周年 [J]. 汉语学习 (3)：3-13.

冯胜利. 2000. "写毛笔" 与韵律促发的动词并入 [J]. 语言教学与研究
(1)：25-31.

冯胜利. 2005. 轻动词移位与古今汉语的动宾关系 [J]. 语言科学 (1)：
3-16.

高华、金苏扬. 2000. 无格的同源宾语——最简方案内特征核查得出的结
论 [J]. 外语与外语教学 (6)：62-64.

高秀雪. 2016. 中动及其相关去及物化结构的综合界面研究 [M]. 济南：
山东大学出版社.

古川裕. 2001. 外界事物的 "显著性" 与句中名词的 "有标性" ——
"出现、存在、消失" 与 "有界、无界" [J]. 当代语言学 (4)：
264-274.

郭继懋. 1999. 试谈 "飞上海" 等不及物动词带宾语现象 [J]. 中国语文
(5)：337-346.

郭继懋、陈爱锋. 2021. 从谓词转喻看 "飞上海" 等非常规动宾短语
[J]. 中国语文 (3)：263-270.

哈特曼、斯托克. 1981. 语言与语言学词典 [M]. 黄长春等译. 上海：上
海辞书出版社.

韩景泉. 2020. 英语动词 DIE 的非宾格属性 [J]. 外语教学与研究 (6)：
817-829.

韩景泉、徐晓琼 . 2016. 英语不及物性施事动词的致使用法 [J]. 外语教学 (4)：6-10.

何自然、陈新仁 . 2014. 语言模因理论及应用 [M]. 广州：暨南大学出版社 .

胡建华 . 2007. 题元、论元和语法功能项——格标效应与语言差异 [J]. 外语教学与研究 (3)：163-168.

胡建华 . 2008. 现代汉语不及物动词的论元和宾语——从抽象动词"有"到句法-信息结构接口 [J]. 中国语文 (5)：396-409.

胡建华 . 2010. 论元的分布与选择——语法中的显著性和局部性 [J]. 中国语文 (1)：3-20.

胡建华 . 2018. 什么是新描写主义 [J]. 当代语言学 (4)：475-477.

黄正德 . 2007. 汉语动词的题元结构与其句法表现 [J]. 语言科学 (4)：3-20.

金立鑫、王红卫 . 2014. 动词分类和施格、通格及施语、通语 [J]. 外语教学与研究 (1)：45-57.

阚哲华 . 2010. 汉语位移事件词汇化的语言类型探究 [J]. 当代语言学 (2)：126-135.

李冬香 . 2018. "跑＋NP"结构的顺应论解读 [J]. 现代语文 (9)：129-134.

李福印 . 2020. 宏事件假说及其在汉语中的实证研究 [J]. 外语教学与研究 (3)：349-340+479-480.

黎锦熙 . 1924. 新著国语文法 [M]. 北京：商务印书馆 .

李临定 . 1990. 现代汉语动词 [M]. 北京：中国社会科学出版社 .

李青 . 2019. 非常规单宾构式及对内在成分的压制 [J]. 牡丹江大学学报 (3)：53-57.

李巍 . 2016. 当代汉语不及物动词的及物化现象研究——基于《汉语动词用法词典》的考察 [J]. 辽宁大学学报 (哲学社会科学版) (1)：148-153.

林艳 . 2016. 事件结构的多维分析模式 [J]. 武汉理工大学学报 (社会科学版) (6)：1228-1232.

林海云 . 2015. "VP+N 处所"构式历时演变研究及认知解释 [J]. 古汉语研究（1）：34-40.

梁锦祥 . 1999. 英语的同源宾语结构和及物化宾语结构 [J]. 外语教学与研究（4）：23-29.

梁子超 . 2020. 现代汉语运动事件中路径的词化模式研究 [D]. 东北师范大学 .

刘爱英 . 2012. 论英语同源宾语的句法地位与允准 [J]. 外语教学与研究（2）：173-184.

刘辰诞 . 2005. 论元结构：认知模型向句法结构投射的中介 [J]. 外国语（上海外国语大学学报）（2）：62-69.

刘丹青 . 1996. 词类和词长的相关性——汉语语法的"语音平面"丛论之二 [J]. 南京师大学报（社会科学版）（2）：112-119.

刘琦、张建理 . 2019. 英汉自移处所宾语构式与动词的适配 [J]. 外语教学与研究（2）：176-188.

刘探宙 . 2009. 一元非作格动词带宾语现象 [J]. 中国语文（2）：110-119.

刘晓林、王文斌 . 2010. 动性弱化、语义自足、作格化与语序类型特征效应 [J]. 现代外语（2）：133-141.

刘晓林、曾成明 . 2011. 英汉去及物化和语义自足化机制对比及其语序效应 [J]. 当代外语研究（8）：14-19.

刘正光、刘润清 . 2003. Vi+NP 的非范畴化解释 [J]. 外语教学与研究（4）：243-250.

陆俭明 . 1991. 现代汉语不及物动词之管见 [A]. 中国语文杂志社编，语法研究和探索（五）[C]：73-79. 北京：语文出版社 .

陆俭明 . 2008. 构式语法理论的价值与局限 [J]. 南京师范大学文学院学报（1）：142-151.

鲁雅乔、李行德 . 2020. 汉语非宾格与非作格动词的句法及语义界定标准 [J]，当代语言学（4）：475-502.

吕建军 . 2009. 现代汉语不及物动词带宾语的认知研究 [D]. 四川大学 .

吕叔湘 . 1942. 中国文法要略 [M]. 北京：商务印书馆 .

吕叔湘 . 1946. 从主语、宾语的分别谈国语句子的分析 [A]. 吕叔湘编著，汉语语法论文集（增订本）［C］：445-480. 北京：商务印书馆．

罗鹏蓉．2023. 英汉移动动词词汇化模式对比研究［J］. 现代语言学
（3）：1256-1263.

马建忠．1898. 马氏文通［M］. 北京：商务印书馆．

马玉学．2019. 运动事件词汇化中的第三类运动动词［J］. 辽宁工业大学
学报（社会科学版）（2）：55-58.

孟琮等．1987. 动词用法词典［C］. 上海：上海辞书出版社．

潘海华、叶狂．2015. 离合词和同源宾语结构［J］. 当代语言学（3）：
304-319.

朴珍玉．2020. "Vi+了+O" 的句法-语义特征及数量成分的制约作用
［J］. 汉语学习（6）：36-45.

齐沪扬．2000. 现代汉语短语［M］. 上海：华东师范大学出版社．

邱迪．2019. "跑+NP" 结构研究［D］. 天津大学．

仇伟．2006. 不及物运动动词带处所宾语构式的认知研究［J］. 四川外语
学院学报（6）：83-87.

屈春芳．2007. "同源宾语" 构式与 "谓语+状语" 构式的语义差别［J］.
西南交通大学学报（社会科学版）（6）：47-51.

任鹰．2000. "吃食堂" 与语法转喻［J］. 中国社会科学院研究生院学报
（3）：60-68.

杉村博文．2006. "VN" 形式里的 "现象" 和 "事例"［J］. 汉语学报
（1）：59-64.

尚新．2004. 语法体的内部对立与中立化［D］. 华东师范大学．

沈家煊．1995. "有界" 与 "无界"［J］. 中国语文（5）：367-380.

沈家煊．2003. 现代汉语 "动补结构" 的类型学考察［J］. 世界汉语教学
（3）：17-23.

沈家煊．2006. "王冕死了父亲" 的生成方式——兼说汉语 "糅合" 造句
［J］. 中国语文（4）：291-300.

沈阳、Rint Sybesma. 2012. 作格动词的性质和作格结构的构造［J］. 世界
汉语教学（3）：306-321.

史文磊．2014. 汉语运动事件词化类型的历时考察［M］. 北京：商务印

书馆．

史有为．1997．处所宾语初步考察［A］．中国语学论文集：大河内康宪教授退官纪念［C］，东京：东方书店．http://book.newdu.com/a/201801/20/82721.html．

隋娜、王广成．2009．汉语存现句中动词的非宾格性［J］．现代外语（3）：221-230．

孙超．2016．现代汉语单音节不及物动词带旁格宾语结构的构式研究［J］．攀枝花学院学报（S1）：20-25．

孙天琦．2009．谈汉语中旁格成分作宾语现象［J］．汉语学习（3）：70-77．

孙天琦．2011．现代汉语宾语选择问题研究述评［J］．汉语学习（3）：71-81．

孙天琦．2019．现代汉语非核心论元实现模式及允准机制研究［M］．上海：中西书局．

孙天琦、李亚非．2020．旁格成分作宾语结构的生成机制分析——旁格宾语的"单音节限制"与"裸词根"假设［J］．当代语言学（2）：199-216．

孙志农．2016．事件结构、信息结构与句法表征——领主属宾句的认知语法分析［J］．外语学刊（4）：94-99．

泰尔米，伦纳德．2019．认知语义学（卷Ⅱ）：概念构建中的类型及过程［M］．李福印译．北京：北京大学出版社．

陶红印．2000．从"吃"看动词论元结构的动态特征［J］．语言研究（3）：21-38．

王立永．2015．概念观照与非宾格、非作格动词的语义基础［J］．现代外语（2）：159-170．

王珍．2006．汉语不及物动词带宾语结构存在的认知理据［J］．汉语学报（3）：62-68．

王志军．2007．论及物性的分类［J］．外国语（6）：28-31．

魏在江．2013．语用预设与句法构式研究——以汉语不及物动词带宾语为例［J］．外语研究（4）：63-67．

吴建伟．2009．汉语运动事件类型学的重新分类［J］．时代文学（5）：

28-32.

谢晓明.2004.宾语代入现象的认知解释 [J].湖南大学学报（社会科学版）(6)：155-156.

肖素英、李振中.2013.同源宾语构式"Vi+NP"的及物化及其认知解释 [J].衡阳师范学院学报 (4)：140-143.

邢福义.1991.汉语里宾语代入现象之观察 [J].世界汉语教学 (2)：76-84.

徐杰.2001."及物性"特征与相关的四类动词 [J].语言研究 (3)：1-11.

徐靖.2009."移动样态动词+处所宾语"的语义功能 [J].汉语学习 (3)：37-43.

徐烈炯、刘丹青.1998.话题的结构与功能 [M].上海：上海教育出版社。

许明、董成如.2014.同源宾语构式对动词论元结构的增容：认知语法视角 [J].外语教学 (4)：37-40.

徐盛桓.2002.语义数量特征与英语中动结构 [J].外语教学与研究 (6)：436-443.

徐盛桓.2003.常规关系与句式结构研究——以汉语不及物动词带宾语句式为例 [J].外国语（上海外国语大学学报）(2)：8-16.

杨辉.2019.汉语构式"走+N单"研究 [J].嘉兴学院学报 (5)：94-97.

杨坤、文旭.2021.基于使用的"动词-构式"论元融合模式 [J].现代外语 (3)：346-359.

杨素英.1999.从非宾格动词现象看语义与句法结构之间的关系 [J].当代语言学 (1)：30-43+61.

杨永忠.2007.Vi+NP句法异位的语用动机 [J].汉语学报 (1)：58-65+96.

叶狂、潘海华.2017.从分裂作格现象看汉语句法的混合性 [J].外语教学与研究 (4)：526-538.

严辰松.2004.语义包容：英汉动词意义的比较 [J].外语与外语教学 (12)：40-42.

阎立羽 . 1981. 现代汉语的同源宾语［J］. 学习与思考（中国社会科学院
　　研究生院学报）（2）：79-80+78.

尹铂淳 . 2016. "跑+N"表征的行为事件概念框架研究［J］. 华中师范大
　　学研究生学报（4）：94-98.

袁毓林 . 1998. 汉语动词的配价研究［M］. 南昌：江西教育出版社 .

袁毓林 . 2002. 论元角色的层级关系和语义特征［J］. 世界汉语教学
　　（3）：10-22.

曾国才 . 2015. 语法构式的事件结构认知研究［J］. 西安外国语学院学报
　　（1）：38-42.

张伯江 . 2002. "死"的论元结构和相关句式［A］. 中国语文杂志社编，
　　语法研究和探索（十一）［C］，80-92，北京：商务印书馆 .

张伯江 . 2011. 汉语的句法结构和语用结构［J］. 汉语学习（2）：3-12.

张国宪 . 2005. 性状的语义指向规则及句法异位的语用动机［J］. 中国语
　　文（1）：16-28.

张建理、麻金星 . 2016. 双层级事件模型展现的汉语及物动结构式［J］.
　　外国语（上海外国语大学学报）（5）：19-31.

张云秋 . 2004. 现代汉语受事宾语句研究［M］. 上海：学林出版社 .

中国社会科学院语言研究所词典编撰室编 . 2018. 现代汉语词典（第 7
　　版）［C］. 北京：商务印书馆 .

周晓康 . 1999. 现代汉语物质过程小句的及物性系统［J］. 当代语言学
　　（3）：36-62.

周长银 . 2016. 概念结构与平行构建理论及其最新进展［J］. 当代语言学
　　（3）：431-451.

朱德熙 . 1982. 语法讲义［M］. 北京：商务印书馆 .

朱怀 . 2011. 概念整合与汉语非受事宾语句［D］. 吉林大学 .

朱行帆 . 2005. 轻动词和汉语不及物动词带宾语现象［J］. 现代外语
　　（3）：221-230.

Alexiadou，A.，E. Anagnostopoulou & M. Everaert. 2004. Introduction［A］.
　　In A. Alexiadou，E. Anagnostopoulou & M. Everaert（eds.），The Unac-
　　cusativity Puzzle：Explorations of the Syntax-Lexicon Interface［C］，3-

14. Oxford: Oxford University Press.

Arad, M. A. 1996. Minimalist View of the Syntax-lexical Semantics Interface [A]. UCL Working Papers in Linguistics 8 [C], 1-29.

Aue-Apaikul, P. 2006. Transitivized Instransitives in English: Syntactic, Semantic and Constructional Issues [D]. Madison: The University of Wisconsin.

Baker, C. 1988. Incorporation: A Theory of Grammatical Function Changing [M]. Chicago, IL: University of Chicago Press.

Barrie, Michael & Yen-hui Audrey Li. 2012. Noun Incorporation and Non-canonical Objects [A]. In Nathan Arnett & Ryan Bennett (eds.), Proceedings of the 30th West Coast Conference on Formal Linguistics [C], 65-75. Somerville, MA: Cascadilla Proceedings Project.

Beavers, J. , B. Levin & S. W. Tham. 2010. The Typology of Motion Expressions Revisited [J]. Journal of Linguistics, 6 (2): 331-377.

Biggs, Alison. 2019. Objects in Motion Verb Phrases [J]. Glossa: A Journal of General Linguistics, 4 (1): 1-31.

Bohnemeyer, J. , N. Enfield, J. Essegbey, I. Ibarretxe-Antuñano, S. Kita, F. Lüpke & F. Ameka. 2007. Principles of Event Segmentation: The Case of Motion Events [J]. Language, 83 (3): 495-532.

Bouso, T. 2017. Muttering Contempt and Smiling Appreciation: Disentangling the History of the Reaction Object Construction in English [J]. English Studies, 98 (2): 194-215.

Bouso, Tamara. 2021. Changes in Argument Structure: The Transitivizing Reaction Object Construction [M]. Bern: Peter Lang.

Bouso, Tamara. 2022. The English Reaction Object Construction: A Case of Syntactic Constructional Contamination [J]. Miscelánea, 65: 13-36.

Burzio, L. 1981. Intransitive Verbs and Italian Auxiliaries [D]. MIT.

Burzio, L. 1986. Italian Syntax: A Government-binding Approach [M]. Dordrecht: Reidel.

Carlson, Gregory N. 1977. Reference to Kinds in English [D]. Amherst: University of Massachusetts.

Carrier, J. & J. Randall. 1992. The Argument Structure and Syntactic Structure of Resultatives [J]. Linguistic Inquiry, 23 (2): 173-234.

Carter, R. 1976. Some Linking Regularities in English [M]. Paris: Universite de Vincennes.

Chao, Yuen Ren (赵元任). 1968. A Grammar of Spoken Chinese [M]. Berkeley, California: University of California Press.

Chen, Liang. 2007. The Acquisition and Use of Motion Event Expressions in Chinese [M]. Munich, Germany: Lincom Europa.

Chomsky, N. 1981. Lectures on Government and Binding [M]. Dordrecht: Foris.

Chomsky, N. 1986. Knowledge of Language: Its Nature, Origin and Use [M]. New York: Praeger.

Chomsky, N. 1995. The Minimalist Program [M]. Cambridge, MA: MIT Press.

Chu, Chengzhi. 2004. Event Conceptualization and Grammatical Realization: The Case of Motion in Mandarin Chinese [D]. Hawaii: University of Hawaii.

Comrie, Bernard. 1989. Language Universals and Linguistic Typology: Syntax and Morphology [M]. Chicago: University of Chicago Press.

Croft, W. 1991. Syntactic Categories and Grammatical Relations [M]. Chicago, Illinois: University of Chicago Press.

Croft, W. 1994. Voice: Beyond Control and Affectedness [A]. In Barbara A. Fox & Paul J. Hopper (eds.), Voice: Form and Function [C], 89-118. Amsterdam: John Benjamins.

Croft, William. 2001. Radical Construction Grammar: Syntactic Theory in Typological Perspective [M]. Oxford: Oxford University Press.

Cummins, Sarah & Yves Roberge. 2004. Null Objects in French and English [A]. In: Auger Julie, Clancy Clements & Barbara Vance (eds.), Contemporary Approaches to Romance Linguistics: Selected Papers from the

33rd Linguistic Symposium on Romance Languages (LSRL) [C], 121-138. Amsterdam/Philadelphia: John Benjamins.

Cummins, Sarah & Y. Roberge. 2005. A Modular Account of Null Objects in French [J]. Syntax, 8 (1): 44-64.

Culicover, P. & R. Jackendoff. 2005. Simpler Syntax [M]. Oxford: Oxford University Press.

Davidse, Kristin & Sara Geyskens. 1998. Have You Walked the Dog Yet? The Ergative Causativization of Intransitives [J]. Word, 49: 155-180.

Davidse, K. & L. Heyvaert. 2007. On the Middle Voice: An Interpersonal Analysis of the English Middle [J]. Linguistics, 45 (1): 37-83.

Davidson, Donald. 1967. The Logical form of Action Sentences [A]. In N. Resher (ed.), The Logic of Decision and Action [C], 81-95. Pittsburgh, PA: University of Pittsburgh Press.

Distin, K. 2005. The Selfish Meme [M]. Cambridge: Cambridge University Press.

Dixon, R. M. W. 1991. A New Approach to English Grammar on Semantic Principles [M]. Oxford: Clarendon.

Dixon, R. M. W. 2000. A Typology of Causatives: Form, Syntax and Meaning [A]. In R. M. W. Dixon & A. Aikhenvald (eds.), Changing Valency: Case Studies in Transitivity [C], 1-28. Cambridge: Cambridge University Press.

Dixon, R. M. W. 2005. A Semantic Approach to English Grammar (2nd edition) [M]. Oxford: Oxford University Press.

Dowty, D. 1979. Word Meaning and Montague Grammar [M]. Dordrecht, the Netherlands: D. Reidel Publishing Company.

Dowty, D. 1991. Thematic Proto-roles and Argument Selection [J]. Language, 67 (3): 547-619.

Dyka, Susanne, Iva Novakova & Dirk Siepmann. 2017. A Web of Analogies: Depictive and Reaction Object Constructions [A]. Ruslan Mitkov (ed.), Computational and Corpus-Based Phraseology [C], Second International Conference, Europhras 2017, 87-101. Springer.

Erades, P. A. 1950. Points of Modern English Syntax, XII [J]. English Studies, 31: 153-157.

Fagan, S. 1988. The English Middle [J]. Linguistic Inquiry, 19 (2): 181-203.

Fagan, S. 1992. The Syntax and Semantics of Middle Constructions: A Study with Special Reference to German [M]. Cambridge: Cambridge University Press.

Fauconnier, G. & M. Turner. 1998. Conceptual Integration Network [J]. Cognitive Science, 22 (2): 138-187.

Fauconnier, G. & M. Turner. 2002. The Way We Think: Conceptual Blending and the Mind's Hidden Complexities [M]. New York: Basic Books.

Fauconnier, G. & M. Turner. 1996. Blending As a Central Process of Grammar [A]. In A. Goldberg (ed.), Conceptual Structure, Discourse and Language [C], 113-130. Stanford, CA: CSLI.

Fellbaum, C. 1985. Adverbs in Agentless Actives and Passives [A]. In W. Eilfort, P. Kroeber & K. Peters (eds.), Chicago Linguistic Society 21, Part 2: Papers from the Parasession on Causatives and Agentivity [C], 21-31. Chicago: Chicago Linguistics Society, University of Chicago.

Fellbaum, C. 1986. On the Middle Construction in English [M]. Bloomington, Indiana: Indiana University Linguistic Club.

Fellbaum, C. & A. Zribi-Hertz. 1989. The Middle Construction in French and English: A Comparative Study of its Syntax and Semantics [M]. Bloomington, Indiana: Indiana University Linguistic Club Publications.

Felser, C. & A. Wanner. 2001. The Syntax of Cognate and Other Unselected Objects [A]. In N. Dehe and A. Wanner (eds.), Structural Aspects of Semantically Complex Verbs [C], 105-130. Peter Lang: International Academic Publishers.

Fillmore, C. J. 1968. The Case for Case [A]. In E. Bach & R. T. Harms (eds.), Universals in Linguistic Theory [C], 1-88. New York: Holt, Rinehart, and Winston.

Fillmore, C. J. 1970. The Grammar of Hitting and Breaking [A]. In R. Jacobs and P. Rosenbaum (eds.), Readings in English Transformational Grammar [C], 120–133. Washington, DC: Georgetown University Press.

Fillmore, Charles J. 1982. Frame Semantics [J]. In The Linguistic Society of Korea (eds.), Linguistics in the Morning Calm [C], 111–137. Seoul: Hanshin.

Gisborne, Nikolas. 2020. The Event Structure of Perception Verbs [M]. Oxford: Oxford University Press.

Givón, T. 1994. Irrealis and the Subjective [J]. Studies in Language, 18 (2): 265–337.

Givón, T. 2001. Syntax: An Introduction: Vol. 2 [M]. Amsterdam: Benjamins.

Goldberg, A. 1995. Constructions: A Construction Grammar Approach to Argument Structure [M]. Chicago: Chicago University Press.

Goldberg, A. & F. Ackerman. 2001. The Pragmatics of Obligatory Adjuncts [J]. Language, 77 (4): 798–814.

Grice, H. P. 1975. Logic and Conversation [A]. In P. Cole and J. Morgan (eds.), Syntax and Semantics [C], 41–58. New York: Academic Press.

Grimshaw, Jane. 1990. Argument Structure [M]. Cambridge, MA: MIT Press.

Grimshaw, J. 2005. Words and Structure [M]. Stanford, CA: CSLI Publications.

Gruber, J. 1965. Studies in Lexical Relations [D]. Cambridge, MA: MIT.

Hale, K. & S. J. Keyser. 1986. Some Transitivity Alternations in English [A]. In Lexicon Project Working Papers 7 [C], 605–638. Cambridge, MA: MIT Centre for Cognitive Science.

Hale, K. & S. J. Keyser. 1987. A View from the Middle [J]. Lexicon Project Working Papers 10 [C], 111–176. Cambridge, MA: MIT.

Hale, K. & S. J. Keyser. 1993. On Argument Structure and the Lexical Expression of Syntactic Relations [A]. In K. Hale & S. J. Keyser (eds.), The

View from Building 20: Essays in Linguistics in Honor of Sylvian Bromberger [C], 53-109. Cambridge: MIT Press.

Hale, K. & J. Keyser. 1997. On the Complex Nature of Simple Predicators [A]. In A. Alsina, J. Bresnan & P. Sells (eds.), Complex Predicates [C], 29-65. Stanford: CSLI Publications.

Haiman, J. 1980. The Iconicity of Grammar: Isomorphism and Motivation [J]. Language, 56 (3): 515-540.

Haiman, J. 1985. Iconicity in Syntax [M]. Amsterdam: John Benjamins Publishing Company.

Hatcher, A. G. 1943. Mr. Howard Amuses Easy [J]. Modern Language Notes, 58 (1): 8-17.

Höche, Silke. 2009. Cognate Object Constructions in English. A Cognitive-Linguistic Account [M]. Tübingen: Narr.

Hopper, P. J. & S. A. Thompson. 1980. Transitivity in Grammar and Discourse [J]. Language, 56 (2): 251-299.

Horita, Yuko. 1996. English Cognate Object Constructions and Their Transitivity [J]. English Linguistics, 13: 221-247.

Horn, L. R. 1984. Toward a New Taxonomy for Pragmatic Inference: Q-based and R-based Implicature [A]. In D. Schiffrin (ed.), Meaning Form and Use in Context: Linguistic Applications [C], 11-42. Washington, DC: Georgetown University Press.

Hsiao, Huichen. 2009. Motion Event Descriptions and Manner-of-motion Verbs in Mandarin [D]. Buffalo: The State University of New York.

Huang, C. -T. James (黄正德). 1997. On Lexical Structure and Syntactic Projection [J]. Journal of Chinese Languages and Linguistics, (3): 45-89.

Huddleston, R. & G. Pullum. 2002. The Cambridge Grammar of the English Language [M]. Cambridge: Cambridge University Press.

Iwasaki, Shinya. 2007. A Cognitive Analysis of English Cognate Objects [J]. Constructions, 1: 1-40.

Jackendoff, R. 1972. Semantic Interpretation in Generative Grammar [M].

Cambridge, MA: MIT Press.

Jackendoff, R. 1976. Toward an Explanatory Semantic Representation [J]. Linguistic Inquiry, 7 (1): 89-150.

Jackendoff, R. 1983. Semantics and Cognition [M]. Cambridge, MA: MIT Press.

Jackendoff, R. 1990. Semantic Structures [M]. Cambridge, MA: MIT Press.

Jackendoff, R. 1992. Languages of the Mind: Essays on Mental Representation [M]. Cambridge, MA: MIT Press.

Jackendoff, R. 1997. The Architecture of the Language Faculty [M]. Cambridge, MA: MIT Press.

Jackendoff, R. 2007. Language, Consciousness, Culture—Essays on Mental Structure [M]. Cambridge, MA: MIT Press.

Janssen, T. 1983. Foundations and Applications of Montague Grammar [D]. University of Amsterdam.

Jespersen, O. 1924. The Philosophy of Grammar [M]. London: Allen & Unwin.

Jespersen, O. 1928. A Modern English Grammar on Historical Principles (Second Volume) [M]. London: Allen & Unwin.

Jones, M. A. 1988. Cognate Objects and the Case-filter [J]. Journal of Linguistics, 24 (1): 89-110.

Kim, Jong-Bok & Jooyoung Lim. 2012. English Cognate Object Construction: A Usage-based, Construction Grammar Approach [J]. English Language and Linguistics, 18 (3): 31-55.

Kitahara, Ken-ichi. 2006. Cognate Object Constructions in English: A Construction Grammar Approach [J]. Tsukuba English Studies, 25: 89-105.

Kitahara, Ken-ichi. 2007. On the Predicative Cognate Object Construction and the Adjunct Resultative Construction: A Construction Grammar Approach to Language Universals [J]. Tsukuba English Studies, 26: 67-90.

Kitahara, Ken-ichi. 2010. English Cognate Object Constructions and Related Phenomena: A Lexical-Constructional Approach [D]. University of Tsukuba.

Kogusuri, Tetsuya. 2009. The Syntax and Semantics of Reaction Object Constructions in English [J]. Tsukuba English Studies, 28: 33-53.

Kogusuri, Tetsuya. 2011. Conditions on the Passivization of Cognate Object Constructions [J]. Tsukuba English Studies, 30: 51-78.

Kuno, S. & K. Takami. 2004. Functional Constraints in Grammar: On the Unergative-Unaccusative Distinction [M]. Amsterdam: John Benjamins.

Lakoff, George. 1987. Women, Fire and Dangerous Things: What Categories Reveal about the Mind [M]. Chicago: Chicago University Press.

Lakoff, G. & M. Johnson. 1980. Metaphors We Live By [M]. Chicago: Chicago University Press.

Langacker, R. W. 1987. Foundations of Cognitive Grammar Vol. I: Theoretical Prerequisites [M]. Stanford, CA: Stanford University Press.

Langacker, R. W. 1991. Foundations of Cognitive Grammar Vol. II: Descriptive Application [M]. Stanford: Stanford University Press.

Langacker, R. W. 2008. Cognitive Grammar: A Basic Introduction [M]. Oxford: Oxford University Press.

Larson, R. K. 1988. On the Double Object Construction [J]. Linguistic Inquiry, 19 (3): 335-391.

Lee, Chang-Su. 1995. Intransitive Resultative Constructions and Fake Objects [J]. Language Research, 31 (4): 657-686.

Leech, Geoffrey N. 1983. Principles of Pragmatics [M]. London and New York: Longman.

Lekakou, M. 2002. The Realization of Middle Semantics in English and Greek [A]. UCL Working Paper in Linguistics 14 [C], 399-416.

Lekakou, M. 2005. In the Middle, Somewhat Elevated: The Semantics of Middles and Its Crosslinguistic Realization [D]. University of London.

Levin, B. 1993. English Verb Classes and Alternations [M]. Chicago: Chicago University Press.

Levin, B. & M. Rappaport Hovav. 1989. Approaches to Unaccusative Mismatches [J]. In 19th Annual Meeting of the North-Eastern Linguistics Society [C], 314-328.

Levin, B. & M. Rappaport Hovav. 1995. Unaccusativity: At the Syntax-Lexical Semantics Interface [M]. Cambridge, MA: MIT Press.

Levin, B. & M. Rappaport Hovav. 1996. Lexical Semantics and Syntactic Structure [A]. In S. Lappin (ed.), The Handbook of Contemporary Semantic Theory [C], 487-507. Oxford: Blackwell.

Levin, Beth, John Beavers & Shiao Wei Tham. 2009. Manner of Motion Roots Across Languages: Same or Different? [Z]. Handout, Workshop on Roots, University Stuttgart, Germany, June, 2009.

Li, Yafei (李亚飞). 1995. The Thematic Hierarchy and Causativity [J]. Natural Language and Linguistic Theory, 13: 255-282.

Li, Yen-Hui Audrey (李艳惠). 2014. Thematic Hierarchy and Derivational Economy [J]. Language and Linguistics, 15 (3): 295-339.

Lin, Tzong-Hong (林宗宏). 2001. Light Verb Syntax and the Theory of Phrase Structure [D]. Irvine: University of California.

Lin, Jimmy. 2004. Event Structure and the Encoding of Arguments: The Syntax of the Mandarin and English Verb Phrase [D]. MIT.

Li, Charles N. & Sandra A. Thompson. 1976. Subject and Topic: A New Typology of Language [A]. In Charles N. Li (ed.), Subject and Topic [C], 457-489. New York: Academic Press.

Lyons, J. 1977. Semantics [M]. Cambridge: Cambridge University Press.

Marantz, Alec. 1993. Implications of Asymmetries in Double Objects Constructions [A]. Sam A. Mchombo (ed.), Theoretical Aspects of Bantu Grammar 1 [C], 113-151. Stanford CA: CSLI Publications.

Martinet, A. 1955. Economie des Changements Phonétiques: Traité de Phonologie Diachronique [M]. Berne: Francke Verlag.

Martínez-Vázquez, Montserrat. 1998. Effected Objects in English and Spanish [J]. Languages in Contrast, 1 (2): 245-264.

Martínez-Vázquez, Montserrat. 2010. Reaction Object Constructions in English: A Corpus-based Study [A]. In Isabel Moskowich, Begoña Crespo, Inés Lareo Martín, Paula Lojo Sandino (eds.), Language Windowing Through Corpora [C], 551-561. A Coruña: Servizo de Publicacións da Universidade de A Coruña.

Martínez-Vázquez, Montserrat. 2014. Reaction Cbject Constructions in English and Spanish [J]. Journal of English Study, 35: 193-217.

Martínez-Vázquez, Montserrat. 2015. Nominalized Expressive Acts in English [J]. Verbum, 37 (1): 147-170.

McCawley, J. 1968. Lexical Insertion in a Transformational Grammar without Deep Structure [A]. Proceedings of the Chicago Linguistic Society 4 [C], 71-80.

Mirto, Ignazio Mauro. 2007. Dream a Little Dream of Me: Cognate Predicates in English [A]. In C. Camugli, M. Constant & A. Dister (eds.), 26th Conference on Lexis and Grammar [C], Bonifacio, France, 2-6 October. 121-128.

Mirto, Ignazio Mauro. 2017. The So-called Reaction Object Construction: Reaction or Co-predication? [A]. In Maria Stanciu Istrate & Daniela Răuţu (eds.), Lucrările Celui De-al şaselea Simpozion Internaţional de Lingvistică [C], 540-549. Univers Enciclopedic Gold, Bucureşti.

Massam, D. 1990. Cognate Objects as Thematic Objects [J]. Canadian Journal of Linguistics, 35 (2): 161-190.

Mittwoch, A. 1998. Cognate Objects as Reflections of Davidsonian Event Arguments [A]. In S. Rothesten (ed.), Events and Grammar [C], 309-332. Kluwer: Dordrecht.

Nakajima, H. 2006. Adverbial Cognate Objects [J]. Linguistic Inquiry, 37 (4): 674-684.

Opdycke, John. 1941. Harper's English Grammar [M]. New York: Harper and Row.

Partee, Barbara. 1984. Compositionality [A]. In Frank Landman & Frank Veltman (eds.), Varieties of Formal Semantics [C], 281-312. Dordrecht:

Foris.

Perlmutter, D. M. 1978. Impersonal Passives and the Unaccusative Hypothesis [A]. In J. Jaeger (ed.), Proceedings of the 4th Annual Meeting of Berkeley Linguistics Society [C], 157–189. Berkeley: Berkeley Linguistics Society.

Perlmutter, D. & Postal, P. 1984. The 1-advancement Exclusiveness Law [A]. In D. Perlmutter and C. Rosen (eds.), Relational Grammar 2 [C], 81–125. Chicago, IL: The University of Chicago Press.

Pijpops, Dirk & Freek Van de Velde. 2016. Constructional Contamination: How Does It Work and How Do We Measure It? [J]. Folia Linguistica, 50 (2): 543–581.

Pijpops, Dirk, Isabeau De Smet & Freek Van de Velde. 2018. Constructional Contamination in Morphology and Syntax: Four Case Studies [J]. Constructions and Frames, 10 (2): 269–305.

Pinker, Steven. 1989. Leamability and Cognition: The Acquisition of Argument Structure [M]. Cambridge, MA: MIT Press.

Poutsma, H. 1926. A Grammar of Late Modern English. Part II The Parts of Speech. Section II The Verb and Its Particles [M]. London and New York: Longman.

Pustejovsky, J. 1991. The Generative Lexicon [J]. Computational Linguistics, 17 (4): 409–441.

Pustejovsky, J. 1995. The Generative Lexicon [M]. Cambridge, MA: MIT Press.

Pylkkanen, L. 2002. Introducing Argument [D]. Cambridge, MA: MIT.

Quirk, R., S. Greenbaum, G. Leech & J. Svartvik. 1985. A Comprehensive Grammar of the English Language [M]. London: Longman.

Radford, A. 1997. Syntactic Theory and the Structure of English: A Minimalist Approach [M]. Cambridge: Cambridge University Press.

Rappaport Hovav, M. & B. Levin. 1998. Building Verb Meanings [A]. In M. Butt & W. Geuder (eds.), The Projection of Arguments: Lexical and Compositional Factors [C], 97-134. Stanford, CA: CSLI.

Rappaport Hovav, M. & B. Levin. 2010. Reflections on Manner/Result Complementarity [A]. In Edit Doron, Malka Rappaport Hovav & Ivy Sichel (eds.), Syntax, Lexical Semantics, and Event Structure [C], 21-38. Oxford: Oxford University Press.

Rapoport, T. R. 1993. Verbs in Depictives and Resultatives [A]. In James Pustejovsky (ed.), Semantics and the Lexicon [C], 163-184. Dordrecht: Kluwer Academic Publishers.

Rice, Sally. 1988. Unlikely Lexical Entries [A]. Proceedings of the 14th Annual Meeting of the Berkeley Linguistic Society 14 [C], 202-212.

Roberge, Yves. 2002. Transitivity Requirement Effects and the EPP [A]. Paper Presented at the Western Conference on Linguistics (WECOL) [C], November 2002, University of British Columbia, Vancouver. https://www.researchgate.net/publication/228777346_Transitivity_requirement_effects_and_the_EPP.

Roberts, Ian G. 1987. The Representation of Implicit and Dethematized Subjects [M]. Dordrecht: Foris.

Rosch, E. 1975. Cognitive Representations of Semantic Categories [J]. Journal of Experimental Psychology: General, 104 (3), 192-233.

Rosch, E. 1978. Principles of Categorization [A]. In E. Rosch & B. B. Lloyd (eds.), Cognition and Categorization [C]. 27-48. Hillsdale, NJ: Erlbaum.

Rosen, Sara Thomas. 2003. The Syntactic Representation of Linguistic Events [A]. In Lisa Cheng and Rint Sybesma (eds.), The Second Glot International State-of-the-Article-Book: The Latest in Linguistics [C], 323-365, Berlin: Mouton de Gruyter.

Rosta, A. 1995. How does This Sentence Interpret? The Semantics of English Mediopassives [A]. In A. Aarts & C. F. Meyer (eds.), The Verb in Contemporary English: Theory and Description [C], 123-144. Cambridge: Cambridge University Press.

Rosta, A. 2008. Antitransitivity and Constructionality [A]. In Graeme Trousdale and Nikolas Gisborne (eds.), Constructional Approaches to English Grammar [C], 187-218. Berlin, New York: De Gruyter Mouton.

Sailer, M. 2010. The Family of English Cognate Object Constructions [A]. In S. Muller (ed.), Proceedings of the 17th International Conference on Head-Driven Phrase Structure Grammar [C], 191-211. Stanford: CSLI Publications.

Shibatani, Masayoshi & Prashant Pardeshi. 2002. The Causative Continuum [A]. In Shibatani Masayoshi (ed.), The Grammar of Causation and Interpersonal Manipulation [C], 85-126. Amsterdam/Philadelphia: John Benjamins.

Simpson, J. 1983. Resultatives [A]. In L. Levin, M. Rappaport Hovav & A. Zaenen (eds.), Papers in Lexical-Functional Grammar [C], 143-157. Indiana University Linguistics Club.

Slobin, Dan I. 2004. The Many Ways to Search for a Frog [A]. In S. Strömqvist and L. Verhoeven (eds.), Relating Events in Narrative Volume 2 [C], 219-257. Mahwah, NJ: Lawrence Erlbaum Associates.

Smith, Carlotta. 1991. The Parameter of Aspect [M]. Dordrecht: Kluwer Academic Publishers.

Snell-Hornby, M. 1983. Verb-descriptivity in German and English: A Contrastive Study in Semantic Fields [M]. Heidelberg: Carl Winter Universitätsverlag.

Sorace, A. 1995. Acquiring Argument Structures in a Second Language: The Unaccusative/Unergative Distinction [J]. In Lynn Eubank, Larry Selinker & Michael Sharwood Smith (eds.), The Current State of Interlanguage [C], 153-175. Amsterdan: John Benjamins.

Sorace, A. 2000. Gradients in Auxiliary Selection with Intransitive Verbs [J]. Language, 76 (4): 859-860.

Sorace, A. & Y. Shomura. 2001. Lexical Constraint on the Acquisition of Japanese Split Intransitivity [J]. Studies in the Second Language Acquisition, 23 (2): 247-278.

Sperber, D. & D. Wilson. 1986. Relevance: Communication and Cognition [M]. Oxford: Basil Blackwell.

Sweet, Henry. 1891. A New English Grammar: Logical and Historical, Part I: Introduction, Phonology, and Accidence [M], Oxford: The Clarendon Press.

Tai, James H-Y（戴浩一）. 2003. Cognitive Relativism: Resultative Construction in Chinese [J]. Language and Linguistics, 4 (2): 301-316.

Talmy, L. 1985. Lexicalization Patterns: Semantic Structure in Lexical Forms [A]. In T. Shopen (ed.), Language Typology and Syntactic Description: Grammatical Categories and the Lexicon [C], 57 - 149. Cambridge: Cambridge University Press.

Talmy, L. 1988. Force Dynamics in Language and Thought [J]. Cognitive Science, 12 (1): 49-100.

Talmy, L. 1991. Path to Realization: A Typology of Event Conflation [A]. In L. Sutton, C. Johnson & R. Shields (eds.), Proceedings of the 17th Annual Meeting of the Berkeley Linguistics Society [C], 480 - 519. Berkeley: Berkeley Linguistics Society.

Talmy, L. 2000a. Toward a Cognitive Semantics I: Concept Structuring System [M]. Cambridge, MA: MIT Press.

Talmy, L. 2000b. Toward a Cognitive Semantics II: Typology and Process in Concept Structuring [M]. Cambridge, MA: MIT Press.

Tanaka, Eri & Yusuke Minami. 2008. A Note on PPs in Unergative-based Transitives in English [A]. In Y. Oba and S. Okada (eds.), Osaka University Papers in English Linguistics [C], 13: 103-118.

Tao, Hongyin & Sandra A. Thompson. 1994. The Discourse and Grammar Interface: Preferred Clause Structure in Mandarin Conversation [J]. Journal of the Chinese Language Teachers Association, 29 (3): 1-34.

Taylor, J. R. 1995. Linguistic Categorization: Prototypes in Linguistic Theory [M]. Oxford: Oxford University Press.

Tenny, C. 1987. Grammaticalizing Aspect and Affectedness [D]. Cambridge,

MA: MIT.

Tenny, C. 1992. The Aspectual Interface Hypothesis [A]. In Ivan A. Sag & Anna Szabolsci (eds.), Lexical Matters [C], 1 – 27. Stanford: Stanford University.

Tenny, C. 1994. Aspectual Roles and the Syntax-Semantics Interface [M]. Dordrecht: Kluwer Academic Publishers.

Truswell, R. 2011. Events, Phrases, and Questions [M]. Oxford: Oxford University Press.

Truswell, R. 2019. Introduction [A]. In R. Truswell (ed.), The Oxford Handbook of Event Structure [C], 1 – 28. Oxford: Oxford University Press.

Tsai, W. -T. Dylan (蔡维天). 2007. On Middle Applicatives [Z], the 6th GLOW in Asia, December 27 – 29. Hong Kong: The Chinese University of Hong Kong.

Tsao, Feng-Fu (曹逢甫). 1977. A Functional Study of Topic in Chinese [D]. Doctoral Dissertation, University of Southern California.

Van Lambalgen, M. & F. Hamm. 2005. The Proper Treatment of Events [M]. Malden, MA: Blackwell Publishing.

Van Valin, R. D. Jr. & R. J. LaPolla. 1997. Syntax: Structure, Meaning, and Function [M]. Cambridge: Cambridge University Press.

Vendler, Z. 1967. Linguistics in Philosophy [M]. Ithaca, New York: Cornell University Press.

Verschueren, J. 1999. Understanding Pragmatics [M]. London: Arnold.

Visser, F. Th. 1963. An Historical Syntax of the English Language: Vol. 1 [M]. Leiden: E. J. Brill.

Waltke, Bruce K. & Michael Patrick O'Connor. 1990. An Introduction to Biblical Hebrew Syntax [M]. Winona Lake, IN: Eisenbrauns.

Williams, E. 1981. Argument Structure and Morphology [J]. The Linguistic Review, 1 (1): 81–114.

Yoshimura, K. 1998. The Middle Construction in English: A Cognitive Linguistic Analysis [D]. Dunedin: University of Otago.

Yin, Hui. 2010. A Cognitive Account of Multi-verb Constructions in Mandarin Chinese [D]. University of Alberta.

Zhang, Niina Ning (张宁). 2018. Non-canonical Objects as Event Kind-classifying Elements [J]. Natural Language & Linguistic Theory (4): 1-43.

Zhou, Hong. 1999. Cognate Objects in Chinese [J]. Toronto Working Papers in Linguistics, 17: 263-284.

Zwart, Jan-Wouter. 1998. Nonargument Middles in Dutch [J]. Groningen Arbeiten Zur germanistischen Linguistik, 42: 109-128.

后　记

　　本书的完成经历了一个漫长的过程，自 2020 年获批教育部人文社会科学研究一般项目以来，历时 4 年多，其间大致也完成了一本著作的工作量，但总不满意，总感觉没有很大的创新，有很多东西没弄明白。如果研究者自己都觉得模糊的东西，读者如何清楚，写出来有什么价值？我的初衷是对研究内容说出自己的想法，尽管这种想法可能幼稚，但也要为其他研究者提供一个不同的思考角度、一种不同的参考，这也许就是追求的创新吧。

　　2023 年我有幸获得国家留学基金委资助，前往英国萨塞克斯大学访学一年，这就相当于获得的学术年假，为我扩展研究内容提供了宝贵机会。国内关于英语及物化现象的研究很少，我正好利用国外资料做好这一部分研究，进一步做好英汉对比和语言类型学分析。在英国的写作过程也比较漫长，在补充内容的同时，还要修改前期的内容，写作过程中一个非常大的困难是解读前后矛盾，要耗费大量精力不断调整，假如没有这段留学时间，我无法想象能够把研究做到什么程度。2024 年回国后对书稿进行反复修改，仍觉得还有很多地方需要提高，不断产生新的思路和想法，如果照此修改下去，永远也不会结束，问题多多，漏洞多多，等待下一个研究完善吧。

　　本书的及物化研究是对我前一个课题去及物化研究的一个补充，多年来我一直关注句法-语义界面问题，探讨概念结构向句法结构的映射规律，希望对句法-语义错配现象进行全面统一研究。及物化和去及物化都是典型的句法-语义错配现象，代表及物性转换的两个方向，二者的统一研究不仅有助于揭示句法和语义关系，而且有助于了解及物性本质，解决动词类型划分等分歧问题。本书是对我以往研究的延续，我也希望今后的研究能够延续下去，句法-语义错配现象是句法研究的核心问题，还有很多悬而未决的问题有待研究。

　　本书是在新描写主义理念下的实证研究，通过对隐性或显性的微观语言现象进行细颗粒度的刻画和描写，揭示语言规律和跨语言的共性与个性。语言描写不是为了验证某个理论，因此，本书是在概念语义的大框架下进行，所采用的理论不局限于其中一种，为了更好地解释现象，还要融合多种理论，不拘泥于一种理论的做法给我们的研究充分的自由，有助于我们自己理论的建构。本书提出了事件结构的重构假设，细化了及物化结构的生成过程，假设尚需要进一步验证，希望为对及物化现象感兴趣的学者提供一个思路。

　　研究之路非常艰辛，感谢自己对理论研究的坚持，希望自己坚持做研究的本心，今后仍能做自己感兴趣的研究。本书的完成得益于多方面的帮助，感谢教育部人文社会科学研究一般项目的资助，感谢国家留学基金委访学项目的资助，感谢青岛农业大学及青岛农业大学外国语学院在我研究最困难的时候给我访学的机会，也感谢家人对我的鼓励。本书是我这几年句法研究的一个总结，希望对从事句法-语义界面研究以及对及物化研究感兴趣的学者有所启发。

高秀雪

2024 年 6 月

图书在版编目（CIP）数据

及物化现象的句法-语义界面研究 / 高秀雪著 .
北京：社会科学文献出版社，2025.3. --ISBN 978-7
-5228-5107-5

Ⅰ. H043

中国国家版本馆 CIP 数据核字第 2025QC6431 号

及物化现象的句法-语义界面研究

著　　者 / 高秀雪

出 版 人 / 冀祥德
责任编辑 / 李建廷
责任印制 / 岳　阳

出　　版 / 社会科学文献出版社·人文分社（010）59367215
　　　　　　地址：北京市北三环中路甲 29 号院华龙大厦　邮编：100029
　　　　　　网址：www.ssap.com.cn
发　　行 / 社会科学文献出版社（010）59367028
印　　装 / 三河市龙林印务有限公司

规　　格 / 开　本：787mm×1092mm　1/16
　　　　　　印　张：14.25　字　数：220 千字
版　　次 / 2025 年 3 月第 1 版　2025 年 3 月第 1 次印刷
书　　号 / ISBN 978-7-5228-5107-5
定　　价 / 98.00 元

读者服务电话：4008918866